HISTOIRE

DU

PORTRAIT EN FRANCE

PARIS. — IMPRIMERIE MOTTEROZ

Rue du Four, 54 bis.

HISTOIRE

DU

Portrait en France

PAR

M. MARQUET DE VASSELOT

PARIS

ROUQUETTE   NADAUD & Cie

LIBRAIRE-ÉDITEUR   LIBRAIRES-ÉDITEURS

Passage Choiseul   47, rue Bonaparte

1880

A M. Paul Dubois

Membre de l'Institut

Hommage et Reconnaissance

A mon Frère

Léon Marquet de Vasselot

En souvenir
de ses bons encouragements

Vasselot
Sculpteur.

1er Janvier 1880

CHER MONSIEUR ET AMI,

*Vous avez eu véritablement une heureuse idée d'entreprendre l'*Histoire du portrait en France.

Toutes les grandes Écoles étrangères ont certes des portraitistes de génie; mais le Portrait n'en est pas moins un art très particulièrement français, cultivé sans interruption, depuis l'origine jusqu'à nos jours, sinon toujours à la même hauteur, du moins sans jamais perdre ses qualités essentielles.

C'est que ces qualités sont des qualités de race; qu'elles procèdent de cette observation, à la fois vivement spontanée et profondément réfléchie, par laquelle l'esprit français et le sentiment français saisissent la nature humaine; les aptitudes, qui font nos portraitistes, sont les mêmes qui se manifestent chez nos auteurs dramatiques; les mêmes, qui ont produit nos admirables recueils de Mémoires historiques, ces autobiographies dont aucune littérature étrangère ne présente l'équivalent; les mêmes, enfin, qui impriment un si grand caractère à notre statuaire nationale, dont la puissante originalité consiste, précisément, dans l'absence de toute convention, de toute manière d'école.

Quand cette École s'égare un instant, dans la manière, elle s'en dégage bien vite, pour revenir à ce naturel, qui sait si bien s'élever à l'idéal, sans passer par le convenu et l'arbitraire.

Cette grande École de Sculpture, à l'esprit de laquelle vous savez rester fidèle dans vos œuvres, d'un naturel si médité et si choisi, ne s'est guère démentie, depuis le jour où elle s'est dégagée de l'hiératisme byzantin et roman, pour enfanter les admirables types du XIIIe au XIVe siècle jusqu'à l'époque actuelle, si digne de ses devancières.

L'École du Portrait est la sœur de l'École de Sculpture, et vous accomplissez une œuvre toute nationale, en nous résumant son histoire, sous toutes ses formes et dans toutes ses branches.

Tout à vous cordialement.

HENRI MARTIN,

De l'Académie Française

Laon, ce 28 août 1879.

INTRODUCTION

ES arts devront à l'initiative de la Société des Études historiques l'*Histoire du portrait en France*. Cette société eut la bonne pensée de mettre cette matière au concours en 1877. Nous prîmes part au concours et nous eûmes l'honneur d'être un des lauréats.

Avons-nous comblé une lacune en publiant ce travail? Aux artistes de répondre, aux érudits de le dire; pour tous, l'histoire du portrait faisait absolument défaut.

Artiste nous-même, amant passionné de la nature et, comme tel, cherchant toujours à dégager la pensée de la matière, l'*art du métier*, nous devions pousser jusqu'à ses extrêmes limites la probité en matière de critique. Aussi, nous avons toujours eu soin de donner d'abord l'appréciation des contemporains.

Le lecteur, lui, pourra juger, suivant sa nature, suivant ses goûts, l'artiste et l'œuvre, la critique et l'historien.

Le cadre de ce volume ne nous permettait pas un trop grand développement. Du reste, est-il nécessaire de citer toutes les œuvres d'un artiste pour en apprécier la valeur?

C'est l'histoire du portrait, et non l'histoire des portraits que nous avons voulu faire; c'est la marche de l'idée plutôt que la réalisation matérielle de cette idée que nous avons voulu éclairer.

Notre travail est divisé en deux parties : la première comprend l'histoire du portrait dans la peinture et dans les arts qui s'y rattachent, classés en huit chapitres; nous avons pensé établir ainsi plus de clarté dans notre travail, et rendre plus facile l'étude de cette histoire, développée, autant que possible, dans l'ordre chronologique.

La deuxième partie traite de l'histoire du portrait dans la sculpture et dans les arts qui s'y rattachent, classés également en huit chapitres. Tel est le plan du travail.

Quant à sa marche générale, nous traitons, dans la première partie, des qualités nécessaires dans le portraitiste. Il est important de savoir dans quel ordre de la nature se trouve plus spécialement le portrait, quels sont les meilleurs sujets pour les portraitistes, les qualités exigées de l'artiste, et quels sont enfin les caractères d'un bon portrait.

Dans la nature tout n'est pas propre au portrait, de même que dans l'espèce humaine certains hommes ne sauraient être les sujets possibles de portraits.

Serait-ce faire erreur de dire que le portrait n'est réellement possible que chez l'homme, parce que dans l'espèce humaine chaque individu se distingue, physiquement et intellectuellement, d'un autre individu?

Dans l'ordre matériel, dans les minéraux,

dans les végétaux, dans les animaux même, abstraction faite de l'homme, il y a peu ou point de distinction caractérisée entre les individus de même classe et, par là, pas de portrait possible.

Si, d'un caillou, vous faites plusieurs morceaux, vous obtiendrez plusieurs individus, intrinsèquement semblables au premier; si vous écartez la question de volume, dans le plus gros comme dans le plus petit, la physionomie, qui fait le portrait, sera absolument la même.

La distinction existe bien par catégories d'individus, mais quelle sera la distinction entre deux individus du même groupe?

Il en est ainsi dans les végétaux; qu'ils soient multipliés, par greffe, par boutures ou par graine, les nouveaux individus gardent toujours la physionomie générale, même quand ils n'ont pas conservé la forme et la couleur primitives.

Cependant, dans cette catégorie, on se rapproche déjà beaucoup plus du portrait et on le trouve enfin dans le règne animal — et plus l'animal se rapproche de l'homme, comme le chien, le cheval, et plus grande devient la facilité pour faire un portrait, c'est-à-dire pour reproduire un type unique. Alors il sera possible d'arriver à l'assimilation complète de la forme et de l'idée.

La matière disparaît là où l'art commence. L'individualité est au portrait ce que la pensée est à la phrase. Le mérite sera de faire briller, à travers l'enveloppe humaine, cette intelligence qui se montre gravée sur l'être, d'une manière indéniable.

Dans l'homme mûr, dans le vieillard, plus souvent encore, dans l'homme amaigri, la matière fait réellement place à l'intelligence; ne semble-t-il pas, au fur et à mesure que la peau se racornit et se dessèche, que l'intelligence paraisse se développer, que ses rayons passent à travers l'enveloppe, que la tête devienne transparente, éclairée et qu'elle projette ses rayons sur tout ce qui l'environne?

Ceci est bien plus vrai encore de la tête d'un homme de génie.

Il est donc démontré que tous les hommes

ne sont pas propres pour le portrait. — Bien peu d'hommes réunissent toutes les qualités voulues, car ce n'est pas dans la pureté des lignes, dans l'harmonie des tons, dans la justesse du mouvement, qu'un portrait est beau, mais bien dans cette reproduction exacte et lumineuse de la vie intime qui personnifie le modèle.

Oh! s'il n'y avait à reproduire que la pureté des lignes, que l'harmonie des tons, la femme, la jeunesse, l'enfance nous donneraient les plus admirables portraits. — Nous ne trouvons, au contraire, les beaux, les véritables portraits que chez les travailleurs, et, encore, à ce moment de la vie où l'intelligence, comme une fine lame, commence à user notre corps, alors que parcheminé, ridé, cassé, le pauvre fourreau se laisse traverser par l'éclat et la souplesse de la pointe acérée : par la lame intellectuelle.

L'affinité est alors complète; — l'intelligence, semblable à une vapeur enflammée, se répand sur l'enveloppe, en arrondit les angles et sait faire étinceler la tête la plus laide, — voilà l'instant du portrait, voilà le portrait, tel qu'il doit être. — Vous pouvez alors créer une œuvre intellectuelle, et gardez-vous d'être inquiet, le côté matériel sera rendu.

Nous appellerons archéologique la partie de notre travail, et l'ensemble des chapitres qui traitent du portrait dans les manuscrits, dans l'émaillerie, dans les vitraux, dans les broderies et les tapisseries; de ceux, encore, qui ont pour titres : numismatique, glyptique, sceaux et cachets, orfévrerie. Il n'était pas sans intérêt de connaître et d'apprécier les efforts des premiers artistes, et de traduire les naïfs bégayements de l'art en France. Certes, nous n'entendons pas garantir l'authenticité de tous les portraits cités dans la partie archéologique; nous ferons même des réserves pour les portraits énumérés dans la partie historique, et voici pourquoi.

La fraude n'est pas née d'hier, et nous dirons plus, de tout temps il y a eu des mystificateurs. Pline a raconté que les portraits d'Homère et d'Hippocrate étaient sortis de la pure imagination des artistes.

Parlerons-nous des statues anciennes, dont les têtes ont été souvent refaites et récoltées, un peu, de tous les côtés? Le spirituel et savant M. Feuillet de Conches nous a laissé ce piquant récit sur le sophiste Dion Chrysostome, au premier siècle de notre ère, qui reprochait aux Corinthiens de décapiter leurs statues pour en changer les personnages; il adressait encore le même reproche aux Rhodiens.

Saint Jérôme nous a même appris ce singulier usage des vainqueurs, qui faisaient enlever la tête de toutes les statues, pour y substituer leur propre image.

Malheur aux vaincus! Ce mot historique était réalisé dans les arts.

Aimables mystificateurs! combien il est regrettable que vous ne puissiez vous réjouir à l'aise, en voyant nos savants, nos phrénologues prononcer de si beaux discours, étayer leurs théories sur les tendances du moral d'après la conformation de la tête, et donner en preuve les bustes d'Homère, d'Hippocrate, de César, de Vespasien ou de Néron!

Introduction. XVII

Malheureusement ces fraudes artistiques ont été en usage de tout temps. Beaucoup de portraits ont été faits sans nul souci de la ressemblance. Et comment ces portraits pourraient-ils être fidèles, lorsque les traits d'un même personnage, exécutés par des artistes différents, ne concordent pas entre eux, bien que tous soient réputés ressembler au modèle.

Il nous est arrivé de parcourir la galerie d'un riche amateur, qui avait posé devant toutes les illustrations artistiques les plus en vue depuis quarante ans. Là, nous avons constaté ce fait étrange :

Chaque fois que l'artiste, malgré ses licences, a été assez maître de lui pour résister aux entraînements de la mode; chaque fois qu'il a su trouver assez de force en lui-même, pour ne s'inspirer que du caractère propre et de la pensée intime de son modèle, il a fait une œuvre digne d'admiration.

Que l'artiste ait nom Raphaël, le Titien, Vélasquez, Van-Dyck, Rembrand ou Holbein, il arrivera, bien que par des moyens différents, *au but final,* au vrai portrait, et son œuvre remplira notre âme d'admiration. Dans cette galerie, il en était de même pour nos artistes français, les portraits les plus beaux étaient aussi les plus ressemblants. L'idéal n'excluait pas la vérité.

Dans la suite historique de notre travail, nous commencerons à rencontrer le véritable portrait, dans les chapitres qui traitent du dessin, des pastels, etc.

Dans ces chapitres, nous trouvons les œuvres de Clouet dit *Janet*, qui occupent la première place de l'École française.

Les crayons de Du Monstier seront moins fins mais plus colorés.

On se sent vivement impressionné devant ces modestes dessins, ces portraits à la pierre noire, éclairée par la sanguine ou le crayon bleu, et qui savent rendre, cependant, les effets de la peinture.

Quel caractère de simplicité et de grandeur dans les portraits-crayons des Janet, des Quesnel, des Van-Dyck, des Holbein et autres.

De quelle force d'expression ces maîtres du crayon ont su faire preuve, dans ces traits qui traduisent, si réellement, l'individualité et la nature. Malheureusement, nous n'avons jamais su conserver à la France les œuvres de ses meilleurs artistes.

Depuis quelques années on essaye de refaire une généalogie artistique. Mais en restituant à Clouet, à Du Monstier, les crayons qui sont leur œuvre, on doit souvent faire l'aveu qu'ils se trouvent à l'étranger, où ils figurent sous d'autres noms. — Par contre, on attribuera à des artistes qui nous sont complètement inconnus, des dessins attribués jusqu'ici aux Janet et à d'autres maîtres. Il est certain qu'à cette époque il y a eu une ou plusieurs générations d'artistes en dehors de Marc Duval, Levaillant, Lagneau, Vayde et Élisabeth Duval, *qui était fort excellente pour le crayon et encore pour aultres choses requises à la portraiture*. Tous ces artistes étaient les élèves ou les maîtres de ceux que nous avons déjà cités.

Ces premiers dessinateurs de notre art français ont ouvert la voie, qui nous conduit naturellement à Nanteuil, à Rosalba, à Chardin, à Latour, à Boucher.

Tous ces maîtres du crayon noir ont formé les maîtres du crayon rouge, noir et blanc, qui précédèrent les maîtres du pastel. Notre richesse nationale apparaît bien plus grande, lorsque nous arrivons à la gravure. Claude Mellan, François de Pailly, Nicolas Pitau commencent le grand siècle et sont bientôt suivis de Gérard Edelinck, de Robert Nanteuil, d'Antoine Masson, des Audran, de Jean Pesne, de Boven, J. Lenfant, etc.

Le chapitre du portrait dans la peinture demandait de longs développements, et cela devait être, car c'est dans cette branche de l'art que le portrait a laissé les traces les plus brillantes. Nous avons reproduit, avec impartialité, l'appréciation de la critique contemporaine; parfois nous avons puisé chez les chroniqueurs.

Quel lecteur, par exemple, sera fâché d'apprendre comment Van-Dyck peignait un portrait? Quelques phrases empruntées à l'ouvrage de M. Piles l'instruiront suffisamment sur les procédés de ce maître.

« Ce peintre donnait jour et heure aux

personnes qu'il devait peindre et ne travaillait jamais plus d'une heure par fois à chaque portrait, soit à ébaucher, soit à finir, et son horloge l'avertissait de l'heure ; il se levait et faisait la révérence à la personne, comme pour lui dire que c'en était assez pour ce jour-là, et convenait avec elle d'un autre jour et d'une autre heure. Après quoi, son valet de chambre venait nettoyer ses pinceaux et lui apprêter une autre palette, pendant qu'il recevait une autre personne à qui il avait donné heure..... Après avoir légèrement ébauché un portrait, il faisait mettre la personne dans l'attitude qu'il avait auparavant méditée, et avec du papier gris et des crayons blanc et noir, il dessinait en un quart d'heure sa taille et ses habits qu'il disposait d'une manière grande et d'un goût exquis. Il donnait ensuite ce dessin à d'habiles gens qu'il avait chez lui, pour le peindre d'après les habits mêmes que les personnes avaient envoyés exprès à la prière de Van-Dyck... Pour ce qui est des mains, il avait chez lui des personnes à gages, de l'un et de l'autre sexe, qui lui servaient de modèles. »

Quant à la valeur de ce procédé de Van-Dyck, quant à l'excellence de cette manière de procéder, qui a été celle de tous les artistes en renom, depuis Louis XIV jusqu'à nos jours, M. Feuillet de Conches va nous l'apprendre. Il écrit : « Est-ce de cette façon expéditive que procède la grande peinture sérieuse ? Non, assurément. L'art vrai vend cher aux artistes ce qu'on croit qu'il leur donne, et l'abus de la facilité mène à de cruelles défaillances les plus heureux génies; mais dans les *portraits d'amis* ils se relèvent. »

Cette appréciation a du vrai; généralement les plus beaux portraits sont ceux des amis, des confrères. — Alors, on est libre, on est heureux d'avoir son modèle à soi, de le tenir dans sa main, on ne craint pas de le fatiguer, on le connaît, on peut aller jusqu'au fond de sa pensée et l'on fera un bon portrait.

Dans notre étude sur le portrait dans la peinture, nous devions dire quelques mots de l'influence de la mode. Sous Louis XIV, nous avions alors les *portraits à la pose,* le poing sur la hanche on porte beau; sous Louis XV, nous trouverons les *portraits tendres* et les *bergères;* sous Bonaparte nous aurons les *portraits statuaires,* peints à la grec; sous la restauration on a les *portraits pensants;* les têtes méditatives, à pose mélancolique, ont peine à se soutenir, on les appuie sur les mains; sous Louis-Philippe, nous trouvons le *portrait bourgeois* à la César Birotteau; enfin la mode nous imposera toute une série de perruques, de catogans ou de cheveux à la Titus.

Suivant les époques, encore, toutes les femmes seront blondes, et plus tard rousses, selon que les rois ou les reines auront dissimulé des infirmités ou affiché des fantaisies.

Le duc de Brunswick n'a-t-il pas affecté le plus beau noir, pendant toute sa vie, quand dame Nature l'avait doté d'un rouge éclatant; une perruque en soie noire corrigea la nature. Placez le duc sur un trône, il eût créé une mode.

Notre école de portrait en peinture a produit des merveilles. — Chaque époque a eu des qualités bien personnelles et bien distinctes. L'époque de Louis XIV et celle de

Louis XV nous ont légué de magnifiques portraits qui resteront toujours les spécimens du beau et du grand dans la peinture française; puissent nos arrière-petits-neveux en dire autant de l'école actuelle !

Peut-on nier qu'il n'y ait eu des portraits remarquables dans la numismatique? Les monnaies, les médailles nous offrent de fort beaux types, parfois magnifiques. Les portraits sont ordinairement de profil, plus rarement de face; mais nous ne devons pas oublier que le bas-relief ne peut donner un véritable portrait; si la médaille impressionne agréablement notre vue, — quel que soit le talent de l'artiste, l'œuvre est trompeuse par elle-même.

La médaille ne saurait nous donner la vie, rendre l'expression intime de l'âme, atteindre le but réel du portrait.

Disons-le avec orgueil, les sculpteurs français nous ont laissé des œuvres dignes des plus grands maîtres. Parfois, ils savent rivaliser avec les Grecs eux-mêmes. Le Voltaire, de Houdon, ne restera-t-il pas, dans les siècles à venir, comme le chef-d'œuvre du portrait?

Les bustes de Caffieri, ceux de Pajou et de David d'Angers, les œuvres de Carpeaux, sont parfois de purs chefs-d'œuvre comme portraits.

Pour ces maîtres, il ne s'agit pas de faire des bustes qui affichent la simplicité ou la coloration, qui se rattachent à la manière de tel ou tel artiste plus célèbre.

Ces maîtres ne songent guère à créer des œuvres qui soient des pastiches grecs ou des imitations du xviiie siècle.

Non! leur œuvre est personnelle, toujours, car elle est vraie : ils savent créer.

Il faut le dire, cependant, la manière de traiter l'œuvre est moins visible que dans la peinture. Lorsque les artistes ne se sont préoccupés que de rendre l'expression, l'attitude et la vie de leur modèle, la personnalité de l'auteur disparaît, pour faire place à celle du modèle.

En peinture, la couleur ne permet pas une différence aussi tranchée, à cause de la variété de ton qui est le propre de chaque artiste.

Nous avons vu des bustes de MM. Guillaume, Cavalier, Dubois, Chapu, qui ont excité la juste admiration publique.

Ces bustes étaient la reproduction précise de leur modèle.

En sculpture, le portrait ne souffre que la représentation du modèle, saisi à ce moment de la vie où il est en possession de toute sa puissance, car le buste ne saurait être fait en dehors des grands mouvements du cœur et de l'intelligence.

L'artiste tombe dans le pittoresque, s'il exécute un portrait dans une donnée exceptionnelle de la vie de son modèle, et rien n'est plus désagréable que la vue d'un buste qui rit toujours ou qui pleure sans cesse.

Le portrait, dans la statuaire française, s'est toujours maintenu à un niveau hors ligne, surtout dans le siècle dernier, et le progrès est constant depuis une vingtaine d'années.

Il suffit, pour s'en convaincre, de voir les bustes de MM. Bonnassieux, Jules Thomas,

Crauk, Iselin, Oliva, Falguière, Franceschi, Moulin, Le Bourg, etc.

Avant de terminer cette introduction, un devoir nous reste à remplir. Nous devons remercier ceux qui ont bien voulu nous aider dans notre travail; l'œuvre était lourde pour un artiste, il fallait courage et volonté pour mener à bonne fin cette longue étude.

MM. Charles Blanc, le vicomte Delaborde, de Goncourt, Feuillet de Conches, Castagnary nous pardonneront les emprunts que nous avons dû faire à leurs œuvres. On n'emprunte qu'aux maîtres en esthétique quand on écrit sur les arts.

Nous voulions, avant tout, faire une œuvre utile, — nous devions donc consulter toutes les sources qui font autorité,—MM. Labarthe, comte de la Borde, Paul Lacroix, de Lasteyrie nous ont servi de base pour la partie archéologique. Les critiques illustres, qui, depuis Diderot, ont éclairé le public, nous ont légué de fines appréciations que nous devions reproduire, avec leur saveur toute gauloise. Le lecteur pourra passer de bons moments avec

MM. About, de Saint-Victor, les Goncourt, Guizot, Thiers, Thoré et G. Planche. Le jugement de ces critiques fait loi, et pouvions-nous faire mieux que de les reproduire?

Apporter notre concours à l'histoire de l'art français; contribuer à faire connaître les titres de notre glorieuse École artistique, telle a été notre pensée, tel a été notre but.

PREMIÈRE PARTIE

Du Portrait dans la Peinture

ET DANS LES ARTS QUI S'Y RATTACHENT

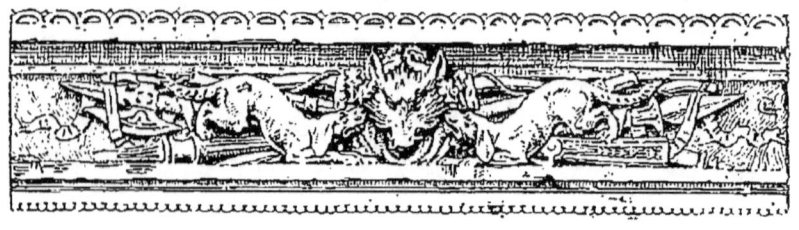

CHAPITRE Ier

DES QUALITÉS NÉCESSAIRES DANS LE PORTRAIT

> *Tout le monde peut peindre un œil, mais tout le monde ne saurait peindre un regard.* LAWRENCE.

uivant une fable gracieuse, la première manifestation des Beaux-Arts fut un *portrait*, et naturellement son auteur était l'Amour.

L'amour est en effet un grand artiste, un artiste sublime; dans le cœur, c'est un sentiment d'une exquise délicatesse; dans la tête, ce sentiment se matérialise et revêt une forme; au bout du doigt, il devient image.

Est-ce que l'image de l'être aimé ne se présente pas sans cesse à la pensée?

Les artistes ne me contrediront pas, car les amateurs, les érudits savent bien que, malgré nous, nous reproduisons toujours, plus ou moins, la même physionomie. Il semblerait que, même à notre insu, tout visage devienne comme le *miroir de l'âme* aimée dans lequel nous voulons nous retrouver ? Peut-être serait-ce le cas de dire, avec les profonds politiques, et après M. Thiers, que le visage est le *théâtre de la pensée*.

Pour l'artiste, cette parole reste vraie ; — mais là est l'écueil.

Dans le portrait, en effet, l'image matérielle n'est rien ; ce qui est difficile à rendre, c'est cette vie intime, c'est cette âme qu'il faut interroger, dont il faut traduire la pensée secrète.

Il n'est pas inutile d'établir, dès à présent, une distinction entre ceux qui font *accidentellement* des portraits et les véritables *portraitistes*.

Ceux-ci poursuivent dans l'art la vérité, l'alliance de la pensée et de la vie du modèle avec la forme plus ou moins transformée par cette pensée et par cette vie ; ceux-là, au contraire, ne s'inquiètent que de la mode, de la fantaisie, du tour d'adresse; mais que devient l'art? que deviennent le naturel et l'exactitude? Tel n'est pas leur souci.

On ne devrait jamais oublier, il nous semble, cette loi qui prime tout : *l'exactitude et le naturel*.

Chaque province, chaque ville, a bien son caractère spécial; chaque classe, chaque profession sa caractéristique différente; dans une même famille, tout individu, et dans cet individu toute situation d'esprit, chaque instant a sa physionomie, son expression.

Voilà ce que le portrait doit reproduire avant tout; voilà l'œuvre du portraitiste!

Dans l'artiste, les coopérateurs seront le goût, l'ordonnance, l'expression, la vérité.

Le portraitiste doit être physionomiste expérimenté, observateur tour à tour froid ou passionné, lent ou rapide, suivant la nature qui pose devant lui.

Le portraitiste doit être capable de rendre toutes les études; il doit connaître encore la vie et les œuvres de son modèle.

Sur ce visage qu'il ébauche, il doit traduire la pensée profonde du philosophe, les visées secrètes du diplomate, mais toujours le feu qui est au fond du cœur. Il semble que, médecin et confesseur, tout ensemble, rien ne doive être caché pour lui, et qu'il doive tout savoir, dût-il le deviner, pour que la vie vraie du modèle vienne animer sa toile ou son buste.

Rendre la vie : voilà l'idéal.

La tête perd toujours de son expression, si le sentiment intime n'est pas rendu avec fermeté. Comme l'a dit un grand critique :

— « *Le visage est une lettre de recommandation écrite dans une langue commune à tous les hommes.* »

Mais le portraitiste doit encore traduire l'opportunité dans l'expression de son modèle ; car il ne suffirait pas de reproduire l'expression habituelle et générale, il faut encore que cette expression s'harmonise avec l'instant, avec le moment précis de l'existence que le portraitiste entend rendre ou rappeler.

Les vêtements et les accessoires ne sauraient suffire pour atteindre ce but.

Balzac mangeant, Balzac au théâtre, Balzac plaisantant son éditeur n'avait certes pas la même physionomie.

Dans une personne, l'expression du visage est bien rarement la même ; soyez dans la rue, à l'église, à une réception, bien plus, soyez en habit ou en veste du matin, la figure changera d'expression ; la personne en habit se met instantanément à la pose ; mais qu'elle reprenne son coin-de-feu, aussitôt la figure deviendra calme et tranquille.

Il semblerait qu'il y a des milliers d'hommes en nous-même et qu'ils ne doivent pas être confondus ; c'est à l'artiste de savoir s'en convaincre et de savoir discerner.

Est-ce que le poète ne vit pas, ne pleure pas avec les héros qu'il évoque dans son imagination surexcitée ? Est-ce qu'il n'a pas souvent peur des fantômes qu'il a su créer pour un instant ?

Eh bien ! le portraitiste, s'il veut être digne de ce nom, doit s'incarner lui-même dans l'individualité de son modèle ; il lui arrivera parfois, après la pose, de parler, de rire, d'avoir les mêmes gestes que ce modèle ; mais possédant ainsi son sujet, comment ne le rendrait-il pas ?

— « Le portrait, » dit Charles Blanc, « veut une intelligence souple, variée, étendue et pénétrante, un esprit fertile en ressources ; il veut l'expression des caractères par la couleur, par le clair-obscur, par la touche aussi bien que par l'attitude. Il ne suffit pas que le personnage paraisse avoir la plus haute condition de la vie, qui est la pensée, il faut encore qu'il soit baigné dans l'atmosphère, plongé dans la vie universelle. Il faut que tout vive autour de lui, et que le fluide de son âme s'attache à ses vêtements, à toutes les choses environnantes et ambiantes, même aux choses inertes, comme le parfum au vase. » (Les Artistes de mon temps. Hipp. Flandrin, p. 269.)

— « *Tout le monde peut, à la rigueur,* PEINDRE UN ŒIL, *mais tout le monde ne saurait* PEINDRE UN REGARD, » disait Lawrence.

Pour ce qui concerne le dessin dans le portrait, nous devons nous pénétrer de ceci : c'est que tout est beau, tout est grand dans la nature, tout s'équilibre et s'harmonise ; si une partie du corps ou du visage a souffert, la nature saura trouver son équilibre dans les autres parties de ce corps ou dans ce visage.

Le dessin d'un portrait doit être vrai, mais il doit se garder d'être petit et mesquin. Voyez ce nez gros et fendu à son extrémité ; le dessinerez-vous toujours de la même façon ? Même dans le type grossier et ignorant, la nature semble avoir donné comme un aspect idéal à ce nez peu gracieux, mais dans l'homme intelligent ce même nez saura prendre de la finesse, j'allais dire de l'esprit. Voilà la nature !

De même l'artiste, en procédant par ensemble, est certain de donner, malgré lui, cette finesse et cet esprit au même nez.

Non que les portraitistes doivent faire comme certains artistes : après avoir passé dix ans de leur vie dans un atelier à dessiner des lithographies ou des bustes grecs et romains, ces artistes font de tous leurs portraits des Grecs et des Romains.

Les faits de ce genre ne sont pas rares dans l'histoire du portrait.

Dans le dessin, le portraitiste ne doit appartenir qu'à une seule école, l'*école de la nature dirigée par la pensée*. La preuve, la voici : chacun sait combien il est rare de trouver de bons portraitistes parmi « les artistes élevés dans les serres chaudes administratives où l'on enseigne la manière de dessiner. » (Viollet-le-Duc.)

Mais il est encore certains principes que l'artiste ne doit pas perdre de vue :

Le dessin peut être *correct,* si les proportions sont exactement observées entre toutes les parties du corps;

Le dessin peut être *savant,* si les saillies de chaque muscle sont bien rendues suivant le mouvement;

Le dessin peut être *riche,* si les saillies sont abondamment exprimées;

Enfin, le dessin peut être *grand* et *beau,* si les formes choisies sont nobles et pures.

Ce sont les principes que nous donne M. Thiers dans son Salon de 1822. Donc au portraitiste de savoir s'il doit faire un portrait *correct,* — ou *savant,* — ou *riche,* — ou *grand* et *beau.*

Mais, comme principe immuable, il faut qu'il y ait une sympathie générale des membres, ce qui fait qu'une femme assise est vraiment assise de la tête, du cou, des bras, des cuisses, des jambes, de tous les points du corps et sous tous les aspects.

Comment veut-on qu'un artiste qui a toujours dessiné, pendant sa jeunesse, les mêmes yeux, le même nez, le même menton, les mêmes oreilles, le même ovale, ne se souvienne pas de ce nez, de ce menton, lorsqu'il a devant lui une personne dont il doit faire le portrait? Rendre ce qu'il a sous les yeux offre déjà une difficulté naturelle; ajoutez-y la négligence, et toutes ces causes le ramèneront fatalement aux formes qu'il a reproduites tant de fois.

Fatalement, le crayon inconscient aura bien aussi son genre de mémoire !

Au contraire, l'artiste vrai, élève assidu de la nature, toujours curieux et toujours passionné, travaillera avec ardeur, avec amour, s'il se trouve devant un nouveau modèle, car, pour lui, tout est comme inédit, tout offre l'attrait de l'inconnu et semble comme une région inexplorée, bien que cent fois parcourue.

Mais, entre les deux artistes, quelle distance !

« Pour bien faire un portrait, » nous dit M. Charles Blanc, « il faut bien des qualités de caractère et d'esprit, qui souvent ne se rencontrent pas chez les meilleurs peintres. Soit que l'amour-propre fasse prendre au modèle une contenance embarrassée, une expression factice, soit que les longueurs de la pose le fatiguent, détendent les muscles du visage et leur donnent un air de contrainte et d'ennui.

» L'artiste est forcé de deviner la véritable physionomie de son personnage, ou du moins de la saisir dès le premier moment, sans attendre la rapide altération que produit dans les traits de l'original la seule pensée de paraître moins beau qu'il ne se trouve, ou la lassitude d'une posture gênée.

» Il faut donc amuser son modèle, le distraire, lui faire oublier pourquoi il est ainsi, et l'amener, par des détours de la conversation, sur le terrain où l'on suppose que sa passion dominante le trahira, que son vrai caractère se fera jour.

» Savoir poser son modèle n'est pas la moindre affaire, le moindre mérite du portraitiste : c'est bien difficile, c'est un mérite bien rare. Il ne faut pas confondre attitude avec action : l'attitude est une fausse action; or dans un portrait c'est l'action que vous devez rendre, et c'est elle qui vous donnera la vie, la véritable ressemblance. »

Nous ajouterons : alors vous serez portraitiste et vos œuvres seront frappées au bon coin, au coin du talent, de l'exactitude et de la vérité.

Tout ce que nous venons de dire dans ce chapitre semble n'être qu'un résumé des traditions de l'École française dans le Portrait; et ces traditions nous expliquent la supériorité constante de nos artistes nationaux.

Laissons M. Henri Delaborde nous dire, avec son incontestable autorité, les causes de cette supériorité de l'École française :

« Comment s'expliquer, par exemple, » se demande M. H. Delaborde, « l'habileté supérieure avec laquelle la peinture de Portrait a été traitée de tout temps en France, si l'on refuse aux peintres de ce pays un fonds de qualités instinctives, des privilèges d'intelligence transmis avec le sang et, jusqu'à un certain point, des doctrines permanentes?

» A coup sûr, dans cet ordre de travaux, comme ailleurs, bien des différences se font sentir, qui résultent de la mode et des influences régnantes ; bien des variations de goût, de style et de pratique donnent à chaque groupe d'œuvres sa signification particulière et sa date.

» Que l'on ne s'y méprenne pas toutefois, les œuvres diffèrent sans se contredire.

» Les témoignages d'une pénétration singulière, une intelligence profonde de la physionomie et du caractère des modèles, l'expression, en un mot, de la vérité morale : voilà ce qui recommande les portraits de l'École française, à quelque époque qu'ils appartiennent; voilà ce qu'il faut admirer plus encore que les qualités purement pittoresques dans les *Crayons* de Dumonstier ou de Quesnel, comme dans les pastels de Nanteuil et de Latour, dans les miniatures à l'huile du xviᵉ siècle, comme dans les émaux du xviiᵉ, dans les toiles de Robert Tournières, de Largillière et de leurs contemporains, comme dans les toiles qu'ont signées leurs successeurs. »

Ces lignes justifient ce que nous avons écrit dans ce chapitre sur les qualités nécessaires dans le Portrait.

Le passage suivant du même écrivain n'offre pas un moindre intérêt et vient encore à l'appui de notre thèse :

« Dès le règne de Charles VII, à une époque par conséquent où la peinture d'histoire se réduisait encore à l'ornementation, tantôt symbolique, tantôt capricieuse, des murailles et des verreries d'églises, Jean Fouquet traitait le Portrait avec ce sentiment fin de la vérité et cette délicatesse de style dont la tradition, pieusement recueillie par plusieurs générations d'artistes, se retrouve et se perpétue dans les portraits appartenant à l'époque de la Renaissance.

» Même à ce moment d'engouement général pour la manière italienne, *nos portraitistes,* on le sait, eurent le courage et le bon sens de ne pas abjurer leur vieille foi. Tandis que les autres peintres s'évertuaient à parodier dans leurs ouvrages les décevantes nouveautés qu'ils avaient vues à Fontainebleau, eux seuls protestaient, par la sobriété de leur méthode, contre les jactances de la pratique.

» Bien leur en prit, car les œuvres de ces humbles disciples de la vérité ont survécu aux œuvres ambitieuses, et si l'empressement des peintres d'histoire à accepter, au XVIe siècle, le joug italien nous apparaît aujourd'hui comme une sorte de félonie, la résistance obstinée de Clouet et des siens a presque le caractère d'un acte de patriotisme.» (H. Delaborde, La peinture de Portrait en France.

— François Gérard. Revue des Deux Mondes, oct. 1856.)

On ne saurait mieux dire ; mais nous concluons à notre tour : Ces qualités de l'École française, qui ont valu à nos artistes nationaux une renommée si brillante, restent toujours les qualités nécessaires dans le Portrait : le méconnaître serait une erreur profonde dont les conséquences néfastes seraient incalculables pour l'art du Portrait.

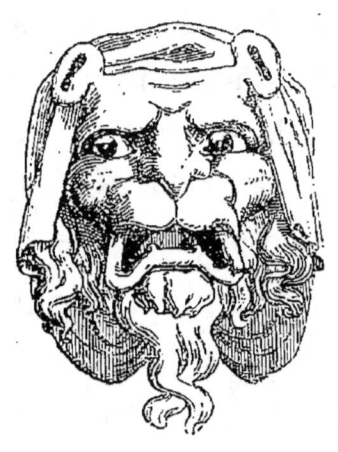

CHAPITRE II

DU PORTRAIT DANS LES MANUSCRITS

es Arts prirent un grand développement avec la période Chrétienne ; la conversion de Constantin favorisa plus puissamment encore cette renaissance.

Aux rares peintures des Catacombes, si savamment décrites par Bosio et Bottari, par Perret, succédèrent les magnifiques décorations dont les églises furent enrichies.

Cette période Constantinienne produisit une véritable rénovation de l'art, dans ses manifestations les plus diverses.

L'invasion des Barbares, le sac de Rome

par Alaric et la chute de l'Empire romain arrêtèrent, il est vrai, cet élan, et si l'Italie parvint à jouir de quelque repos sous Théodoric, roi des Goths, et Théodelinde, la royale châtelaine de Monza, les arts furent entravés de nouveau par les convulsions politiques qui suivirent la mort de cette princesse.

Lorque les artistes de l'Orient, poursuivis par les empereurs iconoclastes, cherchèrent un refuge en Italie, leur arrivée marqua une reprise des travaux artistiques.

Rome et les Papes offrirent une noble hospitalité aux arts persécutés.

Au VIIIe siècle — Grégoire III — (731-741) puis encore Adrien Ier et Léon III favorisent la Peinture; ils sont imités par leurs successeurs, ainsi que nous le raconte le Liber Pontificalis.

Dans les Gaules, dès le Ve siècle, les peintures murales dans les églises étaient en grand honneur. Grégoire de Tours nous montre la femme de Numatius, évêque de Clermont, en Auvergne, décorant la basilique Saint-Étienne de riches fresques exécutées sous sa direction (Hist. Francorum. Lib. II. § xvii. Lut. Paris. 1699). Le même auteur nous parle encore des peintures murales de Saint-Martin de Tours (Ibid. Lib. VII. § xxii). Enfin d'après le Livre des Martyrs de Grégoire de Tours, la sœur et la femme d'un autre évêque de Clermont enrichissent de peintures historiques l'église de Saint-Antolien, qu'elles avaient fait construire (472-484). (Libri Miraculorum. Lib. I. — Lib. LXV.)

Mais ce ne fut que sous Charlemagne que commença notre ère artistique Française ; sous ce prince érudit et soucieux de propager toutes les connaissances dans son royaume, un mouvement intellectuel considérable se produisit ; l'Empereur répandit l'usage de l'écriture et du dessin ; en cela, le prince ne voulait pas seulement satisfaire ses goûts artistiques, mais encore vulgariser la connaissance de l'histoire civile ou religieuse.

Charlemagne pensait, avec juste raison, qu'au moyen des figures, l'histoire resterait gravée plus profondément dans les mémoires.

Le prince voulut que des écoles de peinture fussent créées ; il appela de nombreux artistes étrangers pour décorer les églises et les palais.

Un Capitulaire de (807) institua même des inspecteurs chargés de faire exécuter les ordres de l'Empereur. (Capitulare Aquense, 807, apud Pertz, Monum. Germ. Hist., I, 148.) Ermold le Noir a chanté dans ses vers les fresques du palais d'Ingelheim et les scènes merveilleuses des deux Testaments qui décoraient les murailles. (Ermoldi Nigelli Carm. IV, V. 190.)

Mais, chose singulière, ce poème d'Ermold le Noir ne signale aucune statue dans le somptueux palais d'Ingelheim.

Le portrait de Charlemagne est bien reproduit dans un bas-relief, mais la figure de l'Empereur semble ne se trouver là que par hasard et comme décor accessoire :

« Bien qu'elle soit couronnée du stemma traditionnel en Orient. » Fert coronatum stemmate rite caput. (Ibid. Carm. IV, V. 279. Apud Pertz. II. 506.)

Quelques rares manuscrits de cette période

sont parvenus jusqu'à nous et les miniatures qui les enrichissent prouvent que le Style Français n'existait pas encore. Les écoles de dessin empruntent un peu partout leurs règles et leur méthode, et ne semblent pas avoir de voie originale qui les distingue nettement.

Jusqu'à l'époque de Charlemagne, les manuscrits ne sont ornés que de travaux calligraphiques, parfois d'un goût plus ou moins douteux.

Il semble difficile de trouver des tableaux et encore plus de trouver des portraits dans ce mélange bizarre d'oiseaux, d'animaux divers, dans ces enroulements impossibles encadrant parfois des têtes humaines, du reste fort incorrectes comme dessin.

Si le Calligraphe rehausse sa composition en l'ornant de couleurs, il donne une preuve nouvelle de son ignorance comme coloriste.

Aussi l'artiste devra parfois, comme dans l'Évangéliaire Anglo-Saxon de la Bibliothèque Nationale (n° 9389. Lat. folio 18.), ajouter à son dessin « *Ceci est une figure d'Homme* », afin que l'on puisse comprendre son travail et saisir son intention.

Les Miniatures ne paraissent donc pas avoir été employées, dans l'ornementation des manuscrits, avant Charlemagne.

Aussi les figures exécutées sous Charlemagne et sous Charles le Chauve offrent à peu près les mêmes caractères : on ne soupçonne pas les règles de l'anatomie, le dessin reste presque sauvage, et cependant l'ensemble ne manque pas d'une certaine grandeur, peut-être à cause de la naïveté qui le caractérise.

Déjà les miniaturistes commencent à grouper leurs personnages pour composer de véritables tableaux ; mais, il faut le reconnaître, l'art Carlovingien reste comme un mélange des genres Grec, Byzantin, Romain et Anglo-Saxon.

S'il est difficile de reconnaître des portraits dans ces miniatures de l'époque Carlovingienne qui paraissent toujours se ressembler, cependant il y a des raisons plausibles pour croire que, dès cette époque, les enlumineurs ont dû chercher à faire des portraits.

Le Sacramentaire de Gellone semble servir de transition entre la Calligraphie et la Miniature dans les Manuscrits, mais il révèle l'inhabileté profonde des artistes de la fin du viiie siècle.

Ce Sacramentaire (coté 12048 Lat. à la Bibliothèque Nationale), provient de l'abbaye de Gellone, au diocèse de Lodève, fondée en (804) par le comte Guillaume, de Toulouse.

La figure de la Vierge et, plus encore, le corps du Christ sur la croix montrent que l'artiste n'avait aucune notion du dessin et de la peinture, et témoignent de son embarras lorsqu'il devait user de la couleur.

Malgré ces imperfections, le Sacramentaire de Gellone est précieux, car il marque une date précise dans la marche de la Peinture en France et dans l'histoire du Portrait.

Peu de manuscrits de l'époque de Charlemagne et du viiie siècle sont venus jusqu'à nous. Le plus ancien est l'Évangéliaire du Louvre, écrit en lettres d'or sur velours pourpre ; il est à deux colonnes séparées par un feuillage.

Les ornements sont riches et délicats, mais les six miniatures ne répondent pas à ce curieux encadrement : la figure du Christ imberbe et bénissant à la manière orientale manque absolument d'expression. (Miniature reproduite dans le Moyen Age et la Renaissance, II ; — dans les Arts somptuaires, I ; — dans les Évangiles de Curmer, éd. 1864, page 97.)

Cet Évangéliaire fut achevé en (781) par Gondescalc, qui l'avait exécuté sur l'ordre de Charlemagne et de la reine Hildegarde.

L'Évangéliaire (coté 11759 Lat. à la Bibliothèque Nationale) est supérieur au précédent par son dessin des Évangélistes, mais le procédé de l'auteur manque absolument de finesse et les contours à la plume restent comme en surcharge et toujours apparents.

A son retour d'Italie en (781), Charlemagne amenait Alcuin en France et cette date ouvre une ère brillante pour les arts dans notre pays. Aussi les trois autres manuscrits qui nous restent du VIIIe siècle ont une supériorité marquée sur les deux précédents : l'influence

Byzantine avait dû exercer son action en France.

L'Évangéliaire (coté n° 8850 Lat. à la Bibliothèque Nationale) est admirable d'exécution. L'Ange du folio 10 est irréprochable comme correction de dessin : le modelé de la tête, les draperies méritent tout éloge. Mais l'artiste se montre faible encore dans les miniatures plus considérables, le naturel manque dans la pose, les visages sont souvent incorrects ; il ne sait pas employer la couleur, qui reste crue sous son pinceau. (Voir dans le Moyen Age et la Renaissance, II.)

Le Manuscrit d'Abbeville, qui provient de l'abbaye de Saint-Riquier, fut donné en (793) par Charlemagne à son gendre Angilbert, abbé de ce monastère. Il contient quatre grandes miniatures et de nombreux médaillons renfermant des bustes, irréprochables comme dessin. (Voir les Arts au Moyen Age, VIIIe série.)

Enfin l'Évangéliaire de Trèves est enrichi du portrait des quatre Évangélistes et accuse un art bien supérieur : les figures sont expressives, la composition d'ensemble a de la grandeur.

On voit que l'influence de Charlemagne et d'Alcuin avait provoqué un progrès rapide, étonnant même, dans une période bien restreinte comme durée.

Ce progrès dans la Miniature se développe sous Charles le Chauve, bien que les peintures des manuscrits continuent de rappeler le genre Anglo-Saxon ou Irlandais, combiné avec le style Gallo-Romain.

L'influence Byzantine s'accentue davantage, il est vrai, mais elle ne domine pas encore, à l'époque de la mort de Charles le Chauve (877).

Mais un événement considérable, c'est l'apparition du Portrait dans les manuscrits et dans le plus ancien en date, dans la Bible de Charles le Chauve, qui fut présentée au Roi par les religieux de Saint-Martin de Tours.

Dans cette Bible, qui dut être offerte au Roi vers (850 à 853), Charles le Chauve, vêtu d'une espèce de chlamyde qui recouvre la tunique, est assis sur un trône et couronné d'un cercle d'or, fermé par un arceau, orné de feuillages ; le comte Vivien, abbé de Saint-Martin, montre le livre présenté par trois chanoines. Les insignes royaux sont portés par des officiers, et un groupe de chanoines est rangé autour du trône. (Voir les Arts somptuaires, tome I des planches.)

Indépendamment des portraits de Charles le Chauve et du comte Vivien, on peut croire que tous les personnages étaient dessinés d'après nature, et cette page offre, dès lors, un intérêt historique considérable.

Quant à l'ensemble du manuscrit, il décèle un talent d'exécution qui laisse bien loin en arrière les œuvres faites sous Charlemagne.

L'Évangéliaire de l'empereur Lothaire (840-855) contient aussi le portrait de ce souverain, et la donnée générale de cette œuvre rappelle la miniature de Charles le Chauve. (Voir les Arts somptuaires, tome I des planches.) Cet Évangéliaire aurait été exécuté à Metz, dans le monastère de Saint-Martin de cette ville.

La Bible des Bénédictins de Saint-Paul, à Rome, exécutée à Tours, d'après M. Jules Labarte (les Arts industriels, tome III, p. 117), fut offerte en (875) au Pape Jean VIII par le roi Charles.

Ce manuscrit offre cette singularité que la tête du Roi est couverte d'un voile qui retombe sur les épaules. Mais la couronne royale est le stemma oriental.

Le miniaturiste Ingobert, qui du reste a signé son œuvre, donne à David et à son entourage le costume du ixe siècle.

Cette forme donnée au portrait de Charles le Chauve et les accessoires royaux empruntés à l'Orient se retrouvent encore dans l'Évangéliaire de Munich.

Les calligraphes miniaturistes étaient Liuthard et Béringar, de l'abbaye de Saint-Denis, ainsi que nous l'apprennent les vers qui terminent le volume. (Voir Eckhart, Comment. de Rebus Franc.-Orient., p. 564.)

Enfin, le Livre de Prières de Charles le Chauve contient aussi un portrait du Roi beaucoup plus âgé. (Voir les Arts somptuaires, tome I des planches. — J. Labarte, les Arts industriels, planche LXXXIX.)

Le calligraphe a signé Lithuard à la fin du volume.

Au cours du xe siècle, l'art du miniaturiste retombe dans la barbarie : les causes principales de ce recul furent la question religieuse (on attendait la fin du monde en l'an mille), et encore le démembrement de l'empire de Charlemagne, qui occasionna des guerres interminables. Le dessin devient absolument incorrect, presque toutes les figures sont vues de face, et la France n'a plus la bonne fortune de recevoir les leçons des artistes grecs, qui vont en Allemagne et en Suisse.

L'abbé Salomon, Tutilon et Sintram, moines de l'abbaye de Saint-Gall, jouissaient alors d'un grand renom comme miniaturistes (890-920).

L'Allemagne elle-même était en décadence, ainsi que l'attestent le Missel de l'Arsenal, qui provient de Worms, et la traduction des Évangiles en vers allemands, qui date de (889).

La décadence de la Miniature en France

est attestée par l'Évangéliaire de l'Arsenal (coté T. L. 33 C.) et par celui de la Bibliothèque Nationale (coté, Fonds Sorbonne, n° 1300), qui sont du xe siècle.

Ces Figures de personnages, dépourvues de toute expression, aux yeux démesurés, sont-elles des portraits? Nous n'oserions pas le dire.

Vers la fin du xe siècle, Heldric, abbé de Saint-Martin d'Auxerre, exécute son propre portrait dans les Commentaires d'Haynion sur Ezéchiel.

Le Moine est prosterné sur un prie-Dieu et offre son livre à saint Germain qui le bénit. Mais l'art est absent dans cette œuvre. (Voir Arts somptuaires, tome I des planches.)

Au xie siècle, le dessin au trait continue d'être en usage, mais les couleurs reparaissent, l'ensemble est plus ferme et plus correct, surtout dans la seconde moitié de ce siècle; cependant il y a peu de miniatures, si l'on en excepte la Bible de Saint-Martial de Limoges, le Missel de Saint-Germain des Prés et celui de Saint-Denis, conservés à la Bibliothèque Nationale (n° 10547 et n° 8 Lat.).

Il est inutile de chercher ce que fut le Portrait à cette époque.

Au XIIe siècle, grâce aux Croisades, l'art semble renaître au contact de l'Orient.

Les Écoles épiscopales, celles des Églises et des Monastères se multiplient, mais toutes les œuvres de la première moitié du XIIe siècle accusent le défaut d'études chez leurs auteurs. Un progrès assez accusé distingue la Bible de la Bibliothèque Colbert (Bibl. Nat., n° 58 Lat.). Le miniaturiste a essayé de jeter des lumières, des rehauts de blanc; il indique les carnations avec du blanc, du rouge et du brun. La partie Calligraphique est bien supérieure par son exécution aux travaux du siècle précédent; les lettres sont ornées de sujets historiques d'une grande finesse.

Au XIIIe siècle, l'art devient Sarrasin ou Gothique; tout est mièvre, allongé, mais l'ornement calligraphique, la miniature vont servir à illustrer les ouvrages profanes. Les romans de Chevalerie, les Chroniques reçoivent des ornements, et des Écoles de peinture sont formées en dehors des monastères.

Nous avons de cette époque le Psautier dit de Blanche de Castille (1223-1226), enrichi de nombreuses miniatures à pleine page. Le trait des contours donne à l'ensemble l'aspect de vitraux :

— Le Psautier de saint Louis (1226), également orné de miniatures remarquables :

— Le Livre du Trésor de Brunetto Latini, qui donne la Passion en 30 tableaux, groupés dans la même page, sur six lignes, comme un vitrail :

— Le Roman de saint Graal, contenant de petites figures fort curieuses :

— Les Poésies de Gauthier de Coinsy, en l'honneur de la Vierge, également ornées de miniatures.

Après le règne de saint Louis, nous avons l'Abrégé de la Chronique de Sigebert de (1278), orné de miniatures nombreuses et d'un grand fini d'exécution :

— Le Calendrier Indicateur des foires de Champagne de (1285), signé de Henri.

Mais il est probable qu'à cette époque, les manuscrits étaient l'œuvre de plusieurs artistes ; parfois le maître a dû donner le dessin général à ses élèves et se réserver les parties plus difficiles. Ainsi le Manuscrit de l'Arsenal (Bible in-folio, marqué T. L. 2) contient encore de nombreuses esquisses au crayon, au double de l'exécution.

Dans la Légende Dorée, par Jean Belet, et dans la Vie de Saint Denis, qui se trouvent à la Bibliothèque de l'Arsenal, on peut constater un progrès réel dans le dessin et la couleur. Certaines miniatures sont vraiment d'une exécution supérieure.

En tête de la Vie de Saint Denis, nous trouvons ces portraits : un Abbé mitré présente le livre à un Roi de France ; au-dessous on peut lire : Philippus Rex, Ægidius Abbas. Cet Abbé Gilles premier était supérieur de Saint-Denis de (1304 à 1326), et le Roi doit être Philippe le Long, si l'on en juge par la stature du personnage figuré dans le manuscrit.

A cette époque, l'art Héraldique vint ouvrir une voie nouvelle que les enlumineurs se hâtèrent d'exploiter.

Dès lors les manuscrits sont ornés de Blasons, d'Écus, d'Armoiries, de Devises.

Cette partie Historiée devient promptement supérieure au Portrait dans les manuscrits; elle offrait, il le faut dire, bien moins de difficultés dans l'exécution, et son effet décoratif était infaillible.

Les manuscrits sont illustrés des armoiries des nobles chevaliers, mais combien la couleur est fine et délicate; avec quelle habileté les artistes miniaturistes emploient l'or! La gouache vient donner plus de corps à la peinture, dont les contours restent cernés de noir, et les fonds sont d'ors mats ou brunis; on commence à faire un travail à la pointe sèche et les figures prennent de l'expression.

A cette époque, les artistes employaient, sur les ors de différentes nuances, des dessins perlés, des fragments d'émeraudes, de rubis ou d'autres pierres précieuses, pour orner les portraits des souverains ou des chevaliers.

Les portraits sont nombreux dans les manuscrits de cette période, et il serait trop long de les énumérer; mais, en général, les portraits de rois, de reines ou de chevaliers dominent dans ces miniatures.

Dans le commencement du xive siècle, nous trouvons des miniatures qui représentent le Roi de Navarre, armé chevalier par son père Philippe le Long; dans d'autres œuvres figurent des docteurs de l'Université, des philosophes; toutes ces figures sont évidemment des portraits.

Le dessin commence à devenir plus souple, moins exigu, moins cassé, et les angles s'arrondissent.

Dans le xive siècle, on voit souvent derrière les figures un fond de tapisserie, et les contours sont moins cernés de noir.

Dans les Chroniques de France, les illustrations sont en camaïeu gris, mais le Roi est en costume royal, avec manteau semé de fleurs de lis sur fond bleu.

Les ornements des Prélats et des Dignitaires sont rehaussés d'or. (Voir Arts somptuaires, tome I des planches.)

La Cité des Dames, de la Bibliothèque Nationale, et l'Épître d'Othéa à Hector, par

Christine de Pisan, qui nous donnent les portraits de l'auteur, ne manquent ni de correction dans le dessin ni de mouvement dans la composition : les couleurs sont harmonieuses.

Le Livre de Prières de Jean, Duc de Berry, en langue latine et française, — Le Psautier Latin de ce prince, et le Bréviaire de Belleville, renferment de délicieuses miniatures, absolument remarquables par leur finesse, leur élégance et la richesse de la couleur.

Quelques rares noms d'enlumineurs sont parvenus jusqu'à nous; du reste, les artistes n'ont pris aucune précaution pour se faire connaître; le plus souvent, à la place de la signature, on trouve une devise évangélique, une sentence morale ou un axiome de foi chrétienne.

Cependant, outre les noms d'artistes déjà cités, nous pouvons nommer encore :

Museignols, qui fut enfermé pendant sept ans au Châtelet ; — Arnulph de Camphaing ; — Jacquemin dit Gringonneur.

Les Frères Manuel; — Jehan de Saint-Éloy ; — Jean Costé ou Coste ; — Pierre André.

Colard de Laon, peintre de Louis d'Orléans; — Perreis de Dijon; — Pierre Remio.

Colin de Lafontaine; — Salmon; — Copin de Gant.

Guillaume de Bailly, qui travailla aux Chroniques de Froissart.

Andrieu Beauneveu, que l'on croit être l'auteur du Livre de Prières du Duc de Berry.

Jacquevrart, — de Hodin; — Paul de Limbourg et ses frères, qui ont travaillé au Psautier du Duc de Berry.

Henri de Trevoux; — Rambaldis; — Jean de Montmartre.

Hubert; — Bernard de Saint-Omer; — Pierre de Soliers le Provençal; — Jean de Bruges.

Tous ces miniaturistes sont antérieurs à la première moitié du xive siècle.

Dans la deuxième moitié du xive siècle, la miniature atteste un progrès marqué dans l'exécution, dans la composition des tableaux et l'agencement des portraits.

Au xve siècle, la miniature semble à son

apogée ; les couleurs sont fines et bien nuancées, le dessin est correct et délicat et la composition remarquable.

A partir de Jean II, le progrès continua de se faire sentir d'une façon plus évidente encore. Nous avons vu que pendant le règne de Charles V l'art du Portrait dans la Miniature avait fait preuve de réelles qualités. Les portraits de ce prince, qui se trouvent dans presque toutes les miniatures, sont finis et bien modelés.

L'admirable exemplaire des Chroniques de Saint-Denis nous fournit une preuve nouvelle de progrès par les portraits de princes et d'évêques qu'il renferme. Tous sont d'une adorable grâce et reflètent une harmonie délicieuse dans leur exécution.

On doit à la vérité de dire que, depuis deux siècles, les princes encourageaient sincèrement les arts. Louis d'Orléans avait donné à Colard de Laon le titre de valet de chambre, ce qui était, à cette époque, un grand honneur.

Pierre-André était huissier de salle et travaillait avec Colard sous les ordres du peintre en titre, mais ils ne signaient pas leurs œuvres.

Charles VI avait fait exécuter de remarquables peintures : le Livre des Demandes et Réponses de Salmon contient les plus admirables portraits. — Enfin, dans les Femmes illustres de Boccace, il y a des têtes qui ont toutes les qualités désirées, coloris, dessin ; on y trouve même un commencement de perspective.

Le portrait de Louis d'Orléans, dans les Livres de sa Librairie, est splendidement exécuté.

Sous Charles VI, dans les cartes à jouer, on retrouve de véritables portraits ; on peut s'en convaincre, en consultant le Recueil des costumes de Gaigners.

Ainsi Apollon était le Roi Charles VII, la Reine était représentée par Marie d'Anjou, ou par une des maîtresses du roi, Gérarde Gassinel, Agnès Sorel. Le roi Sans-Souci ressemble à l'Argentier Jacques Cœur. Le roi Coursube doit être le portrait du roi d'Angleterre Henri III; Roland personnifiait l'un des capitaines de Charles VII. La reine Tromperie rappelle la marâtre Isabeau de Bavière; la reine *en Foi-te-fie* doit faire allusion à Jeanne d'Arc.

Dans les peintures des cérémonies de l'ordre du Saint-Esprit (1352), on trouve de très beaux portraits du Roi et de la Reine. — Héloïse conservait au Paraclet le portrait d'Abélard, peint d'après nature.

On trouve dans l'histoire de saint Bernard par de Villefort, un portrait de ce saint d'après un tableau qui avait été fait d'après nature au moment où il atteignait l'âge de soixante-douze ans.

Dans l'Art de la guerre de Végèce, il y a un splendide portrait de Pétrarque.

A cette époque on peut constater différentes manières dans l'enluminure; les portraits, entre autres ceux d'Anne de Bretagne, sont très variés.

Nous devons citer encore, parmi les miniaturistes du XVe siècle, René d'Anjou, roi de Naples, comte de Provence, qui eut pour collaborateurs Georges Turlery et Bertrand le

Berger ; — Jean Poyet ; — Jean d'Amboise ; — Bernard et Jean de Pozay ; — Jean Gossard de Maubeuge ; — Marmion ; — Boniface de Remenaut ; — Jean Riveron ; — Robinet Testart ; puis, sous François Ier, Jehan Bourdichon.

Le plus célèbre de tous ces artistes fut, sans contredit, Jehan Foucquet de Tours, né en (1418). A la mort de Charles VII (1461), Foucquet fut chargé de mettre en couleur le masque du Roi. Il avait fait également le portrait de Louis XI, du vivant de ce prince. Les deux fils de Foucquet, Louis et François, continuèrent de cultiver la peinture.

Nous avons une miniature fort curieuse représentant Louis XII, suivi du Cardinal d'Amboise et venant se plaindre à la Raison de n'avoir pas de fils. Sur le devant sont figurées la reine Anne et sa fille Claude, âgée de quatre ans. (Du Sommerard, les Arts au moyen âge. Pl. XXXVII. — Série IV.)

Enfin Godefroy Tory, imprimeur à Bourges, a fait de ravissantes miniatures ; dans le second volume des Commentaires (Voir de Laborde, Renaissance des arts à la cour de France, tome I; add., p. 891), on trouve un beau portrait de François Ier, en costume de chasse et poursuivant un cerf. Godefroy Tory était élève de Jehan Perréal. Il a fait également les portraits du Grand Maître de Boissy, — de l'amiral Bonnivet, — du sieur de Lautrec, — du maréchal de Chabannes, — d'Anne de Montmorency, — du maréchal de Fleuranges, — du sieur de Tournon. Tous ces portraits sont des bustes ravissants, renfermés dans des médaillons de quatre centimètres.

Nous devons encore une mention à Jacques Plastel, à Jean Pinchon et à Gui Leflameng, qui ont illustré les Chants royaux en l'honneur de la Vierge.

Mentionnons encore Louise de Savoie et Anne de Bretagne, parmi les femmes qui encouragèrent les miniaturistes : la protection éclairée de ces princesses fit éclore bien des chefs-d'œuvre.

En terminant cette étude, qui aura démontré que dès le xiie siècle les miniaturistes français se sont appliqués à peindre le portrait, mais qu'ils n'arrivèrent à de remarquables résultats que dans le xiv⁰ siècle, nous constaterons que l'effort de l'École française fut incessant.

Nous pouvons donc dire, avec M. Jules Labarte, que l'observation consciencieuse de la nature, la fidélité au modèle, le soin des détails et le fini de l'exécution si étudiée qui caractérisent l'École française à ces diverses époques, nous donnent l'assurance que ces peintures sont de véritables portraits.

Du reste, on le sait, la peinture de portraits était entrée dans la vie civile dès le xii⁰ siècle. Plus tard, nous voyons les oncles de Charles VI envoyer des artistes faire les portraits des jeunes princesses qu'ils voulaient faire épouser au Roi, et Charles VI, sur l'inspection de ces portraits, donner la préférence à Isabeau de Bavière.

Au xvi⁰ siècle, le portrait devient d'un usage général, dans toutes les classes de la société. La Miniature est d'une telle fréquence, qu'on semble la prodiguer à plaisir.

Dans le livre d'Heures de Catherine de

Médicis, il y a des miniatures si parfaites, que l'on serait presque tenté de les attribuer à François Clouet. — Dans le plat supérieur de la couverture, on voit le portrait d'Henri II, puis ceux de Louise de Savoie, mère de François Ier, — de Catherine de Médicis, — du duc de Joyeuse, — des quatre enfants de François Ier.

La reine Claude, — Henri III, — le duc d'Alençon, — Charles IX, — Philippe II, roi d'Espagne — Élisabeth de France, — Henri IV, — Marguerite de France, y sont encore figurés.

Cette réunion de portraits semble comme une galerie complète.

Après cette époque, les miniatures deviennent plus rares, car les artistes commencent à se livrer sérieusement à la peinture à l'huile.

CHAPITRE III

DU PORTRAIT DANS L'ÉMAILLERIE

ous les portraitistes sur émail de l'École française ont travaillé d'une manière remarquable ; la supériorité de nos artistes sur les artistes étrangers a été telle, que nous croyons devoir consacrer un article tout spécial à l'Émaillerie.

On peut, avec certitude, affirmer que l'art de l'émaillerie n'était pas pratiqué en France à l'époque Carlovingienne, et c'est seulement vers la moitié du XIIe siècle que les artistes français commencent à s'adonner à cet art.

Indiquons d'abord, et d'une manière succincte, les différents procédés employés pour reproduire *un dessin* au moyen des émaux.

Dans les travaux, l'émail s'emploie, sur le métal, de trois manières différentes :

Dans un procédé, l'émail est déposé dans des interstices, dans des réserves ménagées, et le travail achevé s'appelle alors : émail cloisonné, émail champlevé.

Dans un autre procédé, l'artiste trace avec le burin et en relief un dessin très fin, puis il grave la figure qu'il veut reproduire, et obtient ainsi des creux et des reliefs. Le métal est ensuite recouvert d'un émail peu coloré et très transparent.

Suivant la profondeur de la taille, il y a dans certaines parties plus ou moins de matière vitrifiable qui, en proportion de l'épaisseur, donne des tons plus ou moins foncés.

Ces émaux sont appelés translucides.

Dans le troisième procédé, il n'est plus nécessaire, pour reproduire une figure, de graver la plaque de métal, d'y faire des réserves, ou d'y ajouter de petites bandes de métal. La plaque est entièrement recouverte par l'émail; et, par des émaux de différentes couleurs, on obtient, tout à la fois, les traits et le coloris. On appelle émaux peints, ceux qui sont exécutés de cette manière.

Ces procédés divers furent employés par les émailleurs.

On a prétendu que, vers (613), saint Éloi avait fait un buste émaillé en partie; ce buste est perdu, et M. J. Labarte n'admet pas que cette preuve puisse établir que l'émaillerie fût en usage en France au VIIe siècle.

Il s'appuie surtout sur l'absence de tout texte permettant cette affirmation.

Il prouve que les émaux connus en France et employés avant le Xe siècle provenaient de l'Orient. Ce même auteur établit que la fabrication des émaux ne fut pas connue dans notre pays avant la seconde moitié du XIIe siècle.

Notre étude ne peut porter que sur l'Émaillerie de l'École française et le portrait dans cette École.

Comme premier portrait à citer dans les émaux champlevés, nous indiquerons celui de saint François d'Assise.

Le saint est debout, nimbé, tonsuré et barbu ; il est vêtu d'une robe bleu foncé, et la ceinture est jaune.

Ce portrait est fort intéressant par la variété des émaux qui le composent : le blanc, les bleus les plus variés, le rouge, le vert, le jaune s'y trouvent parfaitement nuancés. (Musée du Louvre.)

On possède, au musée du Mans, le portrait de Geoffroy Plantagenet, comte d'Artois, qui mourut en (1151). Les chairs sont rendues par de l'émail rose, la tunique est bleu clair ; le comte Geoffroy tient de la main droite une épée nue et de la main gauche un bouclier, il est coiffé d'un casque surmonté d'un lionceau d'or.

Sur un Gemeillion qui se trouve au Louvre, on voit une Reine assise sur un banc ; elle tient un sceptre et reçoit une coupe que lui présente une jeune fille.

Il est fort difficile d'indiquer les noms des artistes et des personnages qui sont représentés sur les émaux; avant le xive et le xve siècle, les artistes signaient rarement leurs œuvres et ajoutaient plus rarement encore le nom du personnage qu'ils représentaient.

Il est bien certain que presque tous les personnages figurés dans les émaux sont des portraits. Combien l'intérêt serait augmenté, s'il nous était possible d'attacher un nom à chacune de ces œuvres d'art, et de les rapporter aux données historiques que nous possédons sur ces époques éloignées! Bornons-nous à une froide nomenclature, puisque faire mieux n'est pas possible.

Dans la collection Sauvageot, nous avons le portrait d'un homme vêtu d'une jaquette, armé d'une rondache et d'un bâton, qui lutte avec un dragon ailé. La figure semble réservée et grave; le fond est bleu, mais la rondache est émaillée de rouge, d'or, de vert et de jaune.

Sur une autre plaque, on voit un personnage assis qui tend la main vers une femme dont le corps n'est pas achevé.

Comme le dit, avec beaucoup d'esprit, M. Darcel, « qu'une goutte d'eau tombe sur une des entailles que faisaient les émailleurs dans leurs champlevés ; qu'un artiste intelligent observe l'effet produit, et les émaux translucides sur relief seront trouvés ; l'eau, étant plus abondante dans les parties creuses que dans les parties les plus relevées, y deviendra plus foncée et se modèlera, pour ainsi dire, au-dessus de l'entaille qui semblera disparaître ; ce sera le liquide qui formera le bas-relief avec les divers accidents de ses plans divers. Que ce liquide soit coloré, l'effet n'en acquerra que plus d'intensité ; qu'il soit vu placé sous un verre transparent, et l'on obtiendra ce qu'on appelle un émail translucide sur relief. »

Qu'il y ait eu, en France, des portraits exécutés au moyen des émaux translucides, la chose ne peut faire l'objet d'un doute ; mais il est impossible d'attacher un nom aux différentes têtes d'évêques, de saints et de personnages que l'on rencontre assez souvent à cette époque.

Au XVIe siècle, sous François Ier, on peut citer Renaut Damet; les artistes français de cette époque étaient surtout remarquables par le goût avec lequel ils coloraient les figures et les ornements dont elles étaient entourées.

Parmi les portraits que l'on rencontre dans les émaux, nous citerons un magnifique portrait d'homme coiffé d'une calotte et vêtu d'une robe.

Ce portrait est de notre célèbre artiste Jehan Foucquet, et passe pour être celui de l'auteur, peintre du roi Louis XI. Les ombres sont produites au moyen de l'enlevage de la lumière par des hachures d'or vif.

Monvaerni fit un triptyque représentant l'Annonciation; l'un des volets offre Louis XII à genoux, avec saint Louis derrière lui; l'autre volet nous donne Anne de Bretagne, femme de Louis XII, avec sainte Anne. Cet artiste vivait au XIVe et au XVe siècle; il existe un grand rapport entre ses émaux et les vitraux du XVe siècle; il ne serait pas impossible, nous dit M. Darcel, qu'il fût un des créateurs de l'émaillerie peinte de Limoges.

Nous arrivons à la grande époque des émaux peints en France.

Nous commencerons par Léonard Penicaud ou Naidon Penicaud. C'est à cet artiste qu'il faut attribuer ce qu'il y a eu de plus parfait parmi les émaux peints du style encore archaïque.

Cet artiste, qui avait une très grande réputation, a fait évidemment beaucoup de portraits ; mais il nous a été impossible d'en rencontrer.

Nous pouvons néanmoins citer, dans une scène de crucifiement, plusieurs personnages dont les uns portent les costumes de la fin du règne de Louis XII, et d'autres ceux du commencement du règne de François Ier.

Jean II Penicaud, dit le Jeune, était vraisemblablement le neveu de Jean Penicaud l'Ancien ; on a de lui :

En (1531), le portrait de Luther ;

En (1534), le portrait de Clément VII, au Louvre.

Léonard Limosin, et non Limousin, naquit vers (1505). Parmi les onze membres de sa famille, sept firent de la peinture sur émail; trois furent célèbres : Léonard Ier, Jean II et François II.

Le roi François Ier appela près de lui ce grand artiste, le plus illustre des émailleurs, le nomma son premier peintre et son valet de chambre.

Léonard Limosin fit beaucoup de portraits de gentilshommes de la cour; on a de lui le portrait de Catherine de Médicis en Vénus, celui de François Ier, le portrait d'Henri III en Jupiter, et celui de Charles IX en Apollon; il fit encore le portrait d'Éléonore d'Autriche.

Ces portraits peuvent être considérés comme ce qui a été fait de mieux en ce genre à Limoges.

En (1547), Léonard Limosin peignait sur émail Henri II ayant en croupe Diane de Poitiers; il fit encore Claude de France, deuxième femme de François Ier.

Entre les nombreux émaux dont il est

l'auteur, nous pouvons citer, parmi les plus remarquables, ceux de François Ier, d'Antoine de Bourbon, roi de Navarre; de (1556 à 1557), Léonard Limosin fit des portraits, dont les proportions étaient beaucoup plus considérables; ils se trouvent dispersés dans le monde entier. Le Louvre a conservé ceux de François Ier, de Françoise d'Orléans, princesse de Condé, et du connétable de Montmorency; cet émail est magnifique. Le musée de Limoges a conservé le carton de ce dernier portrait.

Le dessin de Limosin se ressent beaucoup de l'influence de l'école de Fontainebleau, surtout dans l'émail où Diane de Poitiers est représentée sous les traits de Vénus. Diane est appuyée sur un jeune Amour qui la tient embrassée, elle est couchée entièrement nue sur une draperie bleue, rehaussée d'or, qui est étendue sur l'herbe.

Lorsque Limosin s'inspire de Raphaël, il le fait avec une grande allure.

Nous devons dire qu'à partir de (1535) jusqu'à sa mort, Limosin s'inspire plus exclusivement de la nature et poursuit la vérité naïve dans les traits des personnages qu'il doit rendre immortels par son émail.

Le musée de Kensington possède les portraits de Catherine de Médicis, — d'Élisabeth de France, fille d'Henri II, — de Marguerite de Valois, sœur de François Ier, — de Jacques Amyot, — du cardinal de Lorraine, — de Louis de Lorraine, cardinal de Guise, — et d'Anne d'Este, duchesse de Guise.

On possède au Louvre divers portraits d'hommes signés L. L. et qui semblent être faits par Léonard Limosin ; mais ils sont, en réalité, de Martin, son frère et son associé, qui travaillait avec lui ; du reste, ces émaux ne sont en aucun point dignes de Léonard.

Si l'étude que nous poursuivons ne portait pas spécialement sur le portrait, nous pourrions être entraîné à parler de tant de chefs-d'œuvre produits par cette grande et célèbre école de Limoges, dispersés, comme des joyaux précieux, dans les musées des capitales du monde entier.

Nous devons citer Colin Nouailher, qui fut un dessinateur médiocre, mais un très habile émailleur. Il fit le portrait de l'empereur Claude, d'après Lucas de Leyde; Béranger, d'après le même peintre; il exécuta différents bustes de femmes, qui sont évidemment des portraits.

Sa famille fut nombreuse, et presque tous les Nouailher peignirent sur émail.

Parmi ceux qui s'adonnèrent au portrait, nommons Jean-Baptiste Nouailher, auteur d'un saint Louis qui est assez remarquable; d'un saint Denis habillé en évêque; du même encore, au fond d'une tasse, un Empereur galopant.

Pierre Raymond naquit vers (1500), il travailla pour la famille de Bourbon, qui était établie en Limousin; ainsi, dans un triptyque qui appartient à M. G. de Rothschild, on voit Mme Louise de Bourbon aux pieds de la Vierge; il fit également, vers (1555), le portrait d'Henri II; le Roi est de profil, revêtu d'une cuirasse et porte le collier de Saint-Michel.

Pierre Raymond a fait encore un grand nombre de portraits-bustes, auxquels il est difficile de donner un nom.

Jean de Court est l'auteur d'une Marguerite de France, fille de François Ier et duchesse de Savoie, costumée en Minerve (1555); cet émail appartient à M. de Nieuwerkerke.

De H. Poncet (1622), on a deux émaux qui sont au Louvre et représentent : l'un, saint Ignace de Loyola; l'autre, saint François-Xavier.

On peut citer plusieurs portraits attribués à Noël Laudin, un de ces portraits est en costume du XVIe siècle, un autre en costume du XVIIe.

Nicolas Laudin a laissé dans deux médaillons ovales les bustes des empereurs Vespasien et Domitien; et, dans deux grands cartouches, Zénobie et Pauline, d'après Claude Vignon; — Judith, — Jeanne d'Arc, — Sémiramis, — Artémise, — d'après le même peintre.

Jacques II Laudin exécuta beaucoup de personnages d'après Claude Vignon.

Sur une bourse formée de deux plaques ovales ajustées sur un soufflet en soie et garnie de passementerie d'or, Jacques Laudin a peint un magnifique médaillon, dont le sujet est un jeune homme en grande perruque blonde et vêtu d'un habit bleu ; cet émail est très beau et bien conservé.

Jean-Baptiste-Jacques Augustin a laissé des émaux et des miniatures très remarquables ; nous ne parlerons que des émaux, nous réservant une appréciation très étudiée sur les miniatures de ce maître.

En (1809), il donna son portrait ; Augustin est en buste, la tête de face, les cheveux noirs et bouclés, l'habit brun et la cravate blanche ; cet émail est fort remarquable par la pureté de son dessin et l'harmonie de ses couleurs.

Jean Petitot, né à Genève, était d'une famille française ; ses parents, ayant adopté la Réforme, vinrent s'établir en Suisse. — Son père était sculpteur sur bois. — Petitot eut une grande et universelle réputation qui égala celle de nos plus célèbres artistes du XVIe siècle.

Nous croyons même devoir ajouter, pour être juste, que cette célébrité de Petitot fut plus considérable encore, et cela tient à ce que cet artiste n'employa pas les mêmes procédés que ses illustres prédécesseurs ; au XVIe siècle, chez les maîtres eux-mêmes, l'émail semble moins fin ; le sens de la nature dans la coloration n'existe pas ou existe peu ; Petitot cherchait, au contraire, à se rapprocher le plus possible de cette nature qui est et qui doit être, quand on sait l'interpréter avec science et finesse, notre maître à tous.

Petitot rendait avec un talent tout spécial les tons de chairs : il apportait un soin extrême à son dessin et se livrait aux manipulations chimiques les plus savantes ; toujours il passait ses émaux à beaucoup de feux.

Un chiffre pourra donner une idée de la réputation universelle des œuvres de Petitot : en Angleterre, ses émaux étaient payés vingt et parfois jusqu'à quarante guinées.

Avant de citer les principaux portraits de

Petitot que nous possédons au Louvre, nous croyons utile d'ouvrir une parenthèse pour émettre une appréciation sur les copies de portraits.

Il est bien évident, pour tous, que l'artiste qui copie un portrait, même dans un autre genre, se livre à une besogne quasi à moitié faite.

Pour nous, ce qui caractérise l'œuvre proprement dite de l'artiste portraitiste, c'est la pose, l'arrangement, la composition, l'expression, la vie.

L'artiste passe alors la main à l'ouvrier, qui, avec une grande habileté de faire et son expérience pratique, termine l'œuvre, fait ce que nous pourrions appeler sa toilette finale, afin qu'elle flatte notre œil et qu'elle nous plaise.

Mais ce qui nous empoigne et ce qui nous magnétise (c'est le mot), c'est l'œuvre de l'artiste; car, lorsque cette œuvre nous attire, nous n'avons pas eu le temps d'admirer le coloris, les détails et la pureté du dessin; mais notre œil a perçu un ensemble, et de suite il se fixe sur ce travail qui l'a frappé si vivement. Malgré cela, nous ne devons pas mettre entièrement de côté l'artiste qui est obligé de reproduire cette œuvre première avec des moyens différents. — Son talent consistera à rendre exactement la pensée, le tableau, le groupe qu'il a sous les yeux, mais s'il copie fidèlement, avec génie même, il ne saurait être créateur. — Mais il aura un grand talent.

Petitot a reproduit de nombreuses peintures et ses émaux ont toujours rendu avec fidélité la pensée des maîtres : pour lui, l'émail ne semble pas avoir de secrets.

On a de Petitot, d'après les peintures des maîtres :

— Le portrait d'Anne d'Autriche, d'après Philippe de Champaigne ; — le même, d'après Mignard ;

— Le portrait de Louis XIV, d'après P. Mignard ; — le même, d'après Lebrun ; — le même, d'après Nicolas Mignard ;

— Le portrait de Marie-Thérèse, d'après Beaubrun ou Bobrun ;

— Le grand Dauphin, fils de Louis XIV, d'après Nanteuil ; — le cardinal de Richelieu, d'après Champaigne ; — Marie-Anne de Bavière, Dauphine de France, d'après Mignard ;

— Henri-Jules de Bourbon, duc d'Enghien, fils du Grand Condé, d'après Mignard ; — sa femme, Anne de Bavière, d'après le même ;

— Balthazar Phelypeaux, marquis de Châteauneuf ;

— Mme de Maintenon, d'après Mignard ;

— Schomberg, maréchal de France (inconnu) ;

— Percy, comte de Northumberland, d'après Van Dyck ;

— Marie-Jeanne-Baptista de Savoie, d'après Beaubrun ;

— Louis-Marie de Gonzague, d'après Juste d'Egmont ;

— Paul-Jules de la Porte, duc de la Meilleraye ;

— Chardin (pourrait être de Petitot), d'après Bon Boulogne ; — Mlle de Lavallière ;

— Mme de Montespan ; — la reine Christine de Suède, d'après D. Beck ;

— Un portrait très fantaisiste de Rembrandt, etc.

Mais on ne saurait nommer un seul portrait authentique de Petitot, d'après lui-même ; malgré cela nous avons cru devoir lui consacrer quelques lignes, car les émaux de cet auteur seront toujours d'un grand intérêt au point de vue de l'histoire du portrait.

Rouquet, André (1703), a fait un très beau portrait du marquis de Marigny.

Thouron, Jacques (1737), a fait un émail de Franklin.

Weyler, Jean-Baptiste (1745), envoya, comme morceau de réception à l'Académie, un magnifique portrait du comte d'Angivillers, directeur général des bâtiments sous Louis XVI.

Nous avons encore de très beaux émaux du XVIIe siècle, dont les auteurs sont inconnus. Ces portraits doivent être mentionnés ici :

— Portrait d'Henriette de France, femme de Charles Ier ;

— Portrait de Monsieur, frère du roi Louis XIV.

D'Antoine Arland, peintre en miniature du XVIII° siècle, nous avons : — Pierre le Grand, dans sa jeunesse; — Louis XV; — Soufflot, architecte; — Catherine II; — Marie-Josèphe d'Autriche, reine de Pologne.

CHAPITRE IV

DU PORTRAIT DANS LES VITRAUX

ouloir justifier, avec certains auteurs, l'emploi du verre dans les fenêtres, avant le IIIe siècle, nous semble difficile ; cependant le verre paraît avoir été en usage vers cette date.

Telle est, du moins, l'opinion de Levieil dans son ouvrage l'Art de la Peinture sur verre (in-fol., 1774) ; celle encore de Langlois dans son Essai historique et descriptif de la Peinture sur verre (Rouen, 1832).

Les découvertes de verre à vitre, faites à Herculanum et Pompéi, attestent également l'usage ancien du verre dans les habitations.

A partir du iii⁰ siècle, l'usage des fenêtres à verres multicolores devient général, surtout dans les églises.

Lactance trouvera dans cet usage un poétique sujet de comparaison. Il écrira (De opificio Dei. Cap. vii) : « L'esprit perçoit les objets extérieurs par les yeux du corps comme à travers les fenêtres garnies de verre. »

Prudence, dans le iv⁰ siècle, parle des vitraux de différentes cathédrales, et décrit ainsi ceux de Saint-Paul hors les murs, à Rome : « Dans les fenêtres cintrées, se déploient des verres de couleurs diverses : ainsi semblent au printemps les prairies émaillées de fleurs. » (Prudentii Carm. — Hymn. xii. Lib. Περί στεφανῶν.)

Au cours du v⁰ siècle, l'usage des vitres de couleur semble avoir été général en France.

Sidoine Apollinaire nous a laissé la description des vitraux qui ornaient l'église Saint-Patient de Lyon, achevée en (450).— Ces vitraux étaient-ils à personnages ? — M. Levy (Hist. de la Peinture sur verre) l'affirme. —

M. Jules Labarte ne partage pas cet avis (Les Arts industriels, III, p. 332).

Nous ne pouvons entrer dans l'examen des textes qui ont servi aux divers auteurs à étayer de longues dissertations sur la date précise des premiers vitraux. — Disons que, d'après l'opinion commune, les émaux fusibles sur verre ne furent connus que vers le xie siècle ; par conséquent, les vitraux coloriés, en usage aujourd'hui, semblent avoir été inconnus avant cette date.

Mais qu'il y ait eu des fenêtres historiées, même au cours du vi[e] siècle, la chose est possible ; en tout cas, elle semble certaine pour les siècles postérieurs.

Mais ce n'était pas le vitrail, ce n'était que le verre peint.

D'après J. Labarte, on aurait recouvert de cire les feuilles de verre, et sur ce verre blanc, les artistes auraient peint des portraits d'Empereurs, d'Impératrices, des images de Saints ou même des bienfaiteurs insignes de l'Église, des Évêques. Pour assurer la conservation du dessin, on coulait une seconde cire, qui était incorporée à la première couche par l'action du feu.

Le portrait était ainsi emprisonné et restait transparent.

C'est ainsi que J. Labarte interprète le *vitrail peint* de Saint-Bénigne de Dijon, et ne peut voir un *vitrail émaillé* dans *la Peinture* citée par Eymeric David comme antérieure au xe siècle. (Ibid. III, p. 339.)

En (1447), ces peintures à l'huile sur verre semblent encore en usage en Italie.

Le xe siècle fut tellement agité par les guerres, que les arts s'en ressentirent naturellement; aussi cette époque ne fut marquée par aucun progrès.

On ne peut chercher les vitraux proprement dits, la peinture sur verre et encore plus le portrait dans les vitraux, qu'après le xie siècle. — Jusque-là, l'histoire, plus qu'incertaine, n'offre pas d'intérêt.

— A la fin du xie siècle, le moine Théophile donna un traité de la peinture sur verre, dans son ouvrage Diversarium artium Schedula. — Nous savons par lui que si le verre teinté de rouge, de bleu, de jaune, de vert et de violet était connu, un seul émail, le brun, était en usage. (Lib. II, cap. xix, édition de l'Escalopier.)

Théophile décrit minutieusement les procédés de fabrication, le tracé du dessin, la cuisson dans le fourneau, le montage avec des lames de plomb. Tous ces détails sont du plus haut intérêt.

En France, les vitraux du Loroux, en Anjou, qui représentent les portraits de Foulques V, seigneur de cette province, et le portrait de sa femme, sont antérieurs à l'année (1121). Nous avons encore de cette époque les douze verrières de l'église abbatiale de Saint-Denis, qui représentent l'histoire de Charlemagne et celle de la première croisade.

Les vitraux de Saint-Denis comprenaient les portraits de : Tancrède, — de Godefroy de Bouillon, — de Raymond de Saint-Gilles, et l'on y voit encore de nos jours celui de Suger prosterné aux pieds de la Vierge.

Un vitrail dans l'église de Saint-Pierre de Dreux offre le portrait d'Anne de Bretagne.

Au XIIe siècle, nous pouvons indiquer (1153), dans l'église de Braine-le-Comte, le portrait de Robert, fils de Louis le Gros.

Dans une verrière du XIIIe siècle, à Poitiers, se trouve le portrait et la légende de Thomas de Cantorbéry. Dans cette même verrière il y a plus de trente-deux figures représentant des personnages contemporains.

Clément de Chartres fit les vitraux de Rouen et signa son œuvre « *Clemens, Vitrearius Carnotensis M*(agister). »

Les vitraux des cathédrales de Bourges et de Chartres comprennent près de huit mille figures.

Blanche de Castille, — saint Louis et sa femme, Marguerite de Provence, sont fréquemment représentés dans ces vitraux.

A partir du XIIe siècle, la peinture sur verre semble marquer un réel progrès.

A cette époque, on trouve dans les œuvres des peintres verriers le même développement que l'on remarque chez les miniaturistes : le dessin devient plus correct, plus gracieux; les artistes ne craignent pas d'aborder le portrait; on rencontre souvent des images de souverains et de saints; de même, dans le XIIIe siècle, la peinture sur verre continue de jeter un vif éclat.

Dans la cathédrale de Chartres, on retrouve à profusion des médaillons légendaires et de belles figures avec le costume du temps; dans presque toutes ces verrières les nombreuses figures ressemblent à des collections de portraits.

Au XIVe siècle, le dessin entre tout à fait dans une excellente voie, les figures commencent à être mieux modelées et l'emploi des ombres et des demi-tons vient ajouter au relief des personnages et à l'effet des draperies.

La découverte du jaune d'argent permet encore aux peintres verriers de multiplier la dorure dans les accessoires, et elle ajoute à leurs moyens une ressource considérable. Jusqu'alors la dorure était rendue par un verre jaune, teint dans la masse, qui devait être découpé et enfermé dans le plomb.

Aussi les peintres verriers deviennent plus

nombreux dans le XIVe siècle : les édifices particuliers, les palais, sont enrichis de vitraux.

Sous Charles V, l'hôtel Saint-Pol et le Louvre sont décorés de vitraux, reproduisant des images de saints, des scènes de romans et des sujets de chevalerie. (Sauval, Antiquités de Paris, tome II. Éd. de Paris, 1724.—Langlois, Essai historique et descriptif de la peinture sur verre, Rouen, 1832.)

Les vitraux du XIVe siècle qui existent encore sont nombreux : les cathédrales de Beauvais, — de Chartres, — d'Évreux, — de Limoges, — de Narbonne, — de Carcassonne, — et de Toulouse en possèdent de très remarquables. M. J. Labarte a donné un vitrail du XIVe siècle, tiré de la cathédrale d'Évreux, dans sa planche XCVI des Arts industriels.

Si les vitraux du XIVe siècle sont arrivés jusqu'à nous en assez grand nombre, il n'en est pas de même du nom des peintres verriers de cette époque.

Cependant, parmi les artistes verriers du

xive siècle, nous pouvons citer : Guillaume Canonce, verrier de la cathédrale de Rouen (de 1384 à 1386), — Perrin Girole (1372) et Jean de Beaumes (1375-1390), verriers de Philippe le Hardi, duc de Bourgogne ; — Guillaume de Francheville et Girard de la Chapelle, employés tous deux par ce même prince ; — Pierre et Thibaut d'Arras ; — Henry de Malines (1383-1394) ; — Hennequin Moulone (1397) et Philippe Blanquart, de Soissons, qui fit, en (1398), une grande verrière avec le portrait du duc d'Orléans ; — Pierre David, de Paris (1399) et Claux le Loup, verrier du duc d'Orléans (1397).

Au xve siècle, les vitraux suivent le progrès qui se fait dans la peinture à l'huile. Les artistes exécutent beaucoup de grisailles, alors en grand honneur, non seulement dans les églises, mais dans les châteaux et dans les hôtels particuliers.

Le verre doublé devint alors d'un usage fréquent ; on l'obtenait par la superposition de verres coloriés diversement et par un soufflage unique pour le même manchon, ce qui permettait des teintes très variées.

Pendant ce siècle, fut exécuté le vitrail de la cathédrale du Mans, représentant Yolande d'Aragon et Louis XII, roi de Naples et de Sicile. Les verrières des Célestins, à Paris, offraient une suite de portraits des princes de la famille d'Orléans-Valois, qui fut complétée au XVIe siècle par ceux de : Louis XII, — de François Ier — et d'Henri II. — Pour Évreux fut exécuté le portrait de Guillaume d'Harcourt, grand queux de France.

On peut citer, comme peintres verriers de cette époque, ayant travaillé aux vitraux de Rouen, Guillaume de Gradville, — Robin Damaigne, — Guillaume et Jean Barbe, qui ont travaillé aux vitraux de la cathédrale de Rouen ; — Henri Mellein, de Bourges, — Antoine Chenesson, d'Orléans, qui travailla aux vitraux de Gaillon; Guillaume Delanoe et Jean le Normand, qui firent les vitraux de Tancarville ; — puis Balthazar, Brisetout, Girard le Nogat, Hermant, Madrin, Michelet, Pierre-Jehan du Pins, — Jehan de Vertus et Blanc-Mantel à Troyes.

Brehal à Évreux, — Jehan Simon à Bar-sur-Aube, — Montglarive, à Orléans, — Rechambault, à Limoges, et Thibaut la Lèvre, à Dijon.

Au XVIe siècle, la peinture sur verre se fit presque comme la peinture à l'huile. Les artistes avaient à leur disposition des procédés beaucoup plus nombreux.

La taille du verre, par le diamant, vint faciliter encore l'harmonie des couleurs et la pureté du dessin. La découverte de nouveaux émaux vint ajouter aux ressources de l'art du peintre verrier.

A cette époque, on exécuta cependant beaucoup moins de portraits ; mais les artistes verriers excellent dans l'architecture ; et si la perspective est savante, souvent elle semble un peu trop recherchée.

Les premiers maîtres de ce siècle furent vraiment fort remarquables.

La chapelle du château de Vincennes est ornée de vitraux qui sont dus au pinceau savant de Jean Cousin, le maître célèbre que Cologne invitait à décorer sa basilique.

Beauvais possédait une école de peintres verriers, qui enrichirent les églises de remarquables vitraux. Mais c'est dans la célèbre église de Brou que se trouvent les plus magnifiques verrières du XVIe siècle.

Parmi les verriers remarquables de cette époque (et presque tous firent des portraits), nous devons citer : Angrand Leprince (1530), chef de l'école de Beauvais; — Jean et Nicolas le Pot, de la même ville; — Maître Claude, qui travailla au Vatican, où il fut appelé par Jules II; — Guillaume de Marcillat; — enfin le plus célèbre de tous, Jean Cousin, qui vivait encore en (1584), exécuta les vitraux de Saint-Gervais, de Saint-Étienne du Mont; — les verrières d'Anet, de Moret et de Vincennes.

Le rival de J. Cousin, Robert Pinaigrier, exécuta, de (1527 à 1530), les vitraux de Saint-Hilaire de Chartres et du charnier de Saint-Étienne du Mont. — Son fils Nicolas, — ses petits-fils Robert, Jean et Louis, furent aussi peintres verriers.

Bernard Palissy fit des vitraux à Écouen, notamment l'Histoire de Psyché, d'après Raphaël. — Ces vitraux appartiennent aujourd'hui au duc d'Aumale.

Mais vers la fin du xviie siècle, on ne trouve plus de peintres verriers, et les procédés eux-mêmes semblent perdus. — Ce n'est qu'au commencement de notre siècle que la peinture sur verre semble renaître.

Les études des savants chimistes Brongniart et Dihl firent retrouver les émaux fusibles ; on essaya donc de faire des vitraux. La science rechercha les anciens émaux, retrouva les procédés, et on institua à Sèvres une nouvelle école de peinture sur verre. M. Bontemps, chimiste habile, fit des essais couronnés de succès dans sa fabrique de Choisy.

Henri Gerente, dès (1839), exécuta les vitraux de Sant-Germain l'Auxerrois, d'après ceux de la Sainte-Chapelle. Bientôt Maréchal à Metz, Lusson au Mans, Lorin à Chartres, produisent de belles verrières, où l'on trouve de remarquables portraits.

M. Didron, reconnaissons-le, a grandement

contribué à cette restauration de l'art par son beau travail sur l'Histoire de la peinture sur verre, pendant que M. de Lasteyrie, dans son Histoire de la peinture sur verre, d'après les monuments de France, faisait revivre le passé, les chefs-d'œuvre des maîtres et leurs merveilleux travaux.

CHAPITRE V

DU PORTRAIT DANS LES BRODERIES ET LES TAPISSERIES

ans une histoire du Portrait que nous voudrions aussi complète que possible, nous ne pouvons omettre de parler des Broderies et des Tapisseries. Nos tapisseries françaises ont toujours eu une grande réputation ; elles ont porté, on peut le dire, dans toutes les parties du monde, les portraits de nos héros, de nos souverains et de nos grands hommes.

Jusqu'au ixe siècle, la broderie fut employée pour ornementer les étoffes, c'était le seul moyen connu : l'Orient gardait encore le mo-

.nopole des étoffes tissées avec l'or et la soie.

Les reines, les princesses firent de la broderie une occupation constante; elles y consacrèrent leurs loisirs, et des œuvres merveilleuses furent enfantées par leur aiguille.

Ces étoffes servaient à décorer les châteaux, les églises, les chambres d'apparat et les salons immenses des nobles demeures.

La reine Berthe, mère de Charlemagne, était habile fileuse et savait « d'or et soie ouvrer », nous dit un vieux poème. Les filles de Charlemagne savaient également manier l'aiguille et le fuseau, nous raconte Éginhard.

Parfois les broderies à l'aiguille sont des œuvres considérables, dont l'achèvement demande de longues années.

Jacques Doublet, dans son Histoire de l'abbaye de Saint-Denis, dit que la reine Berthe broda à l'aiguille, sur un canevas, des sujets représentant les gloires de sa famille.

Nous devons mentionner ici la célèbre tapisserie de Bayeux, attribuée à la reine Mathilde, femme de Guillaume le Conquérant.

Sur une bande de toile, longue de 71 mètres et large de 50 centimètres, est figurée, en broderie à l'aiguille, l'histoire de la conquête de l'Angleterre par les Normands.

Encore que le dessin soit médiocre, ce travail est curieux, car il nous donne le modèle des armes, des vêtements et des meubles, usités à cette époque du xie siècle.

Au xiiie siècle, nous dit M. de Laborde, « broder était un art, une branche sérieuse de la peinture. »

« L'aiguille, véritable pinceau, se promenait sur la toile et laissait derrière elle le fil teint, en guise de couleur, produisant une peinture d'un ton soyeux et d'une touche ingénieuse, tableau brillant sans reflet, éclatant sans dureté. (Revue arch., tome VII.) »

Avec le xiiie siècle, on aborde plus directement le portrait dans la broderie; les figures de saints, d'évêques, et même des légendes entières sont fréquentes, comme dans la broderie dite de Saint-Martin, qui est au Louvre, n° 319, Musée de la Renaissance.

Au XIVe siècle, les brodeurs forment une corporation importante.

Mais la broderie atteint son apogée dans le XVe siècle ; les peintres les plus célèbres donnaient les cartons, et les brodeurs exécutaient leurs dessins.

Ainsi, dans le XVIe siècle, en (1521), les tentures pour la chambre de Louise de Savoie, mère de François Ier, dessinées par Matthieu Luazar et Barthélemy Guyeti, et qui furent brodées par Cyprien Fulchin et Étienne Brouard, comprenaient quatre-vingt-douze histoires et bergeries, tirées des Bucoliques de Virgile.

L'ameublement du Sacre, commandé par François Ier, fut dessiné par Raphaël.

Quant aux *Étoffes brochées,* la France n'en produisit qu'à partir du XIVe siècle, et si nous en trouvons la trace dans les Registres des Métiers d'Étienne Boileau, ce fut seulement vers (1470) que le roi Louis XI établit à Tours des métiers à soie.

Dans toutes ces broderies, surchargées de figures, comment reconnaître des portraits authentiques? Il est assez difficile de le dire, mais nous ne pouvions taire cette manifestation de l'art en France.

Les tapisseries proprement dites ont été fréquemment confondues avec les broderies et les étoffes brochées.

Nous devons mentionner tout d'abord la célèbre fabrique d'Aubusson, qui nous a donné un si grand nombre de tapisseries à personnages et à portraits. Une légende nous dit qu'elle fut fondée au vııı^e siècle. Cette opinion a été reprise par M. Perathon dans son écrit sur les Manufactures d'Aubusson.

Quoi qu'il en soit, la réputation des manufactures d'Aubusson fut grande, et ce n'est qu'au xvıı^e siècle que cette ville perdit sa renommée.

Aubusson produisit surtout les tapis dits Sarrasinois, qui étaient une sorte de broderie. On les trouve mentionnés dans les Inventaires de Charles VI, cités par M. Lacordaire. (Notice historique sur les Gobelins et la Savonnerie.)

Ce n'est guère que vers le xı^e siècle que l'on

commença à exécuter, en France, les tapisseries proprement dites.

D'après Labbe, saint Angelme de Norwège, évêque d'Auxerre, avait fait ouvrer de nombreux tapis pour son église.

Vers (985), d'après Martenne, les religieux de l'abbaye de Saint-Florent de Saumur tissaient, eux-mêmes, des tapisseries dans leur monastère. Cette manufacture dura même plusieurs siècles. Il est très probable qu'en dehors des fleurs et des animaux représentés sur ces ouvrages, les religieux de Saint-Florent abordèrent la figure dans leurs travaux.

Vers (1025), une manufacture de tapisserie fut établie à Poitiers.

Pour soutenir la concurrence et pour lutter contre les tapis Sarrasinois, les ouvriers du nord de la Flandre abordent, dans le XIIe siècle, la tapisserie historiée.

Ainsi donc, à Poitiers, — à Arras, — à Reims, — on fabriquait des tapisseries destinées aux Rois, aux Empereurs et aux églises, car ces ouvrages étaient d'un prix fort élevé. Mais, d'après M. Jules Labarte, les tapisseries historiées ne devinrent communes en France qu'au cours du XIIIe siècle.

En (1302), les tapissiers Sarrasinois veulent empêcher les « *ouvriers de haute lisse* » d'exercer leur métier, et une ordonnance dut les incorporer dans la maîtrise des tapissiers. — (Depping, Règlem. des arts et métiers de Paris, 1837.)

Au cours du XIVe siècle, les inventaires indiquent de nombreuses tapisseries historiées qu'il serait trop long de citer.

En (1348), le duc Jean de Normandie achète « un drap de lainne, auquel estoit compris le vieil et nouvel Testament, » fabriqué par Amaury de Goire, tapissier à Paris (d'après J. Labarte).

Du reste, au XIVe siècle, les tapisseries formaient une partie importante du mobilier. L'inventaire de Charles V comprend de nombreux « tappiz à ymages. » (Ms., Bibl. Nat., n° 8356.)

Paris avait ses tapissiers ; en (1391), Nicolas Colin-Bataille, tapissier et bourgeois de Paris, vendait au duc d'Orléans « un drap de haulte lice de l'ystoire de Theseus et de l'Aigle d'or, » et en (1396), « trois tapis de haute lisse historiés. » En (1396), Lebourebien était tapissier fabricant à Paris. (Cités par M. de Laborde. Ducs de Bourgogne, tome III.)

Mais c'était surtout à Arras que les œuvres considérables étaient exécutées, et cette ville semble fabriquer plus exclusivement les tapisseries de haute lice historiées.

Philippe le Hardi (1384-1404) faisait acheter à Arras, pour la somme de 700 livres, un drap de haute lice, ouvré en or, ayant 36 aunes de long, représentant l'histoire des Vertus. — Du reste, ce prince, dès (1383), engageait des ouvriers à son compte, et son trésor renfermait des tapisseries historiées si nombreuses, qu'un officier spécial était préposé à leur conservation. (De Laborde, Ducs de Bourgogne, tome I.)

En (1389), Jean de Croisettes, demeurant à Arras, vend au duc de Touraine, « pour l'hostel de Beauté, un tapis sarrazinois à or, de l'histoire de Charlemaigne. »

En (1419), Jean sans Peur acheta, pour 400 livres, une pièce représentant des portraits d'Évêques, d'Archevêques et de Rois, ou l'Union de la sainte Église. — L'inventaire de Philippe le Bon comprend une tapisserie avec le portrait de feu duc Jehan et de sa femme, tant à pied qu'à cheval. (De Laborde, id., tome II.)

Nous avons dit plus haut que, dès le xiiie siècle, on commençait à orner les châteaux et les églises avec des tapisseries à personnages.

Plus tard, les tapisseries de haute lice formèrent une partie importante du mobilier, nous l'avons vu encore, mais ces œuvres ne pouvaient être achetées que par les princes, les nobles et les riches églises, car leur prix était fort élevé.

Toutes ces tapisseries ne sont pas parvenues jusqu'à nous ; celles qui subsistent sont disséminées dans les musées, dans les collections, un peu partout : quelques-unes offrent un grand intérêt.

Le musée de Dijon possède une tapisserie

représentant le siège de cette ville par les Suisses; on y trouve des portraits.

Nous devons indiquer encore les tapisseries de Montpezat, provenant de la cathédrale de Montauban, qui datent du xve siècle; ces tapisseries, données par l'évêque Desprez, représentent, en seize tableaux, l'histoire de saint Martin de Tours.

On possède également des tapisseries à personnages dans la cathédrale de Sens, dans celles de Beauvais et de Reims. — Autrefois, la tapisserie de la reine Mathilde servait au décor de la cathédrale dans les jours de fête.

M. Jubinal a décrit cette tapisserie de haute lice, qui représente allégoriquement Charles VIII et Anne de Bretagne sous les traits d'Assuérus et d'Esther. (Rech. sur les Tapiss. à personnages.) — Millin avait publié la gravure de cette œuvre. (Voyage dans le Midi de la France, tome III.) — On croit que ce beau travail avait été exécuté à Bruges, sur les dessins d'un élève de Jean Van Eyck.

Déjà la tapisserie dite du Sacre de Charles VI donnait une série de portraits des anciens rois de France.

Nous avons encore une magnifique tapisserie du XVIe siècle, représentant le mariage de Louis XII et d'Anne de Bretagne.

François Ier, désireux de restaurer en France l'art des tapisseries historiées, créa en (1539), à Fontainebleau, une manufacture de tapisseries de haute lice. — Philibert Babou, sieur de la Bourdaizière, et Sébastien Serlio, le peintre, furent chargés de la direction de cet établissement royal. Sous Henri II, nous trouvons Philibert Delorme, directeur de Fontainebleau.

Henri II créa encore une seconde fabrique dans l'hospice de la Trinité à Paris.

Les deux rois s'imposèrent des charges considérables pour la prospérité de ces établissements. (De Laborde, Études sur le XVIe siècle.)

Dans la fabrique de la Trinité fut exécuté, sur les dessins de Lerambert, au nombre de trente-neuf, le portrait de Catherine de Médicis, sous l'emblème de la reine Artémise. — Cette tapisserie historiée avait 4 mètres de hauteur et soixante-trois aunes de long. — Dans une autre il retraça l'histoire allégorique de Marie de Médicis.

En (1594), sur les dessins du même Henry Lerambert, un maître tapissier de la Trinité, Du Bourg, exécuta trente-deux tapisseries pour Saint-Merry. — Ces tapisseries comprenaient des portraits, puisque dans l'une était figuré Pierre Guiche, curé de cette paroisse.

Sous Charles IX fut établie à Tours la fabrique de tapisseries, qui donna, en dix-sept pièces historiées, tous les faits du règne d'Henri III.

La manufacture de Cadillac donna également, dans une tapisserie, l'histoire et le portrait d'Henri III, et dans d'autres encore l'histoire de plusieurs de nos rois.

Nous arrivons à la période la plus intéressante de l'histoire du portrait dans les tapisseries, car nous devons parler de la famille de Jehan Gobelin Ier.

Jehan Gobelin a donné son nom à la manufacture française qui créa tant de chefs-d'œuvre et qui nous a laissé tant de portraits.

Presque tous nos grands artistes ont travaillé pour cette manufacture royale. Charles Lebrun dessina les cartons de l'histoire de Louis XIV, pour les Gobelins. — Cette manufacture fit aussi des tapisseries-portraits pour le surintendant Fouquet.

Charles Coypel commença en (1715) plusieurs grands tableaux faisant suite à l'histoire de Louis XIV. Oudry donna quatre tableaux des chasses de Louis XV.

Pendant que Leclerc dirigeait les Gobelins, il employa comme peintres : de Troy, — Bertout, — Jouvenet, — Charles Coypel ; — on exécuta alors beaucoup de portraits, qui ajoutèrent à la renommée de la célèbre manufacture.

Vincent donna les cartons de cinq tapisseries :

— Sully aux pieds d'Henri IV. — Henri IV prenant congé de Gabrielle. — Évanouissement de la belle Gabrielle. — Henri IV soupant chez le meunier Michaut. — Henri IV faisant entrer des vivres dans Paris..

Menageot dessina pour la même manufacture la mort de Léonard de Vinci; — Barthélemy donna le siège de Calais, — la reprise de Paris par le connétable de Richmond, — Martel, prévôt de Paris, tué d'un coup de hache par Maillard, au moment où il va livrer les clefs de la ville au roi de Navarre.

Les Gobelins nous ont encore donné la mort de Coligny, d'après Suvée. — Les honneurs rendus par les ennemis à Duguesclin après sa mort, d'après Brenet. — La continence de Bayard, d'après Rameau.

Sous le premier Empire, la plupart des grandes compositions de cette époque furent exécutées en tapisserie.

Gros, — David, — Girodet, — Guérin, — Gérard, — allaient dans les ateliers des Gobelins surveiller eux-mêmes l'exécution de leurs cartons. — Dans presque toutes ces tapisseries, il y avait des portraits de l'Empereur, des maréchaux, des grands personnages français et étrangers de cette époque.

Il ne sera pas inutile de citer quelques-uns des portraits donnés dans les tapisseries faites en (1833).

Ainsi les portraits d'Henri IV, de Saint Louis, du roi d'Angleterre et des barons anglais.

François Ier d'après Rouget, et plusieurs portraits d'après Abel de Pujol, Guérin et Horace Vernet.

Le portrait de Louis XVI, d'après Collet; celui de Marie-Antoinette, d'après Mme Le Brun; les portraits de Louis XVIII, d'après Robert le Fèvre; de Charles X, d'après Gérard; de Madame la duchesse de Berry et de ses enfants, d'après le même.

On peut le dire, dans notre merveilleuse manufacture des Gobelins, il a été fait des portraits d'une exécution si admirable, que les artistes et les visiteurs se trompent parfois, lorsqu'ils parcourent la galerie d'Apollon.

Là sont figurés Pierre Lescot, — Androuet du Cerceau, — Jean Bullant, — André Lenôtre, — Francesco Romanelli, — Jacques Lemercier, — Jean Goujon, — Charles Lebrun, — Étienne Duperac, — André Anguier, — Germain Pilon, — Jacques Sarazin, — Eustache Lesueur, — Claude Perrault, — François Girardon, — Visconti, — Percier, — Mignard, — Hardouin, — Mansard, — Philibert Delorme, — G. Coustou, — An. Coyzevox, — Nicolas Poussin.

Combien prennent pour des peintures ces portraits en tapisserie des Gobelins ?

La France seule possède une telle manufacture et sa gloire est sans rivale.

CHAPITRE VI

DU PORTRAIT DANS LES DESSINS, PASTELS ET MINIATURES

ue nos artistes aient excellé dans l'art du portrait, tout le démontre; l'étude de leurs travaux dans le dessin, dans le pastel, dans la miniature, indique suffisamment que l'École française fut, dans ces différents genres, absolument remarquable.

Beaucoup de ces artistes ont également travaillé le dessin, le pastel et la miniature; aussi nous suivrons dans cette étude l'ordre chronologique, indépendamment du genre dans lequel l'artiste se sera exercé.

Mentionnons d'abord un grand dessin sur soie, ayant servi de parement d'autel. Cette composition, de la fin du XIVe siècle, est entourée d'encadrements historiés : à gauche et en bas, le roi Charles V est agenouillé, les mains jointes, couronne en tête; il est de profil et tourné vers la droite; en face est la Reine, Jeanne de Bourbon, agenouillée, tournée vers la gauche et regardant le Roi.

Nous possédons encore une miniature sur vélin du XVe siècle : elle représente sainte Geneviève de Paris : la grande beauté et la finesse de ce travail pourraient le faire attribuer à Foucquet.

Une autre miniature sur vélin nous donne les portraits de Charles le Chauve et de Gérard de Bouillon.

Ce n'est qu'avec le XVIe siècle que l'École française sait faire preuve d'un grand talent dans le dessin, le pastel et la miniature. Jusque-là les œuvres sont rares, les artistes sont peu nombreux et semblent hésiter encore. La méthode paraît leur faire défaut; quelques belles œuvres isolées, il faut le dire, attestent un progrès réel, mais il n'y a pas encore d'École française, de genre français nettement défini.

Avec le XVIe siècle, nous trouvons François Clouet.

Nous avons consacré une longue étude à cet artiste dans notre chapitre sur la Peinture ; cependant nous dirons quelques mots de ses admirables dessins, qui sont répandus dans le monde entier, à Londres et surtout à Vienne.

Au Louvre, nous ne possédons qu'un ou deux dessins authentiques de François Clouet.

Une miniature sur vélin représente François Ier, roi de France ; il est vu de profil, et tient d'une main une masse d'armes ; son cheval est de couleur isabelle et caparaçonné de rouge, avec un plumet sur la tête.

Du même artiste nous avons encore un portrait de vieillard et un buste de femme.

On attribue à Clouet, mais sans aucune certitude, les portraits de Catherine de Médicis qui sont à la bibliothèque Sainte-Geneviève ; les crayons d'Élisabeth d'Autriche et de Maximilien sont également de François Clouet.

Daniel du Monstier (maître peintre en crayons) a fait le portrait du duc de Longueville aux crayons rouge, noir et au pastel. La tête est achevée, mais la collerette n'est qu'indiquée. Le duc est presque vu de face, un peu tourné à gauche; la moustache retroussée et la royale sont rousses, les cheveux sont d'un blond pâle.

Le portrait de N. Brulart, marquis de Sillery, chancelier de France, est un crayon très terminé, à la pierre noire, à la sanguine et au pastel, assurément l'une des plus belles œuvres de Daniel du Monstier.

Malherbe veut bien nous apprendre, dans une lettre (du 12 novembre 1607), que Daniel du Monstier avait fait son portrait; il écrit encore à Peirex : « Si vous venez ici, vous verrez un miracle d'un crayon du feu roi, fait par le sieur du Monstier, qui est si bien que je vous jure que je ne le vois jamais qu'il ne me semble qu'il veuille parler à moi, il fait son compte qu'il y en aura une copie pour vous, mais que vous vous souveniez de je ne sais quelle tortue que vous lui avez promise... »

La manière de Daniel du Monstier est bien connue ; le nombre des crayons du maître, venus jusqu'à nous, est considérable et justifie les éloges de Malherbe.

La seule bibliothèque Sainte-Geneviève en possédait environ quatre-vingts, signés ou non signés ; la date la plus moderne d'un de ces crayons est de (1644) ; c'est le portrait de l'abbé de Saint-Cyran.

Du reste les du Monstier forment toute une génération d'artistes. Pierre du Monstier a donné plusieurs portraits, ainsi qu'Étienne, fils aîné de Daniel. Un autre fils de du Monstier, Nicolas, était logé au Louvre et membre de l'Académie, il a laissé le portrait d'Errard. Antoine du Monstier avait exécuté le portrait de Nicolas Coeffeteau, évêque de Marseille.

Enfin, nous avons les portraits de Louis XV et de Marie Leczinska, chacun dans un ovale, de profil, se regardant, qui portent la signature de C. du Monstier.

Antoine Caron, né à Beauvais (1515), a dessiné au crayon un certain nombre de personnages illustres.

La Bibliothèque nationale possède une curieuse et remarquable suite de dessins de ce maître, connue sous le nom d'Histoire d'Artémise. — Catherine est représentée sous les traits d'Artémise; — Henri II, sous le personnage de Mausole; — Charles IX, sous celui du roi Lygdamis, fils d'Artémise. — Le sacre du jeune roi représenté est évidemment celui de Charles IX. Ce dessin, qui porte la signature du maître, a fait partie de la collection Crozatier.

La Bibliothèque possède encore un beau crayon représentant Caron très âgé.

La réputation de François Quesnel fut grande et ses crayons sont souvent confondus avec ceux de Janet.

La Bibliothèque possède deux dessins signés de Quesnel : l'un est un portrait d'homme; l'autre, celui de Gabrielle d'Estrées.

On peut attribuer encore à Quesnel les portraits de : Henri IV coiffé d'un chapeau;

— celui du même roi portant la couronne ; — ceux de Marie de Médicis ; — de la princesse de Conty ; — de Louise de Lorraine.

Le portrait de F. Quesnel est remarquable ; il attache par son air tout simple et rempli de bonhomie.

Les frères de Quesnel ont aussi beaucoup produit.

Nicolas a laissé un bon crayon rouge et noir sur papier gris (1574); c'est le portrait de son père, Pierre Quesnel.

Nous avons de Bellangé cinq crayons rouge et noir rehaussés d'or sur vélin, qui représentent :

— Henri II ; il est de profil, tourné à gauche, la tête ceinte d'une couronne ;

— Le portrait de Charles IX, de face, portant collerette et toque à plume ;

— Portrait d'Henri III ; il est vu de trois quarts, tourné vers la gauche, coiffé d'un petit bonnet orné sur le milieu d'une aigrette de plumes blanches, et portant l'ordre du Saint-Esprit.

— Un portrait d'homme, en armure et coiffé d'un casque à plumes ;

— Portrait de Marie Stuart ; elle est vue de trois quarts, tournée vers la droite. La coiffure, les manches et le corsage sont ornés de bijoux en or.

Nanteuil (Robert), déjà célèbre comme graveur, abandonna le burin de (1645 à 1648), et fit des portraits d'après nature, à la plume et à la pierre de mine.

C'est à Paris, en (1648), qu'il étudia le genre du pastel. Il fit à la même époque, au pointillé, les portraits de Pierre et de Jacques Dupuy.

Nous avons de Nanteuil un magnifique portrait du duc de Bouillon, neveu de Turenne et grand chambellan : ce portrait, à la mine de plomb, sur vélin, est signé : « R. Nanteuil faciebat (1658) ».

Nanteuil donna ensuite le portrait au pastel de Turenne ; il est vu de trois quarts, tourné à droite, regardant vers la gauche ; longs cheveux gris, petites moustaches, cuirasse, rabat de dentelles.

M. de Furetière est représenté en buste de trois quarts; ce dessin de Nanteuil est à la mine de plomb. On lit sur ce dessin les deux inscriptions suivantes, qui paraissent de la même main : — « Robert Nanteuil ad vivum delinea... » et « M. Antoine Furetière, né à Paris le... (1620), décédé (le 14 may 1688). »

De Nanteuil encore le portrait de Louis de Bailleul, président à mortier au Parlement de Paris. Ce dessin est à la mine de plomb.

On possède plusieurs autres portraits de ce maître au Louvre, mais on n'a pas les noms des personnages représentés.

Mentionnons un pastel remarquable, le portrait de Dominique de Ligny, évêque de Meaux, en camail bleu, à rabat blanc uni.

Nanteuil nous a laissé les portraits dessinés ou gravés : de Lamothe-Levayer ; — de Marie de Bragelonne ; — de Chapelain ; — de Jean Loret ; — de Marolles ; — de Guersault ; — de Barillon ; — de Morangis ; — de V. Le Bouthillier ; — de Bochart de Saron ; — du jeune duc de Bouillon.

Tous des chefs-d'œuvre.

Lagneau ou Lanneau « peintre aux crayons » nous a laissé une quantité considérable de dessins ; ces portraits n'ont pas la finesse d'exécution qui caractérise les œuvres de son contemporain Daniel du Monstier. Lagneau travaille dans une région inférieure de l'art.

Il n'est pas un amateur qui puisse hésiter sur le nom de l'auteur, lorsqu'il voit ces visages lourds et grossiers, barbouillés de rouge, estompés de fusain et souvent de pastel.

Indiquons cependant, parmi les œuvres de Lagneau, un beau portrait d'Henri IV, appartenant à M. Gatteaux.

Le Louvre possède une dizaine de crayons de ce maître, malheureusement il est impossible de mettre un nom sur toutes ces figures. Presque tous ces portraits sont à la pierre noire et à la sanguine, avec quelques touches de pastel.

Nous avons quelques portraits dus au crayon d'Antoine Coypel : une tête de jeune fille vue de trois quarts et tournée à droite, aux crayons rouge et blanc, avec quelques touches de crayon noir, sur papier gris ;

Une tête d'enfant au pastel sur papier gris; puis encore une tête de jeune fille, dans le même genre.

De Le Brun, nombre de crayons et de pastels.

Portrait de Louis XIV, vu de profil et tourné à gauche. Ce pastel est fin; on retrouve dans sa composition ce grand air que Le Brun sait si bien donner à tout ce que fait son pinceau ou son crayon.

Il existe au Louvre beaucoup de portraits de Louis XIV faits par ce maître; presque tous sont au pastel, sur papier gris.

Arrêtons-nous devant un portrait qui a un certain intérêt historique : c'est celui de la marquise de Brinvilliers, fait d'après nature en (1676), au moment où elle allait être jugée. Ce dessin est aux trois crayons, avec quelques touches de pastel, sur papier gris.

Les traits de la marquise sont altérés par les transes de la torture, elle tient un crucifix à la main, et le prêtre lui présente un cierge.

De Le Brun nous avons encore ces grands dessins qui représentent Louis XIV à cheval, donnant des ordres avec sa canne. — Dessin à la pierre noire, rehaussé de blanc, sur papier gris; mis au carreau, H. 2^m,390, L. 2^m,060.

Du même maître, ce dessin qui reproduit le Roi en Empereur romain, et une quinzaine de portraits du même souverain dans les attitudes les plus variées, assis, debout, à cheval.

Le Brun se fit parfois aider par Van der Meulen. Cette collaboration nous a laissé plusieurs dessins; l'un, à la pierre noire et à la mine de plomb, lavé à l'encre de Chine, représente Louis XIV à son départ pour la guerre.

Un autre, Louis XIV qui revient à la tête de son armée. — Nous avons encore : l'Entrée de Louis XIV et de Marie-Thérèse à Douai, en juillet (1667); — le Roi inspectant la tranchée devant Douai (1667), et Louis XIV devant Utrecht (24 juin 1672).

« La Tour mettait peu de temps à ses portraits, il ne fatiguait pas ses modèles, les faisait ressemblants, et n'était pas cher. La presse était grande, il devint le peintre banal. » Voilà ce que Mariette nous apprend du maître.

La « presse était grande ! » soit ! mais ceci nous semble un éloge : la presse serait encore bien plus grande de nos jours, car jamais La Tour ne sera remplacé !

La Tour semble avoir eu le don naturel de faire ressemblant, mais ce fut par son travail que l'artiste parvint à ce but.

Écoutons Diderot : « Il m'avoua qu'il devait infiniment aux conseils de Restout, le seul homme du même talent qui lui eût paru vraiment communicatif; que c'était ce peintre qui lui avait appris à faire tourner une tête et à faire circuler l'air entre la figure et le fond, en reflétant le côté éclairé sur le fond, et le fond sur le côté ombré ; que, soit la faute de Restout, soit la sienne, il avait eu toutes les peines du monde à saisir ce principe malgré sa simplicité : que lorsque le reflet est trop fort ou trop faible, en général, vous ne rendez pas la nature ; que vous êtes faible ou dur et que vous n'êtes plus vrai ni harmonieux. »

C'était donc par le travail que La Tour avait conquis le secret du grand art ; mais que de luttes pour arriver à rendre la nature, rester vrai et harmonieux !

Les qualités immenses de La Tour sont justement appréciées, il nous semble, dans ce passage de MM. de Goncourt :

« La Tour fut le dessinateur le plus grand, le plus fort, le plus profond de toute l'École française, le dessinateur physionomiste ; ce pastelliste tout nouveau s'élève à la puissance, à la solidité, à toutes les énergies d'effet avec ces crayons de tendresse et de caresse, uniquement faits, semble-t-il, pour exprimer le pulpeux du fruit, le velouté de l'épiderme, le « duvet » des habillements du temps ; le voilà ce créateur du pastel qui, de cet art de femme, s'adressant à la femme, de cette peinture de coquetterie flottante, à demi fixée, volatile, pareille à la poussière de la grâce, tire et fait lever un art mâle, large et sérieux, une peinture d'une telle intensité d'expression, d'un tel relief et d'une telle illusion de vie, que cette peinture arrive à menacer, à inquiéter toute l'autre peinture, et qu'un moment les portes de l'Académie se ferment par peur du génie du grand maître. »

On ne saurait mieux dire.

Il nous est impossible de donner toute l'œuvre de La Tour, mais nous citerons ses principaux portraits.

Au Louvre, nous avons : le portrait de Louis XV ; — celui de Marie Leczinska ; — ceux de Louis de France, fils de Louis XV, à l'âge de huit ou dix ans ; — de Marie-Josèphe de Saxe ; — du maréchal de Saxe.

— Le portrait en pied de Mme de Pompadour ; — de Siméon Chardin ; — de René Fremin, sculpteur ; — enfin, le portrait du maître lui-même.

La Tour donne, en (1737), le portrait de Mme Boucher ; — en (1738), celui de Restout et de Mlle de la Boissière; — de Bachaumont (1740); — du duc de Villars (1743) ; — du Roi et du Dauphin (1745); — du duc d'York et de plusieurs autres personnes (1747); — du marquis de Montalembert, de Watelet, de La Condamine et de Rousseau (1753); — de la marquise de Pompadour (5 pieds 1/2 de haut) (1757).

En (1761), Diderot écrit dans son Salon : « Les pastels de M. La Tour sont toujours comme il sait les faire. Parmi ceux qu'il a exposés cette année, le portrait du vieux Crébillon, à la romaine, la tête nue, et celui de M. Laideguive, notaire, ajouteront beaucoup à sa réputation. »

En (1767), La Tour donne encore les portraits de Gravelot, de Voltaire, de Le Moyne, d'Adam et d'Oudry.

Pour faire la nomenclature exacte des œuvres de ce grand artiste, il faudrait de nombreuses pages encore.

« — La Tour nous fait entrer, » dit de Goncourt, « dans ce merveilleux salon des ressemblances, qu'évoquent, d'une cour, d'une société, des grands portraitistes comme Holbein et Van Dyck. De la poussière du pastel, de cette peinture tombée, pour ainsi dire, de la poudre de l'époque, il a tiré comme la fragile et délicate immortalité, la miraculeuse illusion de survie que méritait l'humanité de son temps. »

Chardin exécuta peu de portraits à l'huile ; encore ces portraits ont-ils disparu ; mais à l'âge de soixante-dix ans, il se mit à faire du pastel. Ce qui nous a valu deux fois son portrait et celui de sa femme. Ils sont au Louvre.

« — Allez à ces deux portraits du Louvre, où il s'est représenté comme le vieux grand-père de son œuvre, sans coquetterie, dans le déshabillé bourgeois, familier, abandonné d'un septuagénaire, en bonnet de nuit, l'abat-jour au front, les besicles au nez ; quelles surprenantes images !

» Ce travail violent et emporté, ces écrasis, ces martelages, ces tapotages, ces balafrures, ces empâtements de crayon, ces touches semées franches et rudes, ces audaces qui marient des tons immuables et jettent sur le papier les couleurs toutes crues, ces dessous pareils à ceux que le scalpel trouve sous la peau, tout cela s'harmonise à quelques pas, s'assemble, se fond, s'éclaire, et c'est de la chair qu'on a sous les yeux, de la chair vivante qui a ses plis, ses luisants, sa porosité, sa fleur d'épiderme. »

Voilà Chardin nous donnant son image : l'artiste devait être vert encore, quand il traçait une œuvre pareille à l'âge de soixante-dix ans. Mais ce n'est qu'un des côtés du pastelliste ; ce vieillard va nous surprendre encore.

« — C'est dans le portrait de sa femme qu'il révèle tout son feu, toute la puissance de sa verve, la force et la fièvre de son exécution inspirée. Jamais la main du peintre n'eut plus de génie que dans ce pastel, plus d'audace, plus de bonheur, plus d'éclairs. De quelle touche furieuse, chargée, solide, de quel crayon libre, fouetté, sûr dans les hasards mêmes, affranchi des hâchures dont jusque-là il a amorti son tapage ou raccordé ses ombres, Chardin attaque le papier, l'éraille, lui enfonce le pastel ! Comme il y amène au jour, victorieusement, ce visage de la vieille Marguerite Pouget, enveloppée jusqu'au coin des yeux de cette coiffe presque monastique si souvent répétée dans ses figures !... Chardin exprime tous les signes de la vieillesse, il en donne la sensation et presque l'approche, avec ce crayonnage inimitable, insaisissable, qui met, on ne sait comment, le souffle de la personne sur les lèvres de son portrait, le tressaillement du jour dans le dessin d'une physionomie. Et comment surprendre, comment dire de quoi est faite cette bouche démeublée qui tourne, qui plisse, qui se retire, qui respire, qui a toutes les infinies délicatesses de ligne, de courbe, d'inflexion d'une bouche? Cela n'est fait que de quelques traînées de jaune et de quelques balayures de bleu. » (De Goncourt, Les Peintres du xviiie siècle.)

Nous sommes heureux que Chardin ait fait des chefs-d'œuvre; mais on nous saura gré d'avoir reproduit de semblables pages! Le pastel de Chardin est puissant, harmonieux, vivant, mais la plume qui a traduit son œuvre a su s'élever jusqu'à la hauteur de l'artiste du xviiie siècle. Cette description ne vaut-elle pas un Chardin?

Perroneau (Jean-Baptiste) doit avoir sa place à côté de La Tour : l'un et l'autre ont été les deux plus grands pastellistes français. C'est à ses portraits que Perroneau dut d'entrer à l'Académie; les débuts de l'artiste furent très brillants.

En (1746), il exposait trois portraits au pastel : ceux du marquis Dambail, — de Drouais, — et de Gillain, peintre.

Perroneau faisait également des portraits à l'huile.

Dans le Salon de (1747), on trouve le jugement suivant :

« — Près de ce tableau, on voit un portrait au pastel, par un jeune homme, M. Perroneau, qui est plein d'esprit et de vie ; et qui est d'une touche si vigoureuse et si hardie, qu'on le prendrait pour être d'un maître consommé dans son art. Que ne doit-on pas espérer de quelqu'un qui marque tant de talent dans ses premiers ouvrages ! » (Lettre sur le Salon de (1747), par l'abbé Leblanc, page 98.)

Au Salon de (1748), même succès : « Je crois que l'on peut parler de M. Perroneau après M. La Tour. Il suit ses traces de fort près, et probablement doit prendre un jour de ses mains le sceptre du pastel, lorsque celui-ci, satisfait de la grande multitude de ses triomphes, songera enfin à se reposer à l'ombre de ses lauriers. » (Salon de (1748), par le comte de R., page 16.)

Diderot écrira dans le Salon de (1767) :

« — Lorsque le jeune Perroneau parut, La Tour en fut inquiet, il craignait que le public ne pût sentir autrement que par une comparaison directe l'intervalle qui les séparait. Que fit-il? Il proposa son portrait à peindre à son rival, qui s'y refusa par modestie... l'innocent artiste se laissa vaincre à force d'insistance, et tandis qu'il travaillait, l'artiste jaloux exécutait le même ouvrage de son côté. Les deux tableaux furent achevés en même temps, et exposés au même Salon. Ils montrèrent la différence du maître et de l'élève.

» La Tour est fin et me plaît : homme singulier, mais bonhomme, mais galant homme, La Tour ne ferait pas cela aujourd'hui, et puis il faut avoir quelque indulgence pour un artiste piqué de se voir rabaissé sur la ligne d'un homme qui ne lui allait pas à la cheville du pied, etc. »

Au Salon de (1750), Perroneau exposa avec

quatorze autres portraits celui de La Tour ; il fait partie du musée de Saint-Quentin.

Perroneau a exposé aux divers Salons de : (1746, — 1747, — 1748, — 1750, — 1751, — 1753, — 1755, — 1757, — 1759, — 1763, — 1767, — 1769, — 1773, — 1777, — 1779).

Dans un Salon de (1751), imprimé à Amsterdam, nous trouvons cette critique sur Perroneau :

« — L'illusion est si frappante dans les portraits de M. La Tour, qu'il semble que la nature se soit peinte elle-même, il n'y a rien à désirer. — Pour bien faire, La Tour n'a qu'à se ressembler et M. Perroneau qu'à l'imiter : Ce jeune peintre, qui marche sur ses traces, « proximus huic, longo sed proximus intervallo, » s'est corrigé sur les ensembles ; mais il s'est négligé sur la couleur ; ses têtes sont touchées avec esprit, mais elles sentent trop l'esquisse, et je voudrais qu'on ne pût pas en appeler séparément les couleurs, enfin qu'il accusât tellement les formes qu'on pût modeler d'après ses portraits, comme on serait en état de le faire d'après M. La Tour. »

En (1759), Perroneau exposa les portraits de Vernet, — L. Cars, — et Cochin.

Parfois Diderot n'est pas bienveillant pour ce peintre : « Il marchait autrefois, » dit-il, « sur les pas de La Tour; on lui accorde de la force et de la fierté de pinceau. Il me semble qu'on n'en parle plus. » (Salon de 1763.)

Dans le Salon de (1765), il écrira : « Parmi les portraits de Perroneau, il y en avait un de femme, qu'on pouvait regarder, bien dessiné, et mieux dessiné qu'à lui n'appartient, il vivait et le fichu était à tromper. »

Enfin dans le Salon de (1769) le malin critique décoche ce nouveau trait :

« — Ce tapissier de Chardin est un espiègle de première force, il est enchanté quand il fait quelques bonnes malices.... en apposant face à face les pastels de La Tour et ceux de Perroneau, il a interdit à celui-ci l'entrée des Salons. »

Perroneau ne sera pas plus heureux; si Bachaumont le compare à La Tour, le jugement de l'écrivain sera bien dur, et Bachaumont écrira :

« Le genre de perfection le distingue infini-
» ment du pastel cru, dur, rembruni de M. Per-
» roneau, dont les portraits à l'huile ont aussi
» un caractère de rudesse qui doit l'exclure à
» jamais de peindre les grâces, mais qui le
» rend très propre à tracer les rides de la vieil-
» lesse, la peau tannée d'une paysanne, ou la
» morgue d'un Turcaret.» (Lettre sur le Salon
de 1769.)

Tout cela nous semble exagéré et assez injuste, car la gloire de La Tour ne doit pas nous empêcher d'admirer les magnifiques pastels de Perroneau et de rendre hommage à son talent, qui fut considérable.

Vivien, élève de Lebrun, se consacra tout spécialement au portrait, soit à l'huile, soit au pastel. Comme Nanteuil, il exécuta des pastels, grandeur nature. Un large faire, une grande pureté de coloris, l'exactitude dans les accessoires et dans les draperies caractérisent la manière de Vivien.

Ce artiste entrait à l'Académie, le (28 juin 1698), comme peintre de portraits au pastel.

En (1701) il exposa dix-huit grands pastels,

entre autres l'Électeur de Bavière, — la Comtesse d'Arco, — le sculpteur Van Clève. — Vivien était peintre du Roi et de l'Électeur de Cologne.

Le Louvre conserve de cet artiste le portrait du duc et électeur de Bavière, Maximilien-Emmanuel, et celui du duc de Bourgogne vu de trois quarts et tourné à gauche.

Girardon est représenté à mi-corps, la main gauche sur une tête de femme en marbre, la main droite ouverte. Il a le col et une partie de la poitrine découverts, un manteau violet; les boucles de la perruque tombent sur ses épaules, il est presque de face, tourné à droite.

On voit aussi dans notre galerie nationale le portrait de Robert de Cotte, architecte, et celui du duc d'Anjou, qui sont également de Vivien.

Marie-Suzanne Giroust, femme Roslin, peintre de portraits au pastel, née à Paris, eut l'honneur d'entrer à l'Académie le (1er janvier 1770); son morceau de réception fut le portrait de Pigalle; elle donna encore celui de Dumont le Romain.

Les pastels de la jolie Mme Roslin ont de bonnes et solides qualités ; une maladie cruelle l'enleva trop jeune pour qu'elle eût pu donner tout ce qu'elle semblait promettre.

Antoine Masson était graveur et peintre de portraits au pastel.

On a de cet artiste le portrait d'Olivier d'Ormesson, qui semble tout à fait hors ligne ; —celui de Turenne, grand comme nature, qui passait pour être très ressemblant ; — celui encore de Gui Patin.

Il a fait encore une quarantaine de pastels qu'il a gravés lui-même : tous sont réputés fort exacts.

En (1785), Perin (Louis) donna les portraits de la duchesse de La Rochefoucault et celui de la duchesse d'Orléans. Il faisait également de très jolies miniatures.

Si l'on veut juger du talent de cet artiste, il faut étudier avec soin le beau cadre de miniatures si variées, si agréables et d'une expression si juste, donné au Louvre par M. Perin fils.

Boucher appartient surtout à la peinture ;

rappelons en passant qu'il a fait de charmants dessins et de très fins portraits.

Greuze nous a laissé des gouaches qui semblent tout aussi remarquables que ses plus belles peintures à l'huile.

Fragonard a fait également des miniatures. Le Louvre possède de lui un portrait de jeune femme; le cou est orné d'un collier de perles, la collerette est ouverte, renversée, relevée en arrière et ornée d'un ruban bleu.

Un peintre étonnant, ce Fragonard, il excelle dans tous les genres. — La galerie Lacaze conserve quatre portraits de grandeur naturelle à mi-corps, qui sont de cet artiste. Au dos de l'un, on peut lire cette notice qui semble écrite par le maître lui-même:

« *Portrait de M. de la Bretich, peint par* » *Fragonard en (1769), en une heure de* » *temps.* »

« — Une heure! rien de plus, » dit M. de Goncourt.

« Il lui suffisait d'une heure pour camper, bâcler et trousser si fièrement ces grands portraits où se déploie et s'étale toute cette fantaisie à l'espagnole, dont la peinture d'abord habille et anoblit les contemporains.

» — A peine s'il jette ses touches, il dégrossit à grands coups les visages, les indique avec les plans d'un buste commencé, tire les traits comme d'un fond de bile, son pinceau étend les couleurs en lanières, à la façon d'un couteau à palette; sous sa brosse enfiévrée qui va et vient, les collerettes bouillonnent et se guindent, les plis serpentent, les manteaux se tordent, les vestes se cambrent, les étoffes s'enflent et ronflent en grands plis matamoresques. Les têtes jaillissent de la toile, s'élancent de cette balayure furibonde, de ce gâchis de possédé et d'inspiré. »

Qui ne connaît les magnifiques portraits d'Isabey, peintre en miniature, en émail, peintre sur porcelaine, dessinateur et lithographe?

Dans tous les genres on trouve la même grâce, le même talent; élève de David, Isabey renonça bientôt à ces délicieux travaux qui lui donnaient les moyens de vivre, pour étudier avec passion l'art plus sérieux de son maître.

La protection du marquis de Sérent, gouverneur des Enfants de France, fit appeler Isabey à l'honneur de dessiner les jeunes ducs d'Angoulême et de Berry, fils du comte d'Artois.

La Révolution éclate, et voilà notre peintre sur le pavé, mais il ne tarde pas à se relever. Il a plusieurs cordes à son arc, et son talent peut aborder les genres les plus différents.

Un éditeur lui demande les portraits des membres de la Constituante; du reste on les lui a tous attribués, mais à tort, car d'autres artistes ont collaboré à cette publication, notamment Godefroy, — Perin, — Labadye, — Moreau, — Gros, — Farlure, — Mulard, — Duval, — Courbe, — A. Delorme, — J.-B. Massard.

La Bibliothèque possède encore plusieurs volumes de portraits de députés dessinés par Dejabin.

Quoi qu'il en soit, Isabey voit tour à tour poser devant lui : Mirabeau, — Barrère, — Saint-Just, — Collot d'Herbois, — Couthon.

Cet artiste eut un succès énorme aux Salons de (1793), — (1795), — (1796).

Son invention d'un nouveau genre de dessin à l'estompe attirait à lui la foule des amateurs.

En (1805), il fut nommé premier peintre de l'Impératrice.

Il serait impossible de donner la liste des portraits exécutés par Isabey; comme nous l'avons déjà dit, il faisait des portraits peints, en miniature, dessinés aux différents crayons, exécutés sur porcelaine ou à l'aquarelle. — Habile dans tous les genres, homme du monde, spirituel et élégant, Isabey vit son atelier devenir le rendez-vous de tous les hommes marquants de cette époque.

Isabey savait faire gracieux, il excellait à donner à ses têtes de femmes, si coquettement enveloppées dans des voiles de gaze, cet air sentimental et vaporeux qui charmait son époque romantique.

En (1810), Isabey envoya au Salon les portraits de l'Empereur et de l'Impératrice. — Il exposait encore une grande porcelaine, représentant Napoléon entouré de tous ses maréchaux.

Le professeur de dessin de Marie-Louise ne tomba pas en disgrâce sous les Bourbons; Isabey exécuta tous les portraits des membres de la famille royale.

Les livrets des Salons nous apprennent qu'il dut encore exécuter de nombreux portraits pour les princes de la famille d'Orléans.

Napoléon avait décoré Isabey de la Légion d'honneur; Louis XVIII le nomma officier; Louis-Philippe l'éleva au grade de commandeur.

Isabey conserva ses facultés, son joyeux esprit jusqu'à la fin de sa vie (88 ans), et ne souffrit d'aucune infirmité; artiste plus heureux encore, il ne semble pas avoir éprouvé de mécompte (sauf qu'il ne fut pas de l'Institut). Il put jouir, chose rare, de toute la gloire de son immense réputation.

Son art mondain, gracieux, facile et si essentiellement féminin, lui procura toutes les satisfactions, tous les triomphes.

Isabey compta beaucoup d'élèves ; nous parlerons des principaux.

« Louis Aubry marche à grands pas dans sa carrière : — Ses portraits sont des garants du succès qu'il peut se promettre de jour en jour, » écrivait Diderot, dans son Salon de (1771).

Louis Aubry exposa des portraits en miniature à tous les Salons, depuis (1798) jusqu'en (1833).

Voici le compte rendu d'un des Salons de cet artiste :

« Cet Aubry qui fait des figures si mignonnes et si ressemblantes, ne charmerait-il pas tes yeux....? Aubry fait beaucoup d'honneur à son maître, et il l'imite parfaitement par la ressemblance et par le moelleux de son pinceau. On voit dans ses figures circuler le sang et briller les passions.....

« — C'est un dessin achevé par ses belles formes, par sa précision et son élégance. C'est un modèle de beauté, parce que toutes les parties sont bien dessinées et bien arrangées. »

Le Louvre conserve d'Aubry son portrait

donné par sa veuve; parmi les principaux ouvrages de cet artiste, on cite les portraits du roi et de la reine de Westphalie, exposés en (1810).

Daniel Saint, élève de Regnault et d'Aubry, occupa un rang parmi les meilleurs artistes en miniature.

Dans le Pausanias Français (1806), on lit ce compte rendu, par Chaussard, des œuvres de Saint :

« — Après Augustin, M. Saint l'emporte sur tous ses concurrents; chacun de ses portraits mérite des éloges, et ce qui m'en plaît davantage, c'est qu'il a varié dans tous et le ton et la manière, mérite rare chez les peintres en miniature, dont tous les portraits se ressemblent par l'uniformité de tons. »

En (1810), Saint fit le portrait du prince de Kourakin et celui de l'Empereur, qui fut envoyé, à Vienne, à l'archiduchesse Marie-Louise.

Il donna plusieurs portraits du roi Charles X et des principaux personnages de cette époque.

M. Jal écrivait dans son Salon de (1827):

« — Voilà de belles miniatures, les plus belles du Salon sans contredit : celles-ci sont de M. Saint, celles-là de Mme de Mirbel. La touche de M. Saint est large, ne l'est-elle pas même un peu trop ? C'est possible; mais ce défaut vaut mieux que le contraire.

» Ses portraits ont un bel aspect, le Roi est ressemblant; je crois, cet officier aussi...

« M. Saint tient toujours le haut bout dans la miniature...; le portrait d'une dame représentée en pied et se promenant dans un jardin, est vraiment digne d'admiration : la figure est gracieuse, sans manière, d'un ton solide et agréable, d'un dessin correct, quoi qu'on dise de la longueur de la jambe gauche. Le paysage est joliment composé, les accessoires sont ajustés avec beaucoup de goût. »

Saint exposa à tous les Salons jusqu'en (1839); il eut une grande vogue.

Il a fait des portraits de Louis-Philippe sous toutes les formes et dans tous les costumes.

Élève de la nature et de la méditation, Augustin (J.-B.) donna dès son début une suite de miniatures qui furent appréciées; celles qu'il exposa en (1791), — (1793), — (1795), furent très remarquées, elles étaient rendues avec un fini extrême.

Au Salon de (1796), il exposa son portrait qui obtint un très grand succès. Dans une satire sur ce Salon, il était dit :

> Augustin, tu t'es surpassé;
> Ton portrait est peint comme un ange :
> Et l'on peut dire à ta louange,
> Qu'Isabey, seul, t'a devancé.

Dans une autre satire, Critique du Salon ou les Tableaux en vaudeville, on trouve encore:

> Expression et vérité,
> Accord de couleurs, harmonie,
> Jean-Augustin, en vérité,
> A l'ivoire a donné la vie :
> Il respire le sentiment,
> Ce portrait que tout le monde aime :
> Pour peindre l'auteur dignement
> Je crois qu'il faut être lui-même

Le portrait de Mme Récamier lui valut un véritable triomphe; le portrait de Chaudet ne lui fit pas moins d'honneur.

Augustin donna également le portrait de l'Empereur; ceux de Denon, — de Joséphine, — de la reine Hortense, — du roi et de la reine de Hollande, — de la princesse de Schwarzemberg; — ceux de Louis XVIII, — des ducs de Berry, d'Orléans, — et de la duchesse d'Angoulême.

Dans le Salon de (1804) (Pasquin et Scapin au Muséum) (1804), nous trouvons ces lignes sur Augustin :

« — La ressemblance, la vérité, l'effet et la mollesse des chairs et des draperies dans ses miniatures, rendaient Augustin bien recommandable dans ce genre où il excelle, car il approche de la peinture, parce qu'il abandonne le pointillé. »

Le Pausanias Français (1806) appréciait en ces termes le talent d'Augustin :

« — On connaît le talent miraculeux de cet artiste; il s'est surpassé dans le portrait de l'Empereur..., etc. On regrette que M. Augustin n'ait pas exposé de grandes têtes, ni des portraits avec des mains. De ceux que l'on voit à l'Exposition actuelle, deux sont sur émail et quatre en miniature. Ils ont tant d'éclat, de fini, qu'au premier regard on les croit tous peints sur émail.

» Il faut traiter les miniatures ainsi que MM. Augustin et Isabey, pour donner quelque considération à cette manière de peindre, la plus facile de toutes, comme le prouve cette quantité de miniatures insipides qui couvrent toutes les boiseries de la galerie d'Apollon. »

L'incontestable talent d'Augustin lui valut une éclatante réputation; il forma un grand nombre d'élèves, parmi lesquels, et au premier rang, nous devons nommer Mme de Mirbel.

Terminons cet aperçu sur Augustin par un passage de Durdent, dans le Salon de (1812).

« M. Augustin est de ceux qui peuvent dire: mon travail est borné, mais ma gloire ne l'est pas; ses miniatures ont pour le fini quelque chose de désespérant. C'est là le mot propre, je m'en rapporte à la plupart de ses émules. »

Fille d'un commissaire de marine, Mlle Lizinka Rue entra d'abord dans l'atelier d'Augustin.

Des amis influents firent connaître au Roi le

talent de la jeune artiste, et le portrait de Louis XVIII figura avec onze autres miniatures de personnages au Salon de (1822). — Ce fut le Roi qui maria la jeune artiste avec le savant M. de Mirbel.

Chaque Salon était pour elle un nouveau succès; elle fit des aquarelles, des miniatures, toutes plus remarquables les unes que les autres.

Le roi Charles X posa pour elle en (1827).

De (1822 à 1849) tous les hommes célèbres passent dans son atelier.

Le portrait du duc d'Orléans (1837) fut une de ses œuvres les plus remarquables.

La critique sut trouver les termes les plus courtois et les expressions les plus flatteuses pour Mme de Mirbel, et surtout la critique fut juste, cette courtoisie suprême pour l'artiste.

M. Jal écrit, dans son Salon de (1827):

« — Voilà de belles miniatures, les plus belles du Salon.

» Mme de Mirbel est une femme de grand talent, énergie et finesse, grâce et science; elle réunit les qualités les plus précieuses que puisse avoir un miniaturiste. Le pinceau de Mme de Mirbel est essentiellement praticien. »

En (1831), le même écrivain touche au lyrisme :

« Ah! madame de Mirbel, je croyais qu'il n'était pas possible de faire mieux que le beau portrait de M. le duc de Fitz-James, exposé par vous en 1827. Je le croirais encore, madame, si vous aviez cessé de peindre en 1828. Vous avez fait l'impossible : le portrait de M. le président Amy, et dans un autre genre, celui de M. le comte de M..., sont plus étonnants encore.

» Un artiste disait l'autre jour, en présence de vos miniatures : « C'est un fort joli talent de » femme! » Je ne dénoncerai pas ce juge à votre gaieté : il fut puni sur-le-champ, par un de vos confrères, artiste d'un mérite notoire, qui lui répondit : « Je ne connais pas beaucoup » d'hommes de talent qui ne s'estimeraient » heureux de changer avec cette femme. » Je dois dire que ni l'un ni l'autre ne s'occupe de miniature. »

Ah! monsieur Jal, votre jugement pourrait nous sembler quelque peu partial; mais voici un homme grave, M. G. Planche, qui veut vous donner raison :

Heureuse Mme de Mirbel, écoutez M. Planche (Salon de 1831) :

— « Mme Lizinka de Mirbel a reculé les bornes de son art, avec une persévérance infatigable. D'année en année, ses progrès sont sensibles ; et ce n'est pas une étude médiocrement curieuse, que celle d'une femme qui, ne pouvant être vaincue que par elle-même, essaie tous les jours de se surpasser. »

(Salon de 1834) :

— « Les miniatures de Mme L. de Mirbel sont cette année, comme aux derniers Salons, d'une irréprochable perfection. Le duc Decaze et le comte Anatole Demidoff sont des chefs-d'œuvre de grâce et de vérité. »

(Salon de 1847) :

— « Les miniatures de Mme de Mirbel sont, cette année, comme toujours, les plus belles du Salon. L'élégance, la finesse des têtes, ne laissent rien à désirer. Les portraits d'Ibrahim-Pacha, de M. Hir de Busenval, de M. le comte Pajol, prendront rang, certainement, parmi les meilleurs ouvrages de l'auteur. Ce qui assigne à Mme de Mirbel la première place, ce qui la recommande d'une façon toute spéciale, c'est la souplesse et la vérité des chairs. Elle lutte avec la peinture à l'huile, et parfois il lui arrive de soutenir dignement la comparaison.

» Elle possède à mes yeux un autre mérite non moins précieux : le succès ne l'a pas enivrée, la popularité ne l'a pas éblouie; aujourd'hui, comme à l'époque de ses débuts, elle traite avec le même soin toutes les parties de son œuvre. Son zèle ne s'est point ralenti ; elle n'a vu dans la louange qu'un encouragement à mieux faire, et elle s'est efforcée, par des études persévérantes, de garder son rang. C'est un bonheur pour le critique de rencontrer un talent aussi éminent uni à une volonté aussi constante. »

Décidément, M. Jal avait raison; du reste le talent de Mme de Mirbel méritait ces hommages.

Nous avons de Joseph Boze quelques pastels assez remarquables : entre autres, celui du comte d'Orsay; son portrait par lui-même; ceux du duc d'Angoulême et de Monseigneur de Provence en robe blanche.

Jean Guérin fit beaucoup de miniatures : on a de lui les portraits de : Mme la maréchale de Matignon, Louis XVI, Marie-Antoinette.

En (1789), Jean Guérin entreprit une suite de portraits des députés de l'Assemblée nationale, tels que : Fezensac de Montesquiou, — J. Pétion, — Mirabeau, — Malouet, — La Rochefoucault, duc de Liancourt, — duc de La Rochefoucault, — les frères Lameth, — La Fayette, — Henri, — Serre, — Freteau, — comte de Clermont-Tonnerre, — A. Beauharnais, — Thouret, — Sieyès, — Robespierre, — J. Rewbel, — P.-L. Rœderer, — Barère.

Enfin, nous citerons en dernier lieu la plus belle miniature de Guérin : le portrait de Kléber, son compatriote et son ami ; ce dessin est magnifique, remarquable par l'élan et l'énergie pleine de feu qui le caractérisent : il est et restera le portrait historique de l'illustre général.

Nous lisons dans les Annales de la Société libre des Beaux-Arts : — « David professait pour le beau talent de Guérin une estime particulière. Sur le point de marier une de ses filles, il voulut devoir le portrait de la jeune fiancée au pinceau du célèbre miniaturiste. Celui-ci, justement fier de ce choix, consentit volontiers, mais à condition que le peintre des Sabines poserait lui-même le portrait. Nous n'avons pas besoin de dire que cet ouvrage fut un des meilleurs du maître. »

Nous terminerons cette longue étude sur les artistes portraitistes dans le dessin, le pastel et la miniature, par Mme Guiard, née Adélaïde Labrelle ; elle fut élève de La Tour, et nommée membre de l'Académie en (1782).

Nous avons au Louvre, de Mme Guiard, le portrait de Madame Victoire, fille de Louis XV, en robe bleue et fichu de dentelles; très beau pastel ; — celui de Madame Adélaïde ; — le portrait du peintre Vincent et de ses deux frères ; — ceux de Bachelier et de Beaufort.

Le portrait de Pajou, sculpteur, est remarquable; l'artiste est présenté à mi-corps, le bras droit est nu; de la main gauche Pajou tient l'ébauchoir, et modèle le buste de son maître Lemoine.

Ce portrait fut le morceau de réception de Mme Guiard à l'Académie.

Mme Guiard est une artiste qui eut un beau talent, cela est incontestable; mais il semble difficile de la comparer avec les artistes qui l'ont précédée.

Qu'elle est brillante cette école Française dont nous avons esquissé trop rapidement les gloires! et quels artistes incomparables la France a su produire depuis les Clouet!

Cette grâce naturelle qui caractérise nos œuvres nationales ne se dément jamais; elle semble se transmettre avec les âges comme une marque inséparable qui nous fait une place à part et toujours privilégiée.

CHAPITRE VII

DU PORTRAIT DANS LES GRAVURES

u milieu du xve siècle, deux importantes découvertes avaient lieu, presque en même temps : celle de l'Imprimerie vers (1435), par Gutenberg, et celle de la Gravure, par Finiguerra, en (1452).

On a prétendu que la Gravure était connue depuis longtemps en Orient, puisque des étoffes imprimées, fabriquées dans cette région, étaient exportées en Europe. — Soit !

Mais pourquoi ne pas dire que Varron, cent ans avant notre ère, cultiva la Gravure en creux et connut le moyen de multiplier les images, au dire de Pline? (Hist. nat., lib. XXXV. — C. II.)

L'historien chercherait, avec plus de fondement sérieux et bien plus de vraisemblance, l'origine du Portrait dans la Gravure dans la fabrication des cartes à jouer.

Cette invention est bien française, et les figures étaient gravées sur bois; les costumes, qui sont ceux du règne de Charles VII, indiquent une date précise, et, comme nous l'avons dit dans notre Étude sur l'Enluminure, ces images devaient représenter les personnages illustres de cette époque.

Il est évident pour nous que Bernard Milnech, auteur de ces splendides gravures, a voulu faire des portraits.

Nous accordons volontiers que c'est seulement au xve siècle que l'on trouve des épreuves de Gravure en Italie, en France et en Allemagne.

Mais l'art du Portrait dans la Gravure ne commence réellement que dans le xvie siècle, bien que l'on puisse indiquer les quelques essais tentés en France à une époque antérieure.

Au XVIe siècle, les imprimeurs commencent à mettre en tête de leurs publications le portrait soit de l'auteur, soit du personnage illustre dont il est question dans l'ouvrage. « La Librairie, » nous dit M. A.-F. Didot, « fut la première à appliquer la nouvelle invention aux portraits des auteurs pour en orner leurs ouvrages ; c'est donc dans les livres qu'il faut chercher les premiers travaux de ce genre.

« On s'est d'abord servi de la Gravure sur bois, qui offre relativement le moins de difficultés et qui par sa nature se rattache plus particulièrement à l'impression typographique. » (A.-F. Didot, Les Graveurs de Portraits en France, 1875-1877.)

Mais si nous avions le Portrait, complément du livre et auxiliaire de l'imprimerie, on ne peut, réellement, faire commencer l'histoire du Portrait isolé qu'à partir du règne d'Henri IV.

Tel est aussi l'avis de M. Georges Duplessis. (De la Gravure du Portrait en France, 1875.)

M. Ambr.-F. Didot n'hésite pas à écrire : « Pour rencontrer dans notre pays des portraits isolés, en dehors des illustrations des livres, il faut descendre jusqu'au règne d'Henri IV. » (Les Graveurs de Portraits. — Introd., page VI)

Dès 1497, nous trouvons en Italie des portraits gravés dans les Femmes célèbres (De claris mulieribus) de Jacques Foresti, ouvrage imprimé à Ferrare, par Laurent de Rubeis.

Viennent ensuite le portrait de Pierre Arétin, par Marc Raimondi ; — celui de Vesale, dans son Traité de l'anatomie du corps humain (Corporis humani fabrica), publié à Venise chez B. Vitalis. Le portrait de Vesale était de Jean de Calcas, élève du Titien, et cette gravure sur bois est remarquable.

Hans Holbein, en Suisse, donne les portraits de Thomas Morus (1518), — d'Érasme (1519), — d'Ulrich de Hutten (1536), — de Th. Wyatt (1538).

Albert Dürer, en Allemagne, grave le portrait de Maximilien Ier, — de Patenier, — de Varnbuhler. En Allemagne encore, Lucas Cranach, Henri Aldegrever publient de remarquables gravures.

Lucas de Leyde, en Hollande, grave en (1520), le portrait de Maximilien Ier; Hubert Goltzius et les Wierix font preuve d'un grand talent.

Ce n'est qu'en (1547) que paraît à Paris, chez J. Gazeau, le portrait de Jean Martin, en tête de l'édition de Vitruve. En (1548), dans l'Abrégé d'histoire (Epitome gestorum), publié à Lyon par B. Arnoullet, on trouve les portraits des Rois de France jusqu'à François Ier (inclusivement).

Le Fort inexpugnable de l'honneur du sexe féminin, avec le portrait de Fr. de Billon, son auteur, est publié à Paris, en (1555), par Jean d'Alger.

En tête du Pinax Iconicus, publié à Lyon, en (1556), par Cl. Baldinus (Beaudouin), se trouve le remarquable portrait en taille-douce du graveur Pierre Wœiriot, par lui-même. « C'est peut-être le premier portrait de ce genre, en France, » dit M. A.-F. Didot.

En (1561) paraît à Paris, chez J. Le Royer, la Méthode curative des playes et fractures de la teste humaine d'Ambroise Paré; en tête de l'ouvrage est le portrait du célèbre chirurgien, gravé sur bois, d'après le dessin de Jean Cousin.

Dans différentes publications de cette époque, nous trouvons encore de magnifiques portraits.

Tous ces ouvrages sont, pour la Gravure de portraits en France, de véritables monuments historiques, car ce sont là nos plus anciens titres dans cette branche de l'art, et dès le début nos artistes français ne semblent pas inférieurs aux graveurs des autres pays.

Nous ajouterons, avec M. A.-F. Didot : « La liste serait trop longue, s'il fallait énumérer tous les ouvrages ornés de portraits que la France a produits au XVIe siècle. » Mais, pendant cette période, c'est dans les imprimés qu'il faut poursuivre l'histoire du Portrait dans la Gravure soit sur bois, soit sur cuivre.

Il n'est peut-être pas hors de propos de se demander : Mais toutes ces gravures sont-elles bien des portraits? De quels moyens usaient alors les artistes ? Et ces gravures sont-elles bien une reproduction fidèle des personnages indiqués?

Pour la reproduction des traits, la pose est nécessaire. Certaines conditions matérielles d'exécution s'imposent à l'artiste, et, quel que soit son désir de reproduire la nature, il peut arriver souvent que les images ne ressemblent pas aux modèles, si l'artiste n'a pu les observer.

Beaucoup de ces portraits pourraient bien n'être que des *portraits de convention,* admirables comme gravure, mais fort infidèles comme ressemblance.

Il ne faut donc pas trop s'oublier en recherchant les qualités morales de certains personnages, d'après leurs gravures; — on pourrait aisément faire fausse route.

La grande habileté de nos artistes dans les ouvrages que nous avons cités ne peut faire l'objet d'un doute : leurs portraits gravés sont tout à fait hors ligne et n'ont rien à redouter de la comparaison avec les plus grands artistes étrangers.

Le portrait de la duchesse de Valentinois, dans les Chansons nouvelles composées par Barthélemy Beaulaigne, et « par luy mises en musique » (Lyon, 1559), ne peut faire exception.

Le portrait de Gabriel de Collange (dans les Tables et figures planisphériques, Paris, 1561), — celui de Philibert Delorme (dans les Nouvelles Inventions pour bien bâtir, etc.), sont fort remarquables, et ce dernier offre une tête d'une grande expression ; — l'Ambroise Paré, par Étienne Delaune (dans Discours... sur la Mumie, etc., Paris, Gabriel Buon (1582), est un chef-d'œuvre de gravure sur bois.

Citons quelques noms de ces illustres artistes, initiateurs de la Gravure en France : Jean Duvet, — Jacques Prévost, — René Boyvin, — qui ont ouvert si brillamment la période du portrait gravé sur bois ; — Pierre Wœiriot, graveur en taille-douce et peut-être le premier artiste de ce genre, en France.

A la fin du XVIe siècle, la Gravure de portraits en France prend une plus grande extension, et nous voyons surgir une pléiade d'artistes remarquables : Jean Rabel, — Thomas de Leu, — Léonard Gaultier; — ceux-là méritent réellement le titre de *portraitistes*. Ils dessinent encore eux-mêmes et gravent leur dessin.

Le premier, Jean Rabel, fit les portraits de René Belleau, — d'Antoine Maret, — de de Thou, — du chancelier de l'Hospital.

Avec quel art, quelle finesse, quel charme, ces études sont reproduites! comme ces portraits offrent bien les qualités que l'on demande à l'artiste! comme ils savent rendre avec justesse l'esprit, le caractère des fonctions des différents modèles!

Thomas de Leu possède une manière franche et délicate pour enlever le métal, ce qui lui donne une grande supériorité sur les autres graveurs; cette finesse toute naturelle se retrouve encore dans l'observation du modèle, dans la manière de rendre l'esprit, la pensée du personnage qui pose devant lui.

On observe toutes ces qualités dans les portraits de François Ier, — de Marie de Médicis, de Gabrielle d'Estrées, — du duc et de la duchesse de Bar, — du poète Pierre de Brach; — dans ceux de Delaundin d'Aigaliers, — de Jehan Leroy de la Boissière; — dans ceux encore des avocats Henri Aubert, — et Sébastien Rouillard; — et des artistes Antoine

Caron, — Guillaume Legangneur, — et Jehan Beaugrand.

Nous devons aussi mentionner Léonard Gauthier, peut-être moins fin et moins exact que de Leu; mais il fut cependant un grand artiste. Il donna les portraits gravés d'Henri IV, — de Louis XIII enfant, — une suite des Rois de France, et cent quarante-quatre petits portraits de personnages illustres. Tous ont de grandes qualités de verité, et doivent être ressemblants.

On désigne cette Planche sous le nom de Chronologie Collée.

Font également partie de cette série d'artistes de talent : Jacques de Fornazeris, — Charles Mallery, — Briot, — et Jacques Granthomme. Mais déjà ces artistes, moins brillants que ceux qui précèdent, n'ont plus rien d'original et semblent continuer péniblement les traditions de leurs devanciers.

A partir du XVIIe siècle, la France occupe le premier rang dans la Gravure de portraits, et en portant ce jugement, M. A.-F. Didot ne fait exception que pour A. Van Dyck, en Hollande, « et *le maître de tous à cet égard*, l'inimitable Rembrandt. » (Ibid., page vii.)

A cette époque, une révolution véritable se produisit dans la Gravure de portraits, qui dès lors entra dans une phase nouvelle. — L'emploi de l'eau-forte dans la Gravure, en rendant le travail plus rapide, vint donner plus d'importance au mérite du dessin. — Van Dyck usa brillamment de ce procédé nouveau, et Rembrandt y recourut plus d'une fois pour aider son merveilleux burin.

Il n'est que juste de montrer notre enthousiasme pour un homme qui est notre plus grand maître dans la Gravure à l'eau-forte. Qui pourrait nier que Jacques Callot ait enfanté des chefs-d'œuvre ? La pointe de ce maître ne semble-t-elle pas avoir détrôné le burin ?

Dans le travail à l'eau-forte, le dessinateur, le coloriste, restent eux-mêmes avec leur fougue et leur pensée fugitive ; l'imagination fait place à la science.

Ce vernis qui s'enlève facilement n'a plus la résistance du métal.

La pensée semble apparaître à nos yeux, immédiate, instantanée. Cette pensée est brûlante encore, elle nous charme et nous séduit. — Tel fut Jacques Callot.

Callot fit un certain nombre de portraits, mais ce n'est pas là son plus grand titre à la gloire.

L'habileté de l'artiste était surpassée encore par la finesse de l'observateur; et de quel talent ne fait-il pas preuve dans ces admirables petites compositions qui ont fait le tour du monde?

Abraham Bosse nous a laissé un fort bon portrait de J. Callot, exécuté à l'eau-forte, — et les portraits gravés de Louis XIII, — d'Hérouard et de Michel Larcher.

A cette même époque, François Perrier grava le portrait de Simon Vouet, et Pierre Brebiette exécutait sa propre image.

Pierre Daret fit exécuter de nombreux portraits, mais il ne semble pas avoir gravé lui-même.

Claude Mellan nous a laissé un grand nombre de très beaux portraits; cet artiste voulut répandre un nouveau genre de taille sur cuivre, la taille unique à trait continu. Il se priva ainsi de tous les avantages dont il pouvait disposer, car il connaissait parfaitement son art, et ce graveur habile pouvait tirer un grand parti des sujets traités par son burin.

Il a fait, à une seule taille, les portraits de Nicolas Peiresc (1637), — du chancelier Seguier (1639), — d'Henriette-Marie de Buade Frontenac (1641). — Il a laissé, à plusieurs tailles, les portraits d'Urbain VIII (1624), — du cardinal Bentivoglio, — de Jean Barclay, — de Joseph Trullier (1626), — de Ronsard.

Michel Lasne fit surtout des copies d'après Philippe de Champagne, d'après Simon Vouet et d'après les crayons de Daniel Dumonstier.

Michel Lasne avait pourtant ce qu'il fallait pour être un grand portraitiste, car dans les portraits qu'il fit au crayon, et qu'il grava, on trouve un grand sentiment de la nature, une fine observation.

Dans les magnifiques portraits qui lui sont personnels, il fait preuve d'un dessin correct et élégant, et d'une grande compréhension du modèle, comme on peut le constater dans les portraits de Pierre Corneille, — de Roland Hébert, archevêque de Bourges, — de Mathieu Molé, — d'Henri de Mesmes, — de Michel de Marillac, — de Barthélemy Tremblet, — dont le dessin et la gravure sont entièrement de lui.

Nous ne pouvons oublier quelques artistes graveurs qui n'ont pas une aussi grande valeur, mais qui firent preuve d'un certain talent.

Jehan Le Blond, — Jaspar Isaac, — Jean Picart, — Grégoire Huret, — Gilles Rousselet, — Jolain, — Ragot, — Paul Roussel, — et Ganière.

Jean Morin fut un grand graveur. Il eut une influence considérable sur l'art du portrait, et fut imité par Jean Alix, — Nicolas de Plattemontagne, — et Jean Boulanger.

Nicolas Regnesson eut surtout la gloire d'être le maître de Nanteuil : comme graveur, il a laissé quelques œuvres assez bonnes d'après divers peintres. — Regnesson semble avoir exercé une grande influence sur Nanteuil, qui occupa un rang si éminent dans la Gravure française. Le maître ne chercha pas à influencer l'élève, mais à le développer en le faisant dessiner d'après la nature, cette source intarissable de chefs-d'œuvre.

Nanteuil, jeune encore, sembla suivre pendant quelque temps l'influence de ses devanciers, mais il ne tarda pas à donner de véritables portraits, qui lui sont bien personnels.

Tels sont les portraits de Turenne, — de Pomponne, — de Bellièvre, — de Jean Loret, — de Lamothe le Vayer, — de Maridat, — de la duchesse de Nemours, — de J.-B. Van Steenberghen, — du marquis de Castelnau, qui, comme beaucoup d'autres, témoignent de la science du dessin et de l'habileté du burin de leur auteur.

Toutes ces œuvres, si glorieuses pour la France, sont remarquables par le goût et la vérité qui les caractérisent. Nanteuil sait être gracieux sans effort, naturel sans étude apparente, lorsqu'il exprime les traits physiques et quand il veut traduire la pensée intime de son sujet.

Cet artiste donna des portraits au crayon et au pastel, répandus dans le monde entier ; il fait toujours preuve de ces qualités essentiellement françaises : le goût, la grâce, l'esprit et la vérité.

De (1649 à 1698), Nanteuil grava plus de deux cent vingt portraits, parmi lesquels plus de trente sont de grandeur naturelle.

Cet artiste fit encore le portrait d'Anne d'Autriche d'après nature (ad vivum), mais il ne fut gravé que plus tard.

Nanteuil, dessinateur et graveur du Roi, a laissé quatorze portraits du cardinal de Mazarin, — cinq portraits de Louis XIV, dont deux portent la mention qu'ils ont été faits d'après nature.

M. Delaborde nous dit que, lorsque Nanteuil dessina et grava en (1668) le portrait de Colbert, trois fois déjà il avait reproduit sur suivre les traits du grand ministre, et dans le cours des huit années suivantes il devait les reproduire deux fois encore.

Il existe donc six portraits de Colbert, gravés par Nanteuil, dont trois de grande dimension; mais le portrait de (1668) est le plus recherché.

Parmi les portraits de Louis XIV, dus au burin du maître, le plus estimé est celui dit « aux pattes de lion, » à cause de la peau de lion dont deux pattes, ornées d'une fleur de lis, retombent sur les angles supérieurs de la bordure.

Le contemporain de Nanteuil, Gérard Edelinck, était né en Flandre. Il se fit naturaliser Français.

G. Edelinck fut un remarquable artiste; une grande finesse de modelé caractérise ses œuvres; il sait imprimer à ses planches une couleur toujours harmonieuse.

M. Amb.-F. Didot, ce juge si compétent dans la Gravure, nous semble avoir caractérisé d'une manière heureuse cette période brillante de la Gravure en France lorsqu'il écrit :

« Ce qui distingue nettement l'école Française de toutes les autres dans cette spécialité, ce qui fait son originalité et son grand mérite, ce qui lui a valu une supériorité incontestable, surtout aux xviie et xviiie siècles, c'est l'amour du vrai et du simple, inspiré par les charmants crayons des Clouet et de leurs continuateurs.

» A partir de ce moment, toute l'attention de nos graveurs se porte sur la physionomie, qu'ils cherchent à rendre avec fidélité et souvent avec sobriété.

» Pureté du trait, précision des formes, énergie sagement contenue, voilà ce qu'ils surent allier à la grâce de l'exécution, cachant ainsi le travail de l'outil. Ce n'est pas tout. — Ils ne sacrifient jamais le côté essentiel du portrait à l'effet pittoresque, à l'éclat de l'ensemble; mais ils se bornent à rendre naturellement et sans effort la nature même dans ce qu'elle offre de plus saisissant, de plus variable, et par conséquent de plus difficile à exprimer : le mouvement, le jeu, le caractère de la physionomie. » (Amb.-F. Didot, Les Graveurs de Portraits en France. — Introd., page ix.)

On ne saurait mieux dire, avouons-le, et ce jugement nous semble résumer d'une manière fort juste la période historique de la Gravure en France, de Callot à Nanteuil et à Edelinck, que nous venons d'étudier.

A cette époque, les graveurs hollandais et flamands, qui avaient une réputation colossale et méritée, semblent exercer une certaine influence sur nos artistes nationaux ; ceux-ci savent profiter de leurs leçons, mais n'en conservent pas moins les qualités qui caractérisent notre École nationale.

Les échanges de manière entre artistes ne sont pas rares : les graveurs étrangers apprennent à rendre la ressemblance morale, les graveurs français leur empruntent le charme de l'exécution, les agréments des détails et la science de la couleur rendue par le burin.

Du reste, il ne pouvait en être autrement, quand on voit des peintres comme Claude Lefebvre, — Jacques Stella, — et tant d'autres, prendre alternativement le pinceau et la pointe, et produire des chefs-d'œuvre de Peinture et de Gravure.

Jean Pesne consacra sa vie et son talent à

rendre avec fidélité les œuvres de son maître Nicolas Poussin.

Jean Lenfant dessinait le plus souvent ses portraits au pastel et les reproduisaient ensuite sur le métal, — ce qui peut expliquer le manque de fermeté que l'on rencontre parfois dans ses ouvrages.

François de Poilly, né à Abbeville, fut un graveur remarquable ; il exécuta un grand nombre de reproductions, mais on ne peut citer que quelques portraits attestant une manière personnelle, tels que ceux de Louis de Bailleul — et de Denis Talon, d'après nature, en (1659).

Ceux de Louis XIV jeune — et de Mazarin, en (1660), bien que d'après Pierre Mignard, attestent encore que l'artiste avait un faire indépendant.

Antoine Masson fit preuve d'un talent considérable comme portraitiste ; mais il n'a pas laissé de portraits d'après nature, et ses gravures prouvent bien plus l'habileté de son burin que sa science de l'ordonnancement d'ensemble.

Antoine Trouvain donna des gravures remarquables, entre autres le portrait de Claude du Molinet (1689), dessiné et gravé par lui.

Au XVIIIe siècle, à l'époque des Rigaud et des Largillière, la Gravure en France est illustrée par les Drevet.

Pierre Drevet le père, — Pierre-Imbert Drevet — et Claude Drevet, artistes lyonnais, savent rendre avec un grand talent les œuvres des peintres célèbres de leur époque; rien ne semble pouvoir égaler le charme et la science de leur burin, la souplesse savante de leur exécution.

Le chef-d'œuvre de Pierre Drevet est le portrait de Bossuet, qui restera comme un monument de la Gravure française. Quelle grâce dans le délicieux portrait de Louis XV enfant !

Pierre-Imbert Drevet, le fils, donna le portrait du marquis d'Herbault en (1726), — de Samuel Bernard en (1729), — de René Pucelle en (1739), — de Charles-Jérôme de Cisternay du Fay — et d'Adrienne Lecouvreur.

Claude Drevet imita plus spécialement la

manière de Drevet le fils dans ses gravures de portraits.

Nous pourrions citer encore des graveurs d'un grand talent, tels que Pierre Van Schuppen, — Jean-Georges Wille — et Georges-Frédéric Schmidt, d'origine étrangère : mais ces artistes passèrent leur vie entière en France et travaillèrent sous nos plus grands maîtres; par leur manière ils furent bien Français.

Gérard Audran ne fit que quelques portraits, mais il fut le maître de Laurent Cars, un des plus habiles graveurs du xviiie siècle.

Laurent Cars nous a donné le magnifique portrait de Philippe Orry, comte de Vignory, d'après nature. Laurent Cars fit preuve d'un immense talent dans la manière dont il grava les œuvres de Watteau, — Lemoque — et Boucher.

Gaspard Duchange, comme Laurent Cars, excella dans le dessin, et son talent dans la Gravure est attesté par les portraits de François Girardon — et de Charles Delafosse, en (1707), d'après H. Rigaud, — et dans ceux d'Antoine Coypel — et de Shakespeare.

« Mais, » écrit M. Didot, « malgré les qualités sérieuses qui distinguent les œuvres de ces artistes, la grande école de Gravure de portraits finit presque avec les Drevet.

» Après eux, il y eut en France des graveurs de talent, il n'y eut plus d'artistes de génie. » — (Ibid., ut suprà, page xi.)

Cette époque nous offre encore quelques graveurs charmants, *véritables miniaturistes du burin* : ainsi Cochin fils, — Aug. de Saint-Aubin, — Étienne Gaucher, — Étienne Ficquet, — Pierre Favart, — Pierre-Ph. Choffard, — J.-B. Grateloup.

Charles-Nicolas Cochin appartenait à une famille de graveurs; il eut pour mère la belle-sœur de Nicolas-Henri Tardieu, graveur du Roi.

Cochin fut l'artiste à la mode. Sa liaison avec les parlementaires lui valut d'aller en exil avec l'abbé Pommier, en (1771). — Cochin était encore le compagnon assidu des grandes comédiennes; dessinateur et graveur habile, on le voit toujours bien accueilli par Mme de Pompadour; c'est à elle qu'il adresse l'épître dédicatoire de cette édition des œuvres de Métastase, où l'artiste l'avait représentée sous la figure de Minerve, protectrice des arts.

Mme de Pompadour avait fait nommer Cochin garde des dessins du Roi (23 juin 1752); elle se fait encore peindre par lui à l'aquarelle, et charge Cochin de retoucher ses eaux-fortes.

Aug. de Saint-Aubin, si fin et si gracieux, fut le dessinateur des femmes au xviiie siècle; ses productions peuvent être comptées parmi les plus agréables de l'art français.

Saint-Aubin se servit fort heureusement de l'eau-forte; mais il retouchait ses planches et les modelait au burin; la correction de ses travaux est toujours irréprochable.

Vers la fin du xviiie siècle, nous avons encore Jacques-Firmin Beauvarlet, — J.-J. Baléchou — et Ch.-Cl. Bervic; — enfin les deux portraitistes Boucher-Desnoyers et Henriquet-Dupont.

Nommons encore Jean-Michel Moreau, dessinateur et graveur, grand-père maternel d'Horace Vernet, désigné sous le nom de

Moreau le Jeune; cet artiste exécuta un grand nombre de dessins, et fit quelques portraits.

Nous ne pouvons oublier un élève de Lethière, qui étudia la Gravure dans l'atelier du célèbre graveur Tardieu : Louis Boucher-Desnoyer, peintre et graveur, né à Paris (en 1779), fut un des plus célèbres graveurs du premier Empire, et laissa quelques portraits.

Horace Vernet nous a donné des portraits à l'eau-forte; Géricault exécuta des eaux-fortes et des lithographies.

Nous terminerons cette étude par Henriquet-Dupont, du nom de sa grand'mère, dessinateur, graveur et lithographe, né à Paris en (1797), dont les nombreux travaux sont trop connus pour que nous les rappelions.

Henriquet rappelle Nanteuil par son habile dessin; il a laissé de remarquables portraits au crayon et au pastel.

Il eut pour élève Alphonse François, qui fut, lui-même, un maître.

Dans ce rapide exposé, nos lecteurs auront acquis la preuve que la Gravure de portraits en France fut toujours brillamment représentée, depuis le XVIe siècle.

L'Italie a pu nous devancer dans cette branche de l'art. La Hollande peut nommer Van Dyck et Rembrandt, ces maîtres inimitables.

La Suisse peut être fière, à juste titre, de Hans Holbein, et l'Allemagne rappeler le nom d'Albert Dürer.

La France, elle aussi, a ses maîtres; ses graveurs sont nombreux ; parfois leur talent ne craint aucune rivalité, surtout dans la Gravure de portraits.

Et que de qualités sont nécessaires dans la Gravure de portraits!

« Pour donner aux portraits l'expression et le charme qui résultent du clair-obscur; pour obtenir l'éclat de la dégradation des teintes et combiner les lignes de façon à mettre en lumière certaines parties et atténuer la valeur des autres; pour rendre le modelé de la figure humaine, l'animer, la faire vivre; pour marier la ressemblance physique avec la ressemblance morale, et reconstituer la véritable physionomie du modèle, condition essentielle de tout portrait ; enfin pour encadrer la figure dans un ensemble harmonieux d'accessoires, il fallait aux graveurs non seulement une habileté supérieure dans le maniement de l'outil, mais aussi une connaissance approfondie du dessin.

» N'ayant pas à sa disposition la palette magique du peintre, réduit à tirer tous les effets de la combinaison savante du noir et du blanc, le graveur, en produisant un chef-d'œuvre, excite notre admiration bien plus qu'un peintre de portraits.

» Aussi est-il facile de comprendre le prix que les véritables amateurs attachent à la possession de ces belles estampes marquées du sceau du génie. » (Amb.-Firm. Didot, Les Graveurs de Portraits en France. — Introd., page XIII.)

Le P. Lelong a donné en (1809) la Liste alphabétique des portraits gravés. (Paris, 1809, in-fol.) — G. Duplessis a publié, en (1861), l'Histoire de la Gravure de portraits en France. On sait l'intérêt qu'offre le Catalogue des Estampes de la Bibliothèque nationale, de M. Henri Delaborde. (Paris, 1838, in-fol.)

Un mot encore du Catalogue de cette curieuse collection de gravures françaises, si patiemment rassemblée par M. Didot père.

Cette collection ne comprend pas moins de 2,488 portraits gravés par les divers maîtres français. En parcourant les deux volumes du Catalogue, on acquiert la preuve que notre École française de Gravure fut féconde toujours, souvent inimitable. Ses chefs-d'œuvre sont nombreux, et ses maîtres graveurs, considérés comme groupe national, ne furent jamais surpassés dans le portrait.

CHAPITRE VIII

DU PORTRAIT DANS LA PEINTURE

n remontant à la plus ancienne date possible dans l'histoire de la peinture de portraits en France, nous trouvons que, sous Humbaud, évêque d'Auxerre (XIe siècle), un abbé de Saint-Verne, nommé Richard, fier d'avoir accueilli dans sa détresse l'empereur Henri IV, et de l'avoir compté parmi ses religieux, ordonna de représenter, à l'entrée du cloître, la scène attendrissante où le monarque déchu implorait son secours.

Nous pouvons citer encore quelques

artistes du XIe siècle; tous étaient moines ou religieux: ainsi Herbert, moine de Reims, vers (1060), — et Roger; — Bernard, abbé de Quincy, fondateur d'un couvent près de Chartres, qui servit de refuge à un grand nombre de peintres et de sculpteurs. — Combien d'œuvres curieuses ont dû être exécutées dans cette abbaye! Malheureusement, peu d'entre elles sont parvenues jusqu'à nous.

Au XIIe siècle, Héribrand, abbé de Tuy, laissa en mourant une mémoire vénérée de tous. On représenta, sur les murs de son église, le portrait du saint abbé et l'histoire de ses miracles.

Pierre, abbé de Grammont, fit décorer les murs de son cloître et de l'infirmerie de son monastère de sujets propres à égayer la vue.

Enfin, Guillaume, évêque du Mans, enrichit une chapelle de peintures murales où les formes des vivants étaient reproduites avec fidélité. — « Elles ne charmaient pas seulement les yeux, » nous dit un auteur ancien, « mais captivaient en outre l'esprit et le cœur. »

Lorsque Clément V emmena Giotto, de

Pérouse à la cour d'Avignon, — un des élèves de ce maître, Simone Meunin, fit de magnifiques portraits de Laure et de Pétrarque.

Au XVe siècle, d'après un vieux texte mentionné par M. Bourquelot, Girait d'Orléans fit en (1355), pour le duc de Normandie, plusieurs peintures *de fines couleurs à l'huile*.

Jean Coste orna aussi de peintures le château de Vaudreuil.

En (1365), François d'Orléans historia pour la reine le palais de Saint-Pol ; plus tard, Jean de Blois travailla à l'Hôtel de ville de Paris.

Colart de Laon, peintre du duc d'Orléans, fit des figures pour la chapelle de ce prince. Guillaume Loyseau, — Jehan de Saint-Eloy, — Perin de Dijon, — Lafontaine — et Copin, qui vivaient à cette même époque, firent assurément des portraits.

La peinture devient beaucoup plus artistique et plus sérieuse au XVe siècle. — Foucquet, — Bourdichon, — Perréal, — Lichtemon — sont des artistes remarquables.

Perréal moula, en (1461), le visage de Charles VII; en (1470), il travailla pour les chevaliers de Malte.

Le style de Perréal est remarquable par sa distinction; comme on peut le voir dans le tableau qui est au musée d'Anvers, il peignit Agnès Sorel sous les traits de la Vierge.

Foucquet est un artiste éminemment français; il est clair, naturel, et entre bien dans le vif de l'action; et, comme le fait remarquer M. Ch. Blanc, « ce qui donne bien une idée de la valeur de cet artiste, comme portraitiste, c'est que tous les types de Foucquet sont français, et *français du cœur de la France;* les figures plutôt courtes que longues font bien voir qu'elles ont été prises dans la nature même du pays. Foucquet termina pour le duc de Nemours, Jacques d'Armagnac, un manuscrit de Josèphe, dans lequel Paul de Limburg et ses frères avaient déjà peint trois miniatures pour Jean de Berry.

Jehan Bourdichon fit des portraits; il était valet de chambre et peintre du roi.

Jehan Bourdichon et Jehan Perréal (dit

de Paris) jouirent d'une grande renommée à cette époque, comme peintres de portraits.

D'après Mariette, le portrait de saint François de Paule fut peint par Bourdichon, sur l'ordre de Louis XII, en (1507), et envoyé à Léon X par François Ier, lors de la canonisation du Saint; ce portrait est encore aujourd'hui au Vatican.

Nous voyons dans une pièce datée de (1511) que Jehan Perréal accepta la proposition de Marguerite de Savoie, pour le tombeau de Philibert de Savoie à Brou, et qu'il passa un marché avec Michel Colombe pour modeler le petit mausolée dudit Philibert, « selon le portrait et ordonnance dudit Perréal. »

Les Clouet étaient quatre frères du même nom (1500-1620); c'est à eux que nous devons tant de beaux dessins et les magnifiques portraits qui sont à Vienne et au Louvre.

François Clouet fut chanté par Marot qui le désignait ainsi : — « le Grand Miquel l'Ange ».

Sous Charles IX, Ronsard s'écriait devant

le portrait de sa maîtresse, peint par François Clouet :

> « Ha ! je la vois, elle est presque portraite !
> » Encore un trait, encore un, elle est faite !
> » Lève les mains ; ha ! mon Dieu je la voy !
> » Bien peu s'en faut qu'elle ne parle à moy ! »

Jean Passerat écrivait au bas d'un portrait de Marguerite de France :

> Ton pinceau.... a fait chose impossible
> Montrant en ce portrait la vertu invisible.

Jean Clouet devint, en (1523), peintre ordinaire de François Ier. Il avait établi sa réputation par le portrait surtout, nous dit M. Charles Blanc, et c'est par là qu'il est devenu, pour tous ses contemporains, le premier des Janet.

Son talent pour faire le portrait a joué le plus grand rôle dans sa position d'artiste.

Parmi les curieuses quittances citées par M. Léon De Laborde, nous en remarquons une qui accorde à Jean Clouet une gratification pour des portraits mystérieux, « lesquels, » dit l'argentier, en son jargon, « ledit seigneur le Roy n'a voulu y être autrement déclaré et spécifié. »

Marie Stuart ayant figuré à la cour dans son costume national « à la barbaresque mode des sauvages de son pays, » dit Brantôme, « et ayant été trouvée une vraie déesse, vite il fallait la peindre ainsi. »

Marguerite de Navarre se fit peindre, elle aussi, dans son magnifique costume de velours incarnat d'Espagne. Enfin Clouet était l'illustrateur de ce monde, dont Brantôme était l'historien satirique. Dumonstier l'aida de ses crayons.

Une partie des portraits de Clouet fut dispersée, du reste aucun d'eux n'était signé; et l'on a éprouvé beaucoup de peine pour reconstituer l'œuvre de ce grand portraitiste.

Jean Clouet fit deux portraits de François Ier de (1524 à 1528). Le premier, qui est de petite dimension, passe à Florence pour un Holbein; le Roi est à cheval, couvert de son armure, la toque à plumes sur la tête. Dans le second, de grandeur naturelle, le roi est à mi-corps, pris de trois quarts, coiffé de la toque de velours, vêtu de satin gris blanc brodé d'or. « Chacun de ces portraits, » dit l'auteur de l'Histoire des peintres, « témoigne des soins les plus délicats, et le détail y est poursuivi en ses ténuités les plus précieuses ; tout y est en pleine lumière, l'ombre étant pour ainsi dire absente, ce qui évite des duretés. — Cette peinture fine, exacte, légère, transparente comme la langue française, nette comme notre esprit, est le caractère distinctif de l'école de Clouet.

— » Jean Clouet donne cette précision à son fils, et ses petits-fils, les Janet, la conservent, se la transmettent et la maintiennent.

» Les progrès dans la famille, s'il y a progrès, ne consistent que dans une précision de plus en plus rigoureuse qui rapproche peu à peu ce système de la miniature.

» C'est un spectacle très curieux dans l'histoire de l'art, que de voir cette série d'artistes, essentiellement français, continuer et défendre leurs traditions sans la laisser altérer, au milieu de l'invasion de la renaissance italienne. »

François Clouet, second Janet, fils du premier (1510-1572), demeurait à Tours; il fut peintre ordinaire des rois François Ier, — Henri II, — François II, — Charles IX — et Henri III. François Ier lui accorda des lettres de naturalisation qui avaient été refusées à son père.

Lorsque François Ier mourut, Clouet fut chargé de mouler le visage royal et les mains du monarque, pour l'effigie qui devait le représenter à ses funérailles. Clouet fit la même opération pour Henri II.

Le Louvre possède deux portraits authentiques de ce peintre : — ceux de Charles IX — et d'Élisabeth d'Autriche.

François Clouet eut une réputation immense; toute l'Europe posa devant lui; il peignait à l'huile et fit de très beaux dessins; ses œuvres furent recherchées dans toutes les capitales et dans tous les châteaux.

Le portrait de François II, qui est à Anvers, est vraiment remarquable : il semble comme fait de rien ; le visage est d'une finesse exquise ; le jeune prince a un justaucorps jaune, avec des crevés blancs; la toque est noire et à plumes de cygne ; ses cheveux blonds qui retombent, ses yeux doux et purs, sa bonne grâce enfantine et royale, le rendent, bien que tout enfant, déjà digne de sa délicieuse fiancée.

Le Louvre conserve un très beau portrait d'Henri II. Le Roi est debout, la main sur le pommeau de son épée; la figure est sérieuse et pourtant avenante, bien encadrée dans sa barbe à pointe, bien posée sur sa fraise blanche ; c'est vraiment là un roi de gentilshommes.

A côté du portrait d'Henri II figure le portrait de la femme de Charles IX, Élisabeth d'Autriche, grave et aimable.

Clouet exerçait une véritable influence sur son temps ; à côté des portraits de ce maître, on voit toute une série de seigneurs et de dames de la cour, dont les portraits ont été faits par les élèves de Clouet ; le trait est fin et d'une exactitude surprenante ; toutes ces images sont curieuses par la vérité et la vie ; on est frappé de l'inaltérable persistance du type français.

Henri IV fit peindre par Porbus et Jacob Biniel, artiste français, né à Blois, la série des Rois et des Reines de France, depuis saint Louis. « Il peignait, » nous dit Sauval, « les personnages d'après nature ; » malheureusement, ces portraits furent détruits lors de l'incendie de la petite galerie du Louvre, en (1661).

Cinq-Mars, faisant faire son portrait par Matthieu Lenain, c'est un événement artistique assez curieux, pour que nous le notions en passant, d'autant qu'il a donné lieu à cette sortie de M. Champfleury : « Lenain en présence de Cinq-Mars ! l'entrevue dut être bizarre ! Le peintre de la vie domestique vis-à-vis de l'aventurier ; le peintre des haillons du pauvre devant le favori enrubanné de Louis XIII ! Je vois bien à terre dans ce tableau, jetés comme effet, une cuirasse, un casque fermé, toute chose que pouvait peindre Lenain ; mais cette cuirasse et ce casque sont confits dans l'or. Aussi faut-il séparer nécessairement le Lenain aux portraits d'un autre Lenain de la vie poignante. »

Étrange effet de la passion politique, quand elle envahit même le terrain artistique! N'est-il pas vraiment curieux de voir la colère de M. Champfleury reniant presque *ses fétiches, les Lenain,* parce que l'un d'eux a peint un favori du Roi?

Pour les artistes, pour ceux qui, sans passion, ne cherchent que l'art, là où il se trouve, pour ceux qui ont mission de faire admirer le beau, là où il est, nous devons avouer que le portrait de Lenain est très remarquable, et qu'il offre toutes ces qualités d'observation et de finesse dans la recherche de l'expression qui caractérisent les œuvres de Lenain.

Deux fois Mazarin fit exécuter son portrait à Avignon par Nicolas Mignard, qui peignait de la main gauche, et n'en faisait pas moins de très beaux portraits, avec facilité et une grande habileté.

Mignard donna les portraits de Guillaume de Brisacier, — du cardinal de Bouillon, — du duc d'Albret — et d'Henri de Lorraine, comte d'Harcourt.

Ces portraits furent gravés par Masson.

— Trop de manière, pour ne pas dire trop de mignardise dans les portraits de cet artiste.

Pierre Mignard, que l'on doit considérer comme un grand portraitiste, exécuta une quantité considérable de portraits; mais l'étonnement cesse en partie, quand on sait que Mignard vécut jusqu'à quatre-vingt-cinq ans.

Les princes de l'Église : — le cardinal de Retz, — Mazarin, — Bossuet ; — les femmes à la mode : — Ninon de Lenclos, — La Vallière, — Fontanges, — Maintenon, — Brissac, — tous défilèrent devant l'artiste en vogue.

Comme le dit M. Charles Blanc, « Mignard comprit tous les avantages que pouvait lui offrir le genre du portrait ; c'était par là, du reste, qu'il s'était produit dans Rome, où le portrait de Hugues de Lionne, ministre de France en Italie, qu'il représenta entouré de sa famille, avait porté son nom, encore inconnu, jusqu'aux oreilles du pape.

» Une agréable causerie, un pinceau flatteur, l'art de saisir la ressemblance, non pas dans le sens le plus élevé du mot, mais de la façon qui plaît aux hommes et ravit les femmes, telles étaient les qualités qui lui permettaient de réussir dans le portrait. »

Après Urbain VIII, il peignait Innocent X, — le bailly de Valencey, ambassadeur de France ; — les cardinaux de Médicis et d'Este, — le prince Pamphile, — la signora Olympia.

Poussin écrivait à M. de Chanteloup « qu'il n'y avait à Rome alors aucun peintre qui sût faire un portrait. Je ne connais que le seul M. Mignard qui en soit capable. »

A un second voyage à Rome, Mignard fit le portrait du nouveau pape Alexandre VII ; toutes les illustrations de l'Italie posèrent devant lui.

En France, Mme de Sévigné et sa chère fille, — Mme Scarron, — Dufresnoy, — Despréaux, — Charleval, — Chapelle, — Molière, — furent également peints par Mignard ; il flattait les hommes, surfaisait la beauté des femmes, et plaisait à tous.

Pour donner une idée de l'œuvre de Mignard, nous allons citer ses principaux portraits :

— Alexandre VII, gravé par Van Schuppen.

— Anne d'Autriche, reine de France, gravé par Robert Nanteuil.

— M. le prince Henri-Jules de Bourbon, prince de Condé, gravé par R. Nanteuil.

— Le cardinal Mazarin, gravé par Van Schuppen, un autre par Nanteuil, un autre par Poilly.

— Le duc de Vendôme, gravé par Antoine Masson.

— Bernard de Foix, de La Valette, duc d'Épernon, gravé par Van Schuppen.

— Jacques Tubeuf, président de la Chambre des comptes.

— Louis XIV, gravé par François de Poilly; un autre, gravé par Louis Roullet.

— Louis XIV, vêtu en empereur romain, gravé par Pierre Carré.

— Bossuet, évêque de Meaux, gravé par F. de Poilly.

— Nicolas Colbert, évêque d'Auxerre, gravé par Jean Lenfant.

— Armande de Lorraine d'Harcourt, abbesse de Soissons, gravé par Antoine Trouvain.

— Charles-Maurice Letellier, archevêque de Reims, peint deux fois, gravé par Gérard Edelinck et par Van Schuppen.

— Le Dauphin et sa famille (Louvre), gravé par Simon Thomassin.

— Marie de Lorraine, duchesse de Guise, gravé par Antoine Masson.

— Henri, marquis de Beringhen, premier écuyer du Roi, gravé par Jean-Louis Roullet.

— Colbert, marquis de Seigneley, ministre d'État, gravé par Gérard Edelinck.

—Gabriel-Nicolas de La Reynie, lieutenant de police, gravé par Pierre Van Schuppen.

— Guillaume de Brisacier, secrétaire des commandements de la Reine, gravé par Antoine Masson.

— Balthazar Phelypeaux, secrétaire d'État, gravé par Corneille Vermeulen.

— Louis-François Le Tellier, gravé par le même.

— Édouard Colbert, marquis de Villacerf, surintendant des bâtiments, gravé par G. Edelinck.

— Nicolas Desmarets, intendant des finances, gravé par Raudon.

— François-Emmanuel de Bonne de Créquy, duc de Lesdiguières, gravé par Claude Duflos.

— Claude Le Pelletier, président à mortier, gravé par Drevet.

— Jean-Baptiste Poquelin de Molière, gravé par J.-B. Nolin, autre portrait de Molière, en petit, gravé par Benoît Audran.

— Jean-Henri d'Anglebert, intendant ordinaire de la musique du Roi, gravé par Corneille Vermeulen.

— Pierre Mignard peint par lui-même, gravé par Vermeulen; autre portrait de Mignard, gravé par Gérard Edelinck.

— Catherine-Marguerite Nigrand, comtesse de Pas de Feuquières, gravé par Daulle.

Simon Vouet (1590-1649), le fondateur de l'École académique, exécuta au Palais-Royal une série de portraits d'hommes illustres du XVIIe siècle; — on lui doit un portrait en pied de Louis XIII.

Ici se place une question qui nous semble très grave.

Philippe de Champagne est classé par les uns parmi les artistes français, par les autres au nombre des artistes flamands. — Pour nous, Philippe de Champagne ne peut être compté, malgré tous nos regrets, parmi les artistes français; étant né à Bruxelles, il est Flamand; le grand nombre d'années que cet artiste a passées en France ne saurait changer sa nationalité, car il n'a pas reçu de lettres de naturalisation. Pourquoi les Italiens ne compteraient-ils pas Poussin, qui a passé sa vie presque entière en Italie, parmi leurs artistes? Rossini a toujours vécu en France, et pourtant nous n'en faisons pas un compositeur français.

Nous ne parlerons pas de Philippe de Champagne, malgré sa manière, qui est bien française; notre devoir d'historien nous oblige de calmer notre enthousiasme.

Claude Lefebvre ne peut être mieux jugé que dans ces quelques lignes que nous empruntons à l'Histoire des peintres de M. Charles Blanc :

— « Il nous est arrivé souvent de nous arrêter au Musée du Louvre devant une toile de Claude Lefebvre, — « portrait d'un maître et de son élève, » dit la notice. — Que dit ce prêtre austère, au front haut et ferme, labouré de rides profondes, aux yeux fatigués par les veilles, aux cheveux grisonnants qui s'échappent en couronne d'une petite calotte noire? que désigne-t-il à son jeune disciple avec ce geste sérieux et persuasif?

» Nous l'ignorons, mais l'enfant, tenant son chapeau de feutre noir sur sa poitrine si élevée en avant, regarde de tous ses yeux, étudie de toute son intelligence; il semble ému de toute son âme.

» La figure du prêtre est sévère; ses lèvres qui n'ont jamais souri qu'à la science, son large manteau noir, son rabat blanc, carrément taillé comme un syllogisme d'école, sa taille haute, sa tournure altière et ses fières moustaches à la Richelieu, le font ressembler à un des Jansénistes de Port-Royal; s'il a l'autorité de l'esprit, qui est la raison, il n'a point la tendresse, qui est l'autorité du cœur.

» Cet homme est fait pour convaincre plutôt que pour émouvoir.

» La tête de l'enfant, qui rayonne sous une abondante chevelure brune, s'enlève, intelligente et pensive, sur une large collerette de guipure; elle trahit une âme comprimée; on croit sentir chez ce bel adolescent, de seize ans à peine, une soif d'expansion, un besoin instinctif et inavoué d'admiration et d'amour, ou plutôt d'affection, qui devait se rencontrer souvent à cette époque où les enfants, dès qu'ils étaient confiés aux soins du précepteur, ne voyaient plus leur mère qu'à de rares instants du jour.

» Bien que la scène représentée soit purement intime, elle est tellement relevée par le contraste et la dignité des caractères, il y a une telle profondeur dans l'expression des têtes, qu'il en résulte une unité puissante, et qu'on est tenté de donner un nom historique à ces personnages si vivement accentués, si bien marqués à l'empreinte d'une individualité forte; on se demande si l'on n'a pas devant les yeux un Bossuet enseignant au grand Dauphin le Discours sur l'histoire universelle. »

Après une semblable description, il n'y a plus à faire l'éloge de Lefebvre ; nous avons devant nous un des plus beaux portraits qui aient jamais été faits par un artiste qui a possédé, au plus haut point, les qualités indispensables au portraitiste.

— « J'ay veu, » nous dit Mariette en parlant de François de Troy, « de ses portraits dignes d'entrer en parallèle avec les ouvrages les plus fameux de Van Dyck et de Titien. Il avoit étudié sous le célèbre M. Lefebvre, et il n'est pas étonnant qu'ayant goûté sa manière de peindre, il ne se la soit, pour ainsi dire, appropriée, car, si on y fait attention, leurs manières ont beaucoup de conformité. »

Mariette va évidemment trop loin : Lefebvre est incontestablement plus ferme, plus solide, et a des qualités beaucoup plus sérieuses, car, comme le dit M. Charles Blanc, « Claude Lefebvre plaît aux peintres, de Troy séduit les yeux du monde, parce qu'il paraît plus fin, et qu'il est plus propre et plus moelleux. De

Troy a toutes les qualités qui font réussir le peintre de portraits : la correction, l'expression, l'élégance des ajustements, le choix heureux des attitudes, un beau ton de couleur, un faire doux, souple et caressé.

» Fin, spirituel, galant et joli garçon, François de Troy savait, par un tour de pinceau habile, embellir les femmes, sans même qu'elles pussent s'en douter; les femmes lui savaient gré et de son talent et de son esprit, ce qui faisait que toutes voulaient se faire portraiturer par lui.

» Peintre des jolies femmes de la Cour, de Troy se plaisait à les reproduire sous l'aspect de Cérès, de Pallas, de Junon, de Vénus.

» Mesdames de Montespan et de Maintenon brodaient elles-mêmes sur les dessins de de Troy. »

Il fit le portrait de Christine de Bavière.

Sans avoir le talent de Largillière et de Rigaud, de Troy sut se faire un grand nom dans le portrait. Il donna à ses portraits une tournure élégante, des attitudes vraies; plus simple dans ses draperies que Rigaud, et moins détonnant dans sa couleur que Largillière, il a droit à toute notre admiration.

Martin Largillière doit être considéré, à juste titre, comme un de nos plus grands portraitistes.

Élevé dans plusieurs écoles, Largillière a su prendre les qualités de chacune d'elles, sans perdre ses qualités françaises.

Il a fait des portraits de femmes vraiment remarquables. Il prenait dans la physionomie de ses modèles ce qu'il y avait de bien, et, sans trop s'écarter de la nature, il trouvait le moyen de faire beau et ressemblant.

Les femmes étaient d'autant plus sensibles aux flatteries de son pinceau, qu'il semblait n'avoir exprimé que la vérité ; on les trouvait ressemblantes avant de les trouver belles, lorsqu'on regardait leur portrait.

Largillière avait une grande fraîcheur de coloris, de la vérité dans le ton, et cette touche fine et légère qui appartient bien à l'École française.

Personne ne savait arranger aussi bien que cet artiste les accessoires de ses portraits, et c'est encore un talent que doit posséder le portraitiste; s'il veut tirer parti de tous ces détails, il ne doit rien négliger.

Les grands corps d'État, toutes les célébrités politiques, religieuses ou artistiques défilèrent devant Largillière.

Il peignit l'évêque d'Avranches ainsi qu'Hélène Lambert; — le cardinal de Noailles ainsi que la Duclos.

Appelé à Londres, il dut peindre le roi Jacques II, — la Reine, — le prince de Galles et les divers portraits de Pierre Van der Meulen.

Le portrait de Le Brun servit à Largillière de morceau de réception à l'Académie.

Cet artiste exécuta encore de nombreux tableaux commémoratifs, qui comprennent divers portraits de personnages; ainsi le tableau de la convalescence de Louis XIV; — celui du mariage du duc de Bourgogne avec Marie-Adélaïde de Savoie.

— « Moins apprêté que Rigaud, » écrit M. Charles Blanc, « plus naturel, plus fin, Largillière, dans ses portraits, l'emporte le plus souvent sur son émule, par la grâce du pinceau et par l'excellence de sa couleur argentée et harmonieuse, égayée par ces beaux gris qu'affectionnaient David Teniers et notre Chardin.

» Les draperies, qu'il faisait d'inspiration, sans mannequin, sans modèle, sont jetées avec un rare bonheur; elles ont de l'ampleur, de la souplesse, une tournure agréable et l'aspect de la réalité même.

» Ses têtes et ses mains sont dignes des plus grands maîtres, et l'on peut dire que Largillière est le Van der Helst de la France, tandis que Rigaud n'en est pas, tout à fait, le Van Dyck. »

« Rigaud, » dit Saint-Simon, « était alors (1696) le premier peintre de l'Europe pour la ressemblance des hommes et pour une peinture forte et durable. »

Voici l'opinion du célèbre critique de cette grande époque :

— « Son premier morceau, » ajoute d'Argenville, « fut le portrait d'un nommé Materon, joaillier, qu'il fit, au premier coup, dans le goût de Van Dyck. Ce portrait passa successivement au fils et au petit-fils du joaillier. Ce dernier, voulant s'assurer s'il était de Rigaud, le fit porter chez lui. Au nom de Materon, Rigaud reconnut son ouvrage : « La » tête, » dit-il, « pourrait être de Van Dyck; » mais la draperie n'est pas digne de Rigaud, » et je veux la repeindre gratuitement. »

Rigaud fit souvent son propre portrait.

Pour apprécier cet artiste, on ne saurait mieux faire que de laisser parler l'auteur de son Histoire.— C'est vrai et juste tout à la fois:

— « La majesté, la pompe, étaient, sans doute, le caractère du règne de Louis XIV, et celui des grandes personnalités qui l'illustrèrent, mais il semble que Rigaud y ajouta encore un certain apprêt; on dirait qu'il peint avec une arrogance castillane, et qu'il est venu pour cela des Pyrénées. Chacun de ses portraits paraît dire : *Me voici!* ou bien : *Regardez, c'est moi qui ai gagné cette bataille qui se livre au fond du tableau.., C'est moi qui ai composé ce bel ouvrage de Théologie... Voyez cette Bible que j'ai commentée... Je suis le duc de Cambrai,* etc... Sous ce rapport, Rigaud a été moins souple que Van Dyck et moins varié. »

— Rigaud fit de très beaux portraits de femmes, entre autres celui de Mme Lebret de la Briffe et encore celui de sa femme, Élisabeth de Gouy.

Ici doit se placer une petite anecdote racontée avec infiniment d'esprit par M. Charles Blanc :

— « Rigaud est appelé un jour chez une dame de son voisinage, qui avait fait demander un peintre.

» Rigaud se rend chez elle, très bien vêtu comme à son ordinaire ; mais à la façon dont on le reçoit, il devinait qu'il n'était pas attendu.

» La dame avait envoyé son valet chercher un peintre, il est vrai, mais un peintre pour mettre en couleur le parquet de son appartement, et le jocrisse s'était adressé à M. Rigaud.

» Celui-ci déclina sa compétence, mais trouvant la dame jolie et d'autant plus charmante qu'elle souriait avec embarras de la sottise de son valet, il se mit à ses ordres, sinon pour passer en couleur son parquet, du moins pour peindre sa figure. On fit ainsi connaissance, et cette rencontre fortuite finit par un mariage. »

Rigaud ne sacrifia jamais la vérité aux caprices de ses modèles. Bien élevé, convenable avec les femmes, il n'aimait pas à les peindre : « Si je les fais telles qu'elles sont, » disait-il, « elles ne se trouvent pas assez belles ; si je les » flatte trop, elles ne ressembleront pas. »

— « Dès les premières années du règne de Louis XIV, » écrit M. H. Delaborde, « une sorte d'emphase dans la composition des portraits tendait à exagérer les caractères de la grandeur : l'excessive adresse du pinceau faisait une trop large part à la pratique. Ce goût pour les formes pompeuses, ces entraînements de l'École vers l'affectation pittoresque, on peut les attribuer aux exemples et à l'influence d'un maître bien éminent d'ailleurs, bien justement célèbre, Hyacinthe Rigaud.

» Tout le monde connaît, soit par les originaux mêmes, soit par les estampes qui les reproduisent, les beaux portraits de Bossuet, de Philippe V, de la duchesse de Nemours, et tant d'autres de la même main, parmi lesquels on ne saurait omettre cet admirable portrait de Louis XV enfant, en costume royal, le chef-d'œuvre du peintre, sinon le chef-d'œuvre de la peinture de portrait en France. Rien de plus vrai, à certains égards, que de tels ouvrages, rien de plus conforme aux mœurs et à l'esprit du temps; mais aussi rien de moins simple comme mode d'exécution et de mise en scène.

» La méthode de Rigaud, différente en cela de la méthode de Philippe de Champagne ou de Nanteuil, ne consiste pas seulement dans une étude scrupuleuse du caractère moral tel que l'expriment les traits du visage. Pour compléter la ressemblance et accuser pleinement les habitudes de son modèle, le peintre entasse sans compter les objets propres à expliquer soit une idée de supériorité intellectuelle ou hiérarchique, soit une idée de pure magnificence.

» De là quelque chose de tourmenté dans

l'ordonnance, quelque confusion dans les détails. En ornant un peu trop la vérité, Rigaud l'appesantit parfois et la surcharge ; mais ces exagérations mêmes proviennent chez lui d'un excès de calcul et de besoin de tout définir.

» Quelques-uns de ses successeurs au contraire arrivèrent à l'exagération en écoutant surtout leur fantaisie : ils introduisirent la morgue et le faste là où il avait exprimé la dignité et la sécheresse, le désordre là où il s'était proposé — assez à tort, du reste — de figurer le mouvement.

» Ainsi, pour rompre la monotonie des lignes, Rigaud avait essayé d'agiter les draperies servant de fond à ses portraits, invention malencontreuse, puisque le vent, auquel il supposait le pouvoir de soulever ces draperies, n'en laissait pas moins le reste parfaitement immobile.

» On ne manqua pas d'enchérir sur cette faute de goût. De véritables trombes vinrent ravager l'intérieur des appartements où les peintres représentaient d'ailleurs leurs modèles dans l'attitude la plus calme, dans la toilette la plus en ordre.

» Rigaud avait peint, avec plus ou moins d'à-propos, des princesses ou des femmes de la cour entourées d'attributs empruntés à l'Olympe ; il n'y eut si mince bourgeoise à qui l'on ne décernât les honneurs d'une semblable apothéose. Puis à cette manie de travestissements mythologiques succédèrent des aspirations plus humbles en apparence, au fond tout aussi peu sensées.

» Les Déesses, une fois hors de mode, ce fut le tour des Pèlerines et des Bergères. Enfin le besoin de dénaturer le fait, le goût de la débauche pittoresque et de la mascarade en vinrent à ce point qu'on imagina de peindre les femmes sous des habits d'hommes, témoin certain portrait de Mlle de Charolais, exposé aujourd'hui dans le palais de Versailles, qui nous montre cette princesse en costume de moine franciscain portant virilement sa besace. » (H. Delaborde, La Peinture de Portraits en France, Revue des Deux Mondes, oct. 1852.)

— « Rigaud a le défaut de son siècle, » nous dit M. Charles Blanc; « il a même exagéré l'emphase. Moins élégant dans ses poses, moins simple que Largillière et moins frais de couleur, il a poussé du moins, aussi loin que possible, les qualités essentielles d'un peintre de portraits, la vérité.

» Ses chairs sont d'un modelé ferme et très bien senti. Ses draperies dont on lui a reproché, avec raison, la boursouflure et le fracas, sont admirables d'exécution, si ce n'est, peut-être, dans quelques ouvrages de sa vieillesse.

» Pour ses mains, elles sont excellentes, moins allongées, moins distinguées, mais plus vraies que celles de Van Dyck, qui les faisait un peu de convention. Rigaud les a variées de cent manières, les présentant toujours avec grâce et dans les raccourcis les plus heureux. Il aime à poser la main d'un cardinal ou d'un évêque sur une Bible, dont le prélat tourne les feuillets, comme pour faire admirer ses doigts délicats et faire chatoyer son anneau épiscopal.

» Il peint, à ravir, les mains enfantines et blanches du jeune duc de Lesdiguières, tenant un bâton de commandement, et les mains brunies du maréchal de Villeroy ou du duc de Villars qui montrent au loin la bataille, au lieu d'y être.

» Les perruques si difficiles à peindre, les cheveux si difficiles à rendre, n'étaient qu'un jeu pour Rigaud.

» Sa couleur, qui parfois tire sur la brique, a ordinairement beaucoup de vivacité, de force et de richesse.

» Sa touche enfin, tant qu'elle ne fut pas alourdie par l'âge, fut des plus savantes et des plus belles.

» Mêlée à toutes les gloires de son temps, burinée sur l'airain par les plus illustres graveurs, la gloire de Rigaud semble impérissable. Elle a du moins la chance de vivre aussi longtemps que les merveilleuses estampes de Pierre Drevet et d'Edelinck et que les grands noms de La Fontaine et de Bossuet. »

Robert Tournières (1668), sans avoir un grand talent, a su faire des portraits remarquables; il avait un coloris agréable, un dessin assez correct pour donner un contour parfait; ses portraits enfin ont un aspect de vérité qui frappe et qui séduit.

Il entra à l'Académie comme peintre de portraits le 24 mars (1702).

Tour à tour il faisait de petits ou de grands portraits; d'autres fois il groupait toute une famille.

Le Musée de Caen, patrie de Tournières, possède une magnifique tête de magistrat, les portraits de Chapelle et de Racine. Il y a aussi à Caen le portrait du jurisconsulte Jacques Crevel;

A Versailles, le portrait de Michel Corneille;

Au Musée d'Orléans, celui de M. de Saint-Geniez;

Au Musée de Rennes, un maréchal de France;

A l'École des Beaux-Arts, l'académicien Mosnier;

A Nantes, M. de Maupertuis, sa femme et ses enfants (3 portraits).

Cet artiste a fait deux fois son portrait.

Pour bien juger Tournières, il faut dire qu'il était très soigneux dans son faire, fin et délicat dans son coloris, mais il voyait petitement. Il n'est pas grand et puissant comme ses prédécesseurs ; très méthodique dans l'exécution de ses œuvres, Tournières arriva à plaire par ce soin exquis, mais il a de l'esprit et éclaire bien ses têtes.

On a quelques portraits de Jean Raoux (1677). Cet artiste avait une grande préférence pour les portraits historiés. On a de lui :

Mlle Perdigon et les portraits des évêques de Montpellier et de Senez.

Casanova a dit de Jean-Marc Nattier (1685) : « Il faisait le portrait d'une femme laide ; il la peignait avec une ressemblance parfaite, et malgré cela, ceux qui ne voyaient que son portrait la trouvaient belle, alors que l'examen le plus minutieux ne faisait découvrir dans le portrait aucune infidélité ; mais quelque chose d'imperceptible donnait à l'ensemble une beauté réelle et indéfinissable. »

Et, comme le dit très bien M. Charles Blanc,

ce quelque chose d'imperceptible, « c'est le goût, auquel nous devons de compter dans l'École française tant de peintres aimables, tant de portraits excellents. »

— Un seul reproche peut être fait à Nattier : presque tous ses portraits se ressemblent entre eux : même œil noir, même figure ronde, mêmes mains potelées; souvent les mêmes poses et les mêmes airs penchés.

Nattier peignit de grands personnages : les princes et les princesses de la maison de Lorraine, le maréchal de Saxe, la princesse de Lambesc, en Minerve; le comte de Brionne, le chevalier d'Orléans, grand prieur de France.

Il fit aussi le portrait de Catherine de Russie.

Au moment où l'art français commençait à décliner rapidement, pour laisser la place à la manière, à l'afféterie, aux fausses grâces, nous devons signaler le peintre Tocqué, qui sut rester dans les grands principes de l'art.

Il ne semble pas même voir l'affectation et l'emphase de son maître Nicolas Bertin.

Tocqué sut peindre simples des gens qui ne l'étaient pas ; il rendait la véritable grandeur, en restant calme et paisible. Tocqué entra à l'Académie avec les portraits de Golloche et de Jean-Louis Lemoyne, sculpteurs.

Il épousa la fille aînée de Nattier, mais le gendre resta supérieur à son beau-père par le talent

En (1739), Tocqué fit le portrait du Dauphin. Ce portrait est froid et trop sérieux pour un enfant de dix ans ; il est également trop encombré d'accessoires très inutiles ; c'est un défaut de l'époque. La liste des personnages peints par Tocqué est considérable ; nous citerons :

La reine Marie Leczinska (1740), — la Dauphine, — le duc de Chartres, — le prince de Galles, — le comte de Saint-Florentin, — M. de Tournehem, — le marquis de Marigny, — le poète Gresset, — la spirituelle Mme de Graffigny.

La réputation de Tocqué était connue jusqu'en Russie ; il y fut appelé par l'Impératrice, dont il exécuta le portrait, ainsi que ceux du comte de Woronzoff, — du comte Cyrille de Rasumofski — et de Nicolas Esterhazy.

De Russie, Tocqué passa en Danemark, sur l'invitation du Roi; il y fit le portrait de Frédéric V, — de la Reine — et des membres de la famille royale.

Si Tocqué n'eut pas la gloire d'être le peintre de la cour, des petites et grandes dames alors en vogue, il eut l'honneur de respecter l'art français et d'aller soutenir sa gloire à l'étranger.

François Boucher a fait un magnifique portrait de Mme de Pompadour.

La courtisane souveraine est étendue nonchalamment sur une causeuse, appuyée sur des coussins, le dos contre une glace qui reflète une bibliothèque-horloge.

Mme de Pompadour tient un volume de la main droite; ce volume est appuyé sur les genoux de la marquise; elle est vêtue d'une robe bleue parsemée de roses; cette robe, ouverte en carré, a la prétention de vouloir cacher une poitrine qui fait, au contraire, tous ses efforts pour se montrer. Aux pieds de la marquise, on voit un petit chien, des feuillets, des crayons, emblèmes servant à rappeler qu'il y a des planches au bas desquelles on lit : « Pompadour sculpsit. »

Divers portraits de Jeanne-Antoinette Poisson d'Étioles, marquise de Pompadour, ont été exécutés par les plus célèbres peintres de cette époque : par La Tour, Boucher et Drouais.

Carl Vanloo, — Cochin, — Peronneaux, — Nattier — et Schenaux en ont fait aussi de fort intéressants, popularisés par la gravure.

Greuze exposa en (1761). Diderot écrivait dans son Salon : « On dit que le portrait de M. le Dauphin ressemble beaucoup. Celui de Babusti, beau-père du peintre, est de toute beauté ; et ces yeux éraillés et larmoyants, et cette chevelure grisâtre, et ces chairs, et ces détails de vieillesse qui sont raffinés au bas du visage et autour du cou, Greuze les a tous rendus ; et cependant sa peinture est large. Son portrait, peint par lui-même, a de la vigueur ; mais il est un peu fatigué, et me plaît beaucoup moins que celui de son beau-père. »

Diderot est plus sévère dans le Salon de (1763). Il écrit :

« Portrait de M. le duc de Chartres. — Je n'aime pas ce portrait, il est froid et sans grâce.

» Je n'aime pas le portrait de Mademoiselle ; il est gris, et cette enfant est souffrante. Il y a pourtant dans celui-ci des détails charmants, comme le petit chien, etc.

» Portrait de Mme Greuze. — Je jure que ce portrait est un chef-d'œuvre qui, un jour à venir, n'aura point de prix. »

En (1769), Greuze fit le portrait d'Étienne Jeanrot, peintre : Jeanrot est vu de trois quarts, assis dans un fauteuil, tourné à gauche, la tête couverte d'une espèce de bonnet de drap noir bordé d'or ; il porte un large vêtement de couleur violâtre par-dessus un gilet de satin noir. La tête est finie, les yeux sont spirituels et les coins de la bouche bien dessinés.

La galerie Lacaze possède le portrait de Gensonné : cheveux poudrés, en cravate et gilet blancs, habit noir ; tête finie et intelligente, où l'on retrouve les adorables gris qui caractérisent la peinture de Greuze.

« Sous le règne de Louis XVI, » dit M. H. Delaborde, « les peintres de portraits commencèrent à se départir de ce goût excessif pour les épisodes et de ces habitudes d'analyse subtile.

» Déjà Greuze avait mis en faveur une manière, sinon moins recherchée au fond, du moins plus simple dans la forme, puisqu'elle n'employait, comme moyens d'expression, que le choix de l'attitude et la ressemblance des traits du visage. Peu ou point d'accessoires autour du personnage représenté, des ajustements de couleur incertaine et débarrassés de ces mille enjolivements que le pinceau détaillait naguère avec tant de complaisance; un faire assez mou, mais non sans charme; la grâce flottante et inachevée d'une ébauche voilant l'aspect du tableau, et donnant aux contours une apparence presque effacée, voilà ce qui caractérise la méthode adoptée par Greuze dans la composition et l'exécution de ses portraits : méthode bien française, en ce sens qu'elle se distingue surtout par le tour ingénieux et l'élégance du style, mais en désaccord d'autre part avec les précédents de l'École, puisqu'elle tendait à remplacer ce besoin de tout expliquer, poussé parfois jusqu'à la définition prolixe, par une facilité un peu superficielle et une exactitude d'à peu près. » — (H. Delaborde, Revue des Deux Mondes, 1852.)

Un des plus beaux portraits de Greuze est, sans contredit, celui de Fabre d'Églantine; il est en buste de trois quarts, tourné vers la gauche; cheveux poudrés et relevés, gilet chamois, cravate blanche, habit noir. — Quelle finesse et quel modelé! Toutes les qualités du portraitiste se rencontrent dans cette toile de 60 centimètres.

En (1783), David exposa les portraits de M. Desmaisons, — de Mme Pécoul, — de M. le comte de Clermont d'Amboise; en (1789), M. et Mme Lavoisier, — M. Thelasson de Sorcy, — Mme d'Orvilliers, — Mme de Bréhant, — M. et Mme Vassal, — Mme Lecoueteux et Mme Hocquart.

En (1793), la Mort du jeune Barra, le portrait de Bailly, — de Grégoire, — de Prieur,

— de Robespierre, — de Jean-Bon Saint-André, — de Saint-Just, — de Marie-Joseph Chénier, — de Boissy d'Anglas.

Malheureusement, le Serment du Jeu de Paume n'a pas été terminé, mais David nous donne cependant les traits de Bailly, qui occupe le milieu de la composition.

A la même époque, l'artiste fait le portrait de Lepelletier de Saint-Fargeau, puis celui de Marat, qui a un grand caractère de vérité, une bonne et solide exécution.

En (1795), David exécute, pour M. Rousselin Saint-Albin, ami de Danton, le portrait du terrible tribun; il fit ce portrait de souvenir.

En (1800), le portrait équestre du premier consul gravissant le Saint-Bernard.

David fit, à cette même époque, Mmes Verninac, Pastoret, Trudaine, Récamier.

En (1808), il fit le portrait en pied de l'Empereur, et beaucoup d'autres encore.

Dans le portrait de Pie VII, David a montré une grande science de modelé : c'est simple, par là, grand.

Napoléon Ier commanda à David, au prix de 180,000 francs, les deux tableaux de la Distribution des Aigles et du Couronnement. Dans le Couronnement, on ne compte pas moins de cent cinquante portraits peints avec conscience, et la plupart fort ressemblants, entre autres, Talleyrand, Bernadotte, Cambacérès, qui occupent le premier plan.

— « Les rares portraits peints par David, » dit M. H. Delaborde, « ne sont, à vrai dire, que de savantes études. — L'art de la composition n'y a point de part, si ce n'est dans le Bonaparte franchissant le mont Saint-Bernard, et dans les deux portraits en pied de l'Empereur. — Le célèbre Pie VII lui-même n'atteint chez David que la volonté de se soumettre pleinement à l'autorité de la nature. »

La gracieuse Mme Vigée-Lebrun doit nous occuper tout spécialement : beauté, esprit, talent, elle eut tout !

Quelle grâce dans les attitudes de ses modèles ! Comme on retrouve la femme chaste et fine dans les airs penchés de ses portraits !

Quel joli ton quand il ne se rapproche pas trop de Greuze ! Mme Vigée-Lebrun eut un succès immense ; comblée de soins et de prévenances par la reine Marie-Antoinette, elle fut également bien accueillie dans toutes les cours étrangères.

Parmi les œuvres les plus remarquables de cette artiste, nous devons citer tout d'abord le portrait de Marie-Antoinette, coiffée d'une toque à plumes et vêtue d'une robe rouge garnie de fourrures. La Reine tient sur ses genoux le petit duc de Normandie ; près d'elle, sa fille enlace son bras dans une pose enfantine ; devant le groupe se tient, près du berceau, le jeune Dauphin.

Ce tableau fut le morceau de réception de Mme Lebrun à l'Académie.

A Florence, on lui demanda son portrait pour être placé dans la célèbre *chambre des Uffizi,* consacrée aux portraits des peintres célèbres, peints par eux-mêmes.

A Naples, elle peint l'admirable Lady Hamilton, couchée au bord de la mer, tenant une coupe à la main ; sa belle figure était fort animée, elle avait une quantité de beaux cheveux châtains qui pouvaient la couvrir entièrement, et, en bacchante, les cheveux épars, elle était admirable.

Mme Vigée-Lebrun fit plusieurs fois son portrait : en chapeau de paille ; à demi-nue, et elle est charmante à voir ainsi, serrant avec effusion sur son sein sa petite fille, la joie de sa vie, jusqu'au jour où elle quitta sa mère pour aller à l'autel recevoir la blanche couronne des mariées.

Voici la liste des principaux portraits de Mme Vigée-Lebrun :

En (1788), Hubert Robert ;

En (1798), Joseph Vernet ; puis encore : Miss Pitt, — Mlle Roland, — la comtesse Potocka, — Mesdames de France, Adélaïde et Victoire, — Marie-Thérèse, épouse de François II, — Marie-Louise, femme du grand-duc de Toscane ;

En (1807), la Reine de Naples, Caroline Murat, — les princesses d'Esterhazy, Galitzin, de Wurtemberg, de Polignac, — Napier, — Alexis Houragin ;

En (1824), S. A. R. la duchesse de Berri, — la duchesse de Guiche.

En tout, plus d'une centaine de portraits à l'huile, au pastel et au dessin.

Le jugement porté sur Mme Lebrun par M. H. Delaborde mérite d'être rapporté :

— « La manière plus attrayante que sérieuse dont Greuze venait de donner l'exemple, un autre talent aimable, Mme Lebrun, se chargea de la continuer, ou tout au moins d'en reproduire l'esprit sous des formes moins systématiquement indécises.

» Le portrait de Marie-Antoinette et de ses enfants, celui de l'auteur et de sa fille, maintenant au musée du Louvre, et surtout un autre portrait de l'auteur que l'on voit dans la galerie des Offices, à Florence, prouvent assez que ce talent, tout en sacrifiant beaucoup à la grâce, se préoccupait aussi de la correction.

» C'est ce mélange d'abandon et de netteté qui prête un charme singulier à des œuvres où rien d'ailleurs n'est en contradiction avec le sexe de l'artiste qui les a signées.

» De toutes les femmes dont les noms figurent dans l'histoire de l'art, Mme Lebrun, en effet, n'est pas seulement la plus habile, elle est encore celle qui, dans son rôle de peintre, garde le mieux l'attitude et la vraie physionomie de son sexe.

» ... Mme Lebrun sait rester femme en faisant acte d'artiste. La force chez elle n'implique pas plus une idée de faiblesse, que la fermeté de son pinceau ne dégénère en hardiesse malséante. Il semble qu'on sente partout une main délicate, guidée par une intelligence plus occupée du soin de plaire que de l'ambition de dominer.

» Jusqu'au jour où le talent de Gérard vint à se produire, Mme Lebrun (c'était justice) passait en France pour le meilleur peintre de portraits de l'époque. — Quelques années plus tôt, peut-être eût-elle disputé au nouveau venu, non pas le premier rang, auquel il eut droit tout d'abord, mais une large part d'applaudissements. Maintenant elle lui laissait le champ libre. Après s'être volontairement exilée au commencement de la Révolution, elle devait attendre longtemps encore qu'il lui fût permis de rentrer dans son pays. Lorsqu'elle y revint, pour ne plus le quitter, vers 1810, elle n'essaya même pas d'engager la lutte, et sans amertume contre le présent, elle se résigna avec son bon goût habituel à n'appartenir désormais qu'au passé. »

Prud'hon, qui est un de nos grands peintres, devait, comme nous tous, payer sa large part aux soucis, aux chagrins et aux larmes. Nature aimante et délicate, il devait souffrir dans ce qu'il avait de plus sensible, *dans ce pauvre rien* qui nous rend grand et célèbre, ou qui tue et notre intelligence et notre faible corps, après nous avoir rendu malheureux.

Quelle poésie, quelle rare habileté dans Prud'hon !

Comme peintre français, Prud'hon est un des artistes qui possédèrent le plus le sentiment de la lumière ; poète, il a rendu dans ses dessins, dans ses toiles, des pensées intimes qui semblaient intraduisibles. Une sorte de fatalité devait rendre malheureux, jusqu'à ses derniers jours, ce grand artiste qui, comme

Greuze et Géricault, ne devait pas voir l'avènement de sa gloire.

Nous devons à Prud'hon de beaux et magnifiques portraits.

— « Prud'hon, » disait Guizot dans son Salon de (1810), « a exposé deux belles têtes, un portrait et une tête de Vierge.

» Il y a beaucoup d'art et un peu de manière dans cette extrême suavité du pinceau, qui dégénère si facilement en mollesse; à force de fondre les contours, de ne rien arrêter, de ne présenter à l'œil que des formes indéterminées, on tombe dans un vague, une incertitude qui mènent à l'incorrection, et quant au coloris, son éclat, lorsqu'il n'est pas uni à de l'énergie, nuit souvent à la vérité. »

Au Salon de (1812), Prud'hon exposait le portrait du Roi de Rome.

Il fit aussi le portrait de Joséphine, Impératrice des Français, vêtue à l'antique, couchée sur un tertre, la tête appuyée sur son bras gauche.

Prud'hon donna encore les portraits de M. et Mme Anthony, — de la princesse Bacciochi, — de l'abbé Barbier, — de Mme Bornier, — de M. Cabochet, — de Mme Constantin, née Didot, — de la duchesse de Talleyrand, — de Mme Dufresne, — de M. Fontami, — de Gauthier La Chapelle.

De Prud'hon sont également les portraits du marquis Gouvion Saint-Cyr, — de Mme de la Riboissière, — de Mlle Meyer à dix-sept ans, — et deux autres portraits de la même personne, — de M. de Mesmay, — du maréchal Moncey, — de M. Antoine Passy, — de la duchesse de Polignac, — de Mme Roland, un des plus beaux portraits du maître, — du Roi de Rome, — du comte de Sommariva, — du prince Talleyrand-Périgord, — de M. Viardot et de Mme Viardot, etc.

M. Thiers nous a laissé ce remarquable jugement sur Prud'hon, dans son Salon de (1822) :

— « Je me hâte d'arriver à un tableau qui a touché le public, et dont le succès a été populaire.

» C'est une famille désolée peinte par M. Prud'hon ; un père encore dans la force de l'âge est étendu mourant sur une chaise ; sa fille aînée le soutient par derrière, ses deux jeunes fils, assis à ses pieds, pleurent à chaudes larmes ; quant au père, il est expirant, et son visage décoloré annonce sa mort prochaine.

» Il est impossible de rendre l'impression produite par la vue de ce tableau si simple, et où le peintre s'est si peu tourmenté pour produire de l'effet. Il prouve, ce qu'on a répété si souvent, et ce qu'il est si difficile de faire comprendre aux artistes, que, sans imaginer des sujets singuliers et terribles, sans chercher à émouvoir la sensibilité par des circonstances bizarres, la nature simplement exposée touche profondément. »

Nous avons un certain nombre de portraits par Girodet ; nous ne ferons que mentionner les œuvres les plus importantes de cet artiste.

On a de Girodet : le frère de Napoléon en pied, — Chateaubriand, — M. de Sèze, — Mme Merlin, — M. de Saint-Victor, le père, — Alexandre Boucher, — le général vendéen marquis de Bonchamp, — Cathelineau, — Mme de Reizet.

En (1799), Girodet avait exposé le portrait de Mlle Lange, mais ensuite le peintre le coupa en morceaux ; en (1800), Girodet exposa un nouveau portrait de Mlle Lange ; l'actrice était figurée sur un lit, recevant une pluie d'or, et près d'elle était un coq d'Inde dont la tête rappelait un membre du Directoire.

De (1804 à 1824), Girodet exposa trente-deux portraits : parmi lesquels ceux du chirurgien Larrey, — de Bonchamp, — de Cathelineau.

En (1806), on écrivait de Girodet :

— « Ce n'est pas sans perdre quelque chose que M. Girodet est descendu des hauteurs de la peinture historique au portrait. Cela s'explique par l'énergie même du talent de l'auteur. Il ne peut échouer que dans des sujets au-dessous de lui.

» Je me rappelle un mot charmant de Montaigne, et qui reçoit ici son application ; il dit avec force dans son vieux style : « *J'ai le pied ferme à mont, mais je choppe volontiers en plaine.* »

» Dans le portrait exposé sous le n° 225, je ne reconnais plus le talent de l'artiste à qui l'on doit le grand drame du Déluge. Les têtes ne tournent pas, la main gauche du docteur est mieux, mais celle-là exceptée, toutes les mains sont médiocres, la couleur du vêtement de l'enfant tient au fond du tableau, les accessoires sont négligés. » (Salon de 1806, Pausanias Français.)

En (1810), M. Guizot écrivait à son tour :

— « C'est avec un vif sentiment de plaisir que l'on aperçoit au bout de la galerie d'Apollon le beau portrait de M. Chateaubriand par M. Girodet, dont j'ai parlé, et qui, bien qu'un peu noir, frappe vivement par la vérité de l'imitation, la noblesse et l'énergie du style.

» Alors on se sent à l'aise : on entre dans la grande rotonde, et bientôt les magnifiques portraits qui se présentent font oublier un premier moment fâcheux.

» Le plus parfait est peut-être celui de Mme la comtesse de P..., en pelisse et robe de velours bleu, par M. Girodet; vérité de tons, élégance de contours, grâce et fini du pinceau, tout s'y réunit pour rappeler la manière des maîtres de l'École italienne, surtout la belle tête de Léonard de Vinci, comme celle de la belle Ferronnière.

» On y reconnaît cette harmonie suave sans mollesse, cette pureté sans raideur, cet heureux talent de conserver toutes les beautés de la nature en y ajoutant celles de la perfection de l'art.

» Il n'est aucune galerie qu'un tel tableau ne pût orner.

» M. Girodet a exposé aussi le portrait d'une jeune personne tenant un bouquet de violettes, dont la tête est charmante. Les autres portraits de femmes pèchent, à mon avis, par la couleur, qui en est un peu grise et morte. »

Gérard envoya à l'Exposition de (1796) le portrait d'Isabey, tenant par la main sa jeune fille. Ce tableau est au Louvre ; c'est un des portraits remarquables du maître. Presque toujours les artistes réussissent lorsqu'ils font les portraits de leurs parents ou de leurs amis.

— « Ce qui frappe, en effet, » nous dit M. H. Delaborde, « dès le premier coup d'œil, lorsqu'on se trouve en face de ce beau portrait, c'est une expression de vérité sans excès, mais profondément ressentie; c'est l'accent du talent épris de sa tâche et la poursuivant jusqu'au bout avec le même entrain.

» A coup sûr, la science ne fait pas ici défaut au sentiment du peintre; on trouverait difficilement, parmi les œuvres appartenant au même genre, une œuvre plus correcte de tous points; mais cette réserve est discrète, elle tend si peu à prédominer, qu'on l'oublie en quelque sorte, et que même certains partis pris en vue de l'effet gardent le caractère de la simplicité et de la vraisemblance. »

Guizot écrit en (1810) dans son Salon :

— « M. Gérard s'est surpassé lui-même dans le portrait de Mme V...; elle est debout, au milieu d'un paysage; grâce et vérité, voilà ce qui frappe à la vue de ce tableau les moins connaisseurs. Le pinceau de M. Gérard a répandu sur toute la figure une douceur, une souplesse et une noblesse charmantes...

» Parmi les portraits en buste, celui de S. A. R. le prince de Ponte-Corvo, prince royal de Suède, et celui de M. Redouté m'ont paru les plus remarquables, l'un par une grande fermeté, une extrême chaleur de pinceau, l'autre par une vérité et une simplicité rares.»

Pendant plusieurs années Gérard se voua entièrement au portrait, et il acquit dans ce genre une réputation colossale.

Il peignit alors Mme Regnault de Saint-Jean d'Angely.

Il fit les portraits du général Moreau, — de Darcet, — de Poisson, — de Suard, — de Canova, — de son ami Le Breton, — de Mme Récamier, — du premier Consul et de Joséphine, — de Marie-Louise et du Roi de Rome, — de Louis XVIII, — de Charles X, — du comte d'Artois.

En (1817), Miel écrit dans son Salon :

— « M. Gérard, comme Van Dyck, comme Titien, est le peintre des souverains, des princes, des personnages illustres. Dans le portrait de Monsieur, on reconnaît une main très habile.

» Dans le portrait de monseigneur le duc d'Orléans, la tête est ressemblante, la physionomie est noble et caractérisée, la poitrine tourne bien ; la partie supérieure de l'ajustement est étonnante ; vérité, fermeté, précision, tout s'y trouve.

» On pourrait reprendre quelque chose dans la forme de la tête et dans le modelé des cuisses, le dessin de ces parties manque de sévérité ; le fond semble aussi trop brun par rapport aux tons éclatants du costume. La palette de M. Gérard est magique ; pourquoi un aussi beau talent est-il quelquefois frelaté ? »

— « Après que David, » raconte M. H. Delaborde, « eut exposé au Salon de (1785) son tableau des Horaces et ruiné par ce brillant succès toutes les fausses gloires de l'École, toutes les routines académiques, Gérard, à l'exemple des autres artistes de son âge, quitta sans marchander une discipline surannée pour passer dans le camp du novateur. L'atelier de David, comme autrefois à Bologne celui des Carrache, devint le port de salut où se pressèrent d'abord les nombreux transfuges de la vieille cause, puis des disciples qui, n'ayant pas eu à se convertir, auraient pu, sans danger pour leur zèle, se dispenser d'être intolérants.

» L'intolérance, cependant, l'injustice même pour tout ce qui ne se rattachait pas directement aux nouvelles doctrines, semblait un pieux tribut dont nul n'avait le droit de s'exempter.

» Je me trompe : parmi ces disciples un peu plus fervents que de raison, il s'en trouvait un qui, sans méconnaître l'opportunité de la réforme, sentait déjà le besoin d'en limiter les conséquences et refusait de pousser le zèle du *purisme* jusqu'au culte d'un inerte idéal.

» A ses yeux, la représentation de la vie gardait encore son importance et sa part légitimes dans les œuvres d'art. La peinture après tout n'avait pas, pour objet unique l'imitation absolue de l'antique ; en un mot, Gérard croyait à la possibilité de se montrer vrai sans bassesse et correct sans archaïsme.

» Le portrait en pied d'Isabey, peint en (1795), et le portrait de Mlle Brongniart, exposé au Salon de cette même année, furent les premiers et éclatants témoignages de l'indépendance de ses opinions sur ce point... »
— (La Peinture de Portrait en France, Rev. des Deux Mondes, oct. 1852.)

M. H. Delaborde, étudiant le portrait d'Isabey, ajoute :

— « Isabey, debout et tenant par la main sa fille, enfant de 4 à 5 ans, s'arrête à l'angle de deux escaliers, dont l'un, à gauche, va se perdre dans le haut de la toile, et l'autre, vu de face, ou plutôt pressenti, grâce aux lignes précipitées de la voûte qui le surmonte, aboutit à une porte ouverte sur un jardin.

» Ce fond, parfaitement disposé pour laisser aux deux figures l'importance et le relief nécessaires, n'est pas, ainsi qu'il arrive d'ordinaire dans les grands portraits, un fond de fantaisie.

» A l'époque où Gérard peignit Isabey, celui-ci, comme plusieurs autres artistes, avait un logement au Louvre, et les détails d'architecture reproduits par le peintre ne sont qu'un trait de ressemblance de plus dans cette véridique image. Ne sent-on pas d'ailleurs que le modèle est représenté chez lui, et le choix même du costume n'indique-t-il pas un homme surpris dans les habitudes familières de sa vie?

» Une veste flottante en velours noir, une culotte de couleur verdâtre, des bottes à revers, et pour l'enfant une robe blanche sans ornements d'aucune sorte, un bonnet d'où s'échappent des mèches de cheveux indociles, voilà certes des éléments d'ajustement bien différents de la magnificence pittoresque à laquelle on était depuis longtemps accoutumé.

» Avec de si humbles ressources, Gérard a su pourtant donner aux lignes générales de sa composition une véritable plénitude, et aux formes de détail une élégance sans affectation qui, loin de mentir à la réalité, l'épure seulement et la confirme. »

Antoine-Jean Gros, qui était un grand peintre d'histoire et de batailles, nous a laissé de très beaux portraits.

Le plus beau, celui du général Lasalle, a

une grandeur magistrale ; quelle fierté, quelle vigueur !

— « Ce portrait de Lasalle, » dit M. Charles Blanc, « est un de ceux qui, même dans une simple gravure, heurtent le passant, et desquels on peut dire, comme des saillants modèles du Tintoret ou du Titien : On ne garde point ces portraits, on les rencontre. »

Gros a fait également le portrait du général Bonaparte et celui de Berthier ; — ceux encore du roi de Westphalie ; — de Zimmermann ; — du général Legrand ; — de M. de la Riboissière ; — du comte de Montbrun ; — de Louis XVIII ; — de la duchesse d'Angoulême ; — du comte Chaptal ; — de Charles X.

Dans la Distribution des récompenses aux artistes par Napoléon (croquis au crayon), Gros a tracé les portraits de la plupart de ses camarades, indiqués en deux coups de crayon. On y reconnaît très bien Girodet, — Gérard, — Guérin, — Carl Vernet, — Cartelier, — Denon, — David, — et Gros lui-même.

Il a fait encore le portrait de Masséna peint sur taffetas.

M. Guizot disait de Gros, dans son Salon de (1810) :

— « Si l'on veut sentir clairement la différence de manière qui existe entre M. Gros et les grands artistes de l'École actuelle, qui sont demeurés plus fidèles aux principes des Grecs, sur l'importance du style noble, que l'on compare son portrait du général de division comte Legrand, avec celui de Chateaubriand, méditant sur la ruine de Rome, par M. Girodet.

» Ce sont deux superbes portraits, pleins de fermeté, de vérité, de vie ; mais en regardant celui de M. Girodet, on sent, malgré l'infériorité du coloris, que l'artiste, fidèle à la loi de Thèbes, qui commandait d'embellir en imitant, a réuni le sentiment grandiose au sentiment de la nature, et que par cette heureuse alliance, il est parvenu à donner à son ouvrage un caractère historique que l'on chercherait vainement dans celui de M. Gros.

» A la vérité, la tête que ce dernier avait à peindre y prêtait beaucoup moins. Ceci n'est point un mérite qui n'appartienne qu'à ce seul portrait de Girodet ; on le retrouve dans plusieurs autres portraits de lui, qui sont vraiment peints dans un style historique. »

— « M. Gros », écrivait Miel en (1817), « n'a point d'excuse pour n'avoir pas fait ressemblant son beau portrait en pied du Roi. — Je reprocherais encore à l'artiste de n'avoir pas placé la figure dans le milieu de la toile. — Mais l'attitude est majestueuse et vraie. C'est un faire libre, une touche franche, un pinceau ferme et sûr, c'est la manière des maîtres. »

En (1827) M. Jal ajoutait dans son Salon :

— « Le portrait du Roi, par M. le baron Gros, est-il au-dessus de la critique ? Croyez-vous que cette figure sans vie et sans grâce, que ce cheval si roide, que ce groupe diplomatique si grotesque, que ce ton général, si jaune et si lourd, soient des qualités recommandables ? Vous avez admis cependant l'ouvrage de M. Gros, mais vous avez refusé un portrait de M. Delacroix. »

M. H. Delaborde porte le jugement qui suit sur la manière et les œuvres de Gros :

— « Le talent de Gros a plus de luxe que de vraie puissance. Si grand que ce talent se montre dans quelques portraits héroïques, dans ceux, entre autres, de Bonaparte à Arcole, du général Lassalle et du général Fournier-Sarlovèse, il n'exprime pas cependant, sans une sorte d'ostentation, le caractère martial des modèles.

» Ailleurs il lui arrive de se montrer ouvertement emphatique, et le portrait équestre de Jérôme Bonaparte, roi de Westphalie, le portrait de M. Daru, celui de Duroc, en costume de grand maréchal du Palais, sont traités dans un goût théâtral qui surcharge et travestit la vérité.

» Le style de Gros, nous ne parlons, bien entendu, que du peintre de portraits et non du noble peintre de Jaffa et d'Aboukir; le style de Gros a quelque chose d'excessif, de fastueux, de panaché, pour ainsi dire. En visant au grandiose, il ne rencontre, le plus souvent, que l'exagération et l'enflure; et, sous prétexte de donner à la réalité une apparence épique, il l'affuble d'ornements qui ne réussissent guère qu'à l'épaissir. » (Loc. cit., ut suprà.)

Nous possédons quelques portraits de Pierre Guérin, entre autres ceux des chefs vendéens Henri et Louis de la Rochejacquelein, — Talmont. Le peintre les a représentés en pleine action, cravate au vent, chapeau de travers, cheveux en désordre.

— « Guérin, » dit M. Henri Delaborde, « dont le talent d'ailleurs n'avait rien de cette naïveté nécessaire, dans une certaine mesure, à tout peintre de portraits, Guérin ne s'essaya, dans le genre que traitait Gérard, qu'à la condition de déguiser la réalité contemporaine sous des formes empruntées à l'antique, témoin certain portrait d'une dame en costume campanien et celui d'Henri de la Rochejaquelein, véritable statue d'Apollon ou d'Antinoüs enserrée, tant bien que mal, dans les habits d'un Vendéen. »

M. Jal écrivait dans son Salon de (1827) :

— « M. Paulin Guérin nous a donné un excellent portrait de M. l'abbé de La Mennais ; l'éloquent écrivain est représenté composant une page de l'Essai sur l'indifférence.

» L'ouvrage de M. Paulin Guérin est très remarquable par son coloris, sa touche fine et ferme et la vérité du sujet représenté. Reprochons au peintre un détail qui nuit à l'effet naïf d'un portrait d'ailleurs si bon : pourquoi avoir affublé du petit manteau M. de La Mennais? pourquoi lui avoir mis la plume à la main? »

Carle Vernet, le père, fit peu de portraits, mais il n'en fut pas de même d'Horace Vernet. Nous en possédons un grand nombre de cet artiste et des plus beaux. Lorsque Carle fit le portrait du duc de Berry, en (1814), il y eut grand tapage autour de cette toile, et son fils lui-même, ardent bonapartiste, n'en fut que médiocrement satisfait.

Cela n'empêche pas qu'Horace Vernet, très bien en cour sous tous les régimes, a exécuté les portraits du duc d'Orléans ; — du duc d'Angoulême ; — du roi Louis-Philippe ; — de Cavaignac ; — et du prince Louis-Napoléon Bonaparte, président de la République.

MM. Dupin, — Madier de Montjau, se firent peindre par lui, ainsi que MM. Gabriel Delessert, — Fould, — le duc Pasquier, — et le frère Philippe.

Le portrait du frère Philippe eut un immense succès à l'Exposition universelle de (1855); malheureusement ce portrait ne supporte pas une analyse sérieuse : il manque d'étude, l'esprit y manque aussi, la matière seule est bien rendue, dans les mains et dans la tête.

Rien de plus varié que les appréciations des œuvres d'Horace Vernet par les critiques de Salon.

En (1822), MM. Jouy et Jay écrivent dans leur Salon :

— « Portrait de M. Dupin, avocat.

» C'est dans la cause de l'infortuné maréchal Ney qu'Horace Vernet a voulu peindre son illustre défenseur, au moment où il dit au procureur général, qui pressait le jugement : « Accusateur, vous voulez placer sa

» tête sous la foudre, et nous, défenseur,
» nous voulons montrer comment l'orage s'est
» formé. »

» Non seulement ce portrait est d'une ressemblance parfaite, mais le peintre a su fixer sur la toile un de ces moments fugitifs, insaisissables, où l'œuvre, livrée à une forte émotion, semble emprunter des traits physiques pour se produire et devient en quelque sorte palpable.

» Le talent de l'artiste n'a pas de plus noble emploi que celui de conserver les traits des hommes vertueux, et qui ont donné à leurs concitoyens de mémorables exemples de patriotisme.

» Il est difficile de reconnaître le général Drouot sous l'habit modeste qui le couvre, mais dans les traits de cette physionomie calme et sévère, dans ce regard pensif, dans cette pose ferme et modeste, on retrouve le sage d'Horace, le philosophe inébranlable aux coups de la fortune, l'homme qui place la vertu au-dessus de la gloire et la patrie au-dessus de tout.

» Le même talent d'exécution nous force à répéter le même éloge. Ce portrait est comme ceux de Dupin — et de Madier de Montjau, il atteste un pinceau tout à la fois rapide et scrupuleux, qui rencontre toujours l'effet sans le chercher hors de la nature et de la vérité.

» Portrait du duc d'Orléans. On m'apprend que ce portrait est celui d'un prince, je m'en étonne et je m'en félicite; cette extrême facilité, dans un rang si élevé, est le gage des qualités réelles et solides, tandis que le vulgaire des altesses cherche l'éclat et la considération dans le luxe frivole d'une pompe extérieure.

» Pour la vérité de la couleur, le naturel et la ressemblance, ce portrait est un des plus jolis morceaux qui soient sortis du pinceau de M. Vernet, si fertile en compositions de cette espèce.

» Moins fini, plus large de touche que le portrait si remarquable de S. A. le duc d'Orléans, le portrait de M. Gabriel Delessert en pied attire l'attention du public par un air de vie, par une couleur vraie, et une ressemblance parfaite : l'empâté du travail et la solidité des tons méritent tous les éloges des connaisseurs. L'artiste, qui trouve toujours des ressources ingénieuses, a fait ressortir le vêtement brun du chasseur sur un nuage de fumée et de poudre. »

En (1833), dans le Salon de G. Laviron et B. Galbout, on trouve sur H. Vernet les lignes suivantes :

— « M. Vernet, un instant fourvoyé dans ses tableaux d'histoire, et son portrait du Roi, si lourd, si massif, si mal compris, est revenu, dans celui du maréchal Molitor, aux pures traditions de ses soldats de Franconi, de ses généraux de mélodrame. M. Vernet, comme beaucoup d'autres artistes, ne sait voir la passion et le mouvement que dans les contorsions et les grimaces ; aussi son général n'est qu'un pantin qui se démène pour faire du bruit. Le portrait du Roi par M. Horace Vernet participe du malheur qui semble s'attacher au peintre, qui a quitté les fanfares de son atelier de Paris, pour aller entendre les soprani de la chapelle Sixtine. »

En (1845), Thoré juge ainsi les portraits de M. Molé et du frère Philippe, dans son Salon :

« Les deux portraits les plus fermement peints du Salon sont : les portraits de M. Molé et d'un frère ignorantin, par M. Horace Vernet.

» *Il faut au portraitiste deux qualités bien rares : une sorte de pénétration philosophique, qui interprète l'aspect extérieur du visage, et la science du peintre qui en exprime sur la toile les justes accents.* »

A son tour, M. Galimard écrit dans le Salon de (1849) :

— « M. Horace Vernet a fait tout simplement un bon portrait, une tête seulement, il est vrai, mais une tête qui vit et qui pense ; et c'est aussi cette ressemblance qui plaît le plus à la foule. »

L'Exposition de (1855) donna lieu à de nouvelles appréciations des œuvres d'Horace Vernet.

M. Eugène Loudun écrit :

— « Je suis prêt à reconnaître le mérite d'un

portrait aussi vrai, aussi exact que celui du frère Philippe, par M. H. Vernet ; mais ne comprenez-vous pas que, si le peintre de talent s'est attaché à rendre les détails prosaïques des accessoires, les fissures et les trous du mur, le buis bénit, la boue des souliers, d'autres hommes viendront après lui qui porteront dans la figure cette exactitude que le maître a mise dans les détails, qui matérialiseront le personnage même, comme M. Courbet (Portrait de Dame), et prétendront, en le montrant dans sa hideuse réalité, avoir atteint le dernier but de l'art ?

» Bien plus, il en viendra d'autres, comme M. Couture, qui n'auront pas d'autre souci que de montrer l'habileté de leur main, la prestesse de leur pinceau.

» La figure d'un homme ne sera pour eux qu'un prétexte pour étaler adroitement les couleurs éclatantes, par un procédé nouveau, en plaques rouges, vertes, marbrées. »

Delescluze ajoute dans son Salon :

« Le frère Philippe, général des frères de la doctrine chrétienne, peint en pied et de grandeur naturelle, est un ouvrage fort original de M. Horace Vernet, et qui ne manque pas de style, quoi qu'on en puisse dire. »

Enfin M. Edmond About, toujours spirituel, sait trouver une malice nouvelle, à propos de détails qui ne rentrent pas précisément dans le domaine de l'esthétique.

— « Le portrait du frère Philippe ferait une pauvre figure auprès du portrait de M. Bertin : c'est pourtant un joli portrait et qui a fait fureur il y a quelques années. Le style, qui manque absolument, a été remplacé par une chaussure caractéristique et une célèbre lézarde dans la muraille. Le public comprend mieux ces signes extérieurs, que les lèvres minces et les terribles épaules de M. Bertin ; et cependant... mais passons. »

Ne laissons pas échapper l'occasion de saluer le nom du chef de notre École moderne. *Nous devons à Géricault la transformation de notre peinture.* Honneur à lui !

La plus grande part lui revient dans la gloire de notre peinture actuelle. Géricault a exercé une influence toute-puissante sur notre art, sur la peinture et sur la sculpture. Salut au grand maître !

La mort, venue trop tôt, n'a pas permis à Géricault de laisser beaucoup de portraits. Nous ne parlerons que de celui qu'il exposa en (1812) sous le titre de Portrait équestre de M. D.... (Dieudonné, lieutenant aux Guides de l'Empereur.)

Ce portrait fut peint en douze jours et eut un grand retentissement : admirateurs passionnés, contradicteurs ignorants et jaloux, tous s'occupèrent de cette toile.

En la voyant, David s'écria : « D'où cela sort-il ? je ne reconnais pas cette touche. »

— Géricault n'avait que vingt ans ; il eut une médaille d'or.

Ary Scheffer n'a fait de portraits que pour ses parents et ses amis. Nous en connaissons un, celui de M. Henri Martin, notre sympathique et éminent historien. Ce portrait ne ressemble en aucune façon à la peinture ordinaire du maître, il paraît sortir de l'école de Géricault : peinture ferme et empâtée, d'une harmonie douce et calme, d'un beau dessin mouvementé.

Voici du reste l'appréciation que fait des portraits d'Ary Scheffer M. Charles Blanc :

— « Mis en présence de la nature, uniquement pour la voir, la modeler, la rendre, il était insuffisant, et la vérité de l'imitation lui manquait aussi bien que l'énergie ; mais dès que les sentiments de la passion s'en mêlaient, l'effigie pouvait devenir, non pas belle, mais sublime par l'évocation de l'âme, de même qu'elle était lourde et sans vie, s'il s'agissait d'un personnage qui posait simplement en modèle. »

Ary Scheffer a fait les portraits de : M. Victor de Tracy ; — du général Lafayette ; — de Mme de Rothschild ; — de Mme Guizot ; — de Mlle de Fauveau, en costume d'amazone ; — de Dupont de l'Eure ; — du prince de Talleyrand ; — d'Alexandre De Laborde ; — de M. Odilon Barrot ; — du général Ney ; — de Frantz Litz ; — de Mme Hervé ; — de Rossini ; — de Lamennais, etc.

Tout en reconnaissant les grandes qualités

d'Ary Scheffer, les saloniers l'ont jugé diversement.

— « Les portraits de MM. de Talleyrand, — Dupont de l'Eure, — De Laborde, — et David, par M. Scheffer, sont très ressemblants, mais ils sont traités un peu trop en esquisse, » écrit M. Jal en (1831).

— « M. Ary Scheffer, du portrait de M. Armand Carrel, n'a pas fait un bon ouvrage ; toutefois, il lui a donné une bonne pose, on ne se plaindra pas qu'elle soit insolente comme celle d'un des portraits de M. Ingres, mais au lieu d'être pensive, la tête n'est que froide, » ajoutent MM. G. Laviron et B. Galbout en (1833).

En (1838), M. G. Planche écrit :

— « Le portrait de M. de Belleyme par Scheffer est loin, à notre avis, de valoir le portrait de M. Arago. J'ai entendu vanter la ressemblance, et je ne puis, ni la nier, ni l'affirmer ; mais au-dessus de cette question, qui n'intéresse que la famille et les amis du modèle, il y a une question plus haute, celle de la peinture ; or les plans de la tête sont très confusément indiqués, et les yeux sont recouverts d'une couche savonneuse que rien ne justifie. »

M. Galimard juge ainsi le portrait de M. Louis Blanc, en (1849) :

— « M. Ary Scheffer a idéalisé M. Louis Blanc.

» Ce portrait, qui n'est point fait avec science, comme celui que nous venons de décrire, n'est cependant point dépourvu d'un certain charme de pinceau. »

Le peintre qui a le plus popularisé notre histoire et les portraits de nos hommes illustres, est bien certainement Paul Delaroche.

Ne voyons-nous pas, dans son tableau de l'Hémicycle, tous les peintres et les sculpteurs ?

Nous ne discuterons pas ici, comme le dit M. Vitet, « si l'artiste a eu raison de mêler la réalité à l'arbitraire. Ces deux styles, par leur voisinage immédiat, s'exagèrent l'un l'autre ; le naturel de l'un descend jusqu'à la familiarité ; l'idéal de l'autre prend un aspect de roideur. »

Nous nous contenterons de ne voir, dans cette toile, qu'une véritable galerie de portraits, et, comme on n'emprunte qu'aux riches, ici encore nous demanderons à notre grand historien et éminent critique d'art, M. Charles Blanc, la permission de citer son jugement sur ce maître :

— « Les portraits de Delaroche suffiraient seuls à établir ses titres à la maîtrise, car tous ceux qui ont étudié la peinture savent que rien n'est plus difficile qu'un portrait, et que c'est la pierre de touche des artistes supérieurs.

» Une fois en présence de ses modèles, Paul Delaroche devine leurs pensées, il pénètre au fin fond de leur esprit, il saisit le trait qui doit fixer leur ressemblance morale, bien supérieure à celle qui étonne les enfants et fait crier d'aise les serviteurs de la maison. Et pour que rien ne manque à l'expression, l'artiste se croit tenu de varier le mode de sa peinture suivant le personnage qu'il va représenter.... Toujours son personnage est tout d'une pièce : il est peint comme il est conçu ; il est un.

» Ce sont, en effet, de vrais types humains

que les portraits de MM. Guizot, de Salvandy, de Rémusat, François Delessert, Émile Pereire, le prince Czartoryski.

» M. François Delessert, avec son habit boutonné jusqu'au menton, ses mains fermées, ses cheveux aplatis sur la tempe, son visage émacié et son corps roide, n'est-il pas une étonnante personnification de cette haute et hautaine bourgeoisie, vouée au protestantisme politique, jalouse de ses privilèges, fière de sa fortune, et qui veut impérieusement la tolérance et despotiquement la liberté? M. Delaroche est allé, il faut en convenir, aussi loin que possible dans le rendu de ce portrait. »

Parmi les plus célèbres portraits du maître, nous citerons : le portrait de M. Thiers; — ceux de Pourtalès; — de Henriquel Dupont; — du général Bertrand; — du pape Grégoire XVI; — de M. de Salvandy; — de M. Émile Pereire.

Ingres a fait d'incomparables portraits; ceux de son père, de MM. Molé et Bertin, suffiraient à la gloire du célèbre artiste. Quels contours, quelle finesse d'expression!

On y trouve toute la poésie de Raphaël, le travail serré de Léonard de Vinci et l'étude consciencieuse d'Holbein. Dans l'art grec seul, nous trouvons un semblable modelé dans la forme.

Voici les principaux portraits d'Ingres : M. Grault, peintre; — M. Bochet; — M. et Mme Panckoucke; — M. et Mme de Tournon; — Mme Ingres; — comte Pastoret; — le sculpteur Bartholoni; — Bertin aîné; — duc d'Orléans; — vicomtesse d'Haussonville; — baronne de Rothschild; — M. de Moitessier, etc.

En (1806) Ingres avait exposé le portrait de l'Empereur.

Il donna lieu à la critique suivante :

— « Comment avec autant de talent, avec un dessin aussi correct, une exactitude aussi parfaite, M. Ingres est-il parvenu à faire un mauvais tableau ? c'est qu'il a voulu faire du singulier, de l'extraordinaire.

» Quoique M. Ingres ait affecté la couleur blanche dans son tableau, il n'en est pas plus harmonieux; ce passage rapide d'une teinte à une teinte opposée, ces tons brisés et durs fatiguent l'œil et détruisent l'effet.

» Le portrait de Mme Rivière paraît mieux ajusté, mieux posé que les autres ; mais cette pose, cet ajustement, ne convient pas à une dame que nous savons être un modèle de grâce et de décence. La tête et les mains, quoique peintes avec soin et bien fondues, sont pâles et toujours d'une manière sèche et plate ; le bras droit est trop long, la main mal dessinée ; la finesse du nez a disparu, les cheveux sont lourds ; les accessoires sont très finis, le schal, surtout, trop chiffonné et pas assez large de plis, est rendu avec une vérité à faire illusion. » (Salon de 1806, Pausanias Français.)

Plus tard, en (1833), M. G. Planche écrivait dans son Salon :

— « Tous ceux qui ont vu le portrait de M. Bertin l'aîné, par M. Ingres, et nous sommes de ce nombre, regrettent que l'illustre auteur de l'Apothéose d'Homère ait fait, dans ce genre, de si rares essais. Ce chef-d'œuvre de conscience et de vérité sera pour nous la seule occasion, peut-être, d'appeler sur un talent chaste et recueilli la popularité qui lui a manqué jusqu'ici. »

M. Edmond About donne cette longue appréciation du talent de M. Ingres, en (1855) :

— « Le plus beau portrait, après celui de M. Ingres, est celui de M. Bertin. Ce gros homme assis sur un fauteuil, comme sur un trône » (c'était le trône du Journal des Débats), « s'appuie sur ses genoux dans une attitude pleine de fermeté, de fierté et d'indépendance. La tête, modelée de main de maître, rappelle le marbre antique de Vitellius ; les mains sont puissantes, les épaules impérieuses. Voilà une œuvre de style, si jamais il en fut ; la figure entière est d'un relief surprenant : on en ferait le tour, ce serait un voyage.

» Le portrait de M. Ingres père résume toute une époque ; la Révolution.

» M. le marquis de Pastoret et M. le comte Molé représentent bien des choses : l'aristocratie qui s'en va et le régime parlementaire qui s'en est allé.

» Parmi les portraits de femmes, le plus admirable a été peint à Rome en 1807, c'est le portrait de Mme D...; jamais M. Ingres n'a rien dessiné d'aussi pur; jamais, surtout, il n'a rendu aussi bien cette flamme intérieure qui s'appelle la vie.

» Tout le soleil de l'Italie s'épanche complaisamment sur la peau satinée de Mme D..., ses grands yeux noirs brillent comme des diamants d'Alençon, et ses lèvres rouges exercent une fascination étrange; cette petite bouche a comme un regard; le sein, enfermé dans un de ces affreux corsages de l'Empire, se débat énergiquement contre sa prison. Il crie, comme le sansonnet de Sterne : « *I cannot go out!* »

» Malheureusement M. Ingres a perdu le secret de la couleur, et ses portraits de (1850) sont moins éblouissants que ceux de (1804) et de (1807). »

Th. Gautier écrit sur Ingres, en (1855) :

— « Le portrait, élevé jusqu'à l'art, est une des tâches les plus difficiles qu'un peintre puisse se proposer. Les grands maîtres seuls,

Léonard de Vinci, Titien, Raphaël, Vélasquez, Holbein, Van Dyck, y ont réussi.

» M. Ingres a le droit de se mêler à cette illustre phalange, personne n'a fait le portrait mieux que lui. A la ressemblance extérieure du modèle, il joint la ressemblance interne, il fait, sous le portrait physique, le portrait moral.

» N'est-ce pas la révélation de toute une époque, que cette magnifique pose de M. Bertin, appuyant, comme un César bourgeois, ses belles et fortes mains sur ses genoux puissants, avec l'autorité de l'intelligence, de la richesse et de la juste confiance en soi?

» Quelle tête bien organisée! Quel regard lucide et mâle! Quelle aménité sereine, autour de cette bouche fine, sans astuce! — Remplacez la redingote par un pli de poupre, ce sera un empereur romain ou un cardinal.

» Tel qu'il est, c'est l'honnête homme sous Louis-Philippe; et les six tomes du docteur Véron n'en racontent pas davantage sur cette époque disparue. »

A son tour Delescluze juge Ingres d'une manière fort élevée :

— « Le sentiment de la forme est la faculté pittoresque la plus puissante chez M. Ingres, et elle éclate d'une manière tout à fait remarquable dans l'un de ses premiers ouvrages, son portrait.

» Avec cette toile un sculpteur modèlerait une tête comme s'il avait le modèle vivant à sa disposition; et les formes, celles mêmes que modifie l'expression des traits du visage et des mouvements des paupières et des lèvres, sont si fortement exprimées, que l'on retrouve, dans les traits de cet artiste, cette volonté de fer qui ne l'a pas laissé dévier d'une ligne de la voie âpre et difficile où il s'est engagé dès son adolescence.

» Le portrait de M. Bertin aîné, peint en (1832), est, en ce genre, l'œuvre capitale de M. Ingres; dans ses précédents on pourrait trouver encore un peu de dureté dans les contours et une simplification trop grande des demi-teintes; mais dans celui de M. Bertin, l'art du dessin et du modelé est complet, et toujours en raison de cette interprétation fine et si savante de la forme. La vie rayonne sur cette noble figure tout à la fois d'intelligence et d'une ineffable bonté ; ce portrait est un chef-d'œuvre. »

En (1857), Beaudelaire trouve moyen, à propos d'Ingres, de nous donner toute une théorie sur l'art :

— « J'ai dit que chaque époque avait son port, son regard et son geste. C'est surtout dans une vaste galerie de portraits (celle de Versailles, par exemple), que cette proposition devient facile à vérifier. Mais elle peut s'étendre plus loin encore ; dans l'unité qui s'appelle nation, les professions, les castes, les siècles, introduisent la variété, non seulement dans le geste et les manières, mais aussi dans la forme positive du visage.

» Tel nez, telle bouche, tel front, remplissent l'intervalle d'une durée que je ne prétends pas déterminer ici, mais qui, certainement, peut être soumise à un calcul.

» De telles considérations ne sont pas familières aux portraitistes, et le grand défaut de M. Ingres, en particulier, est de vouloir imposer à chaque type qui pose sous son ciel un perfectionnement plus ou moins despotique, emprunté au répertoire des idées classiques....

» Si un peintre patient et minutieux, mais d'une imagination médiocre, ayant à peindre une courtisane du temps présent, s'inspire (c'est le mot consacré) d'une courtisane de Titien et de Raphaël, il est infiniment probable qu'il fera une œuvre fausse, ambiguë et obscure.

» L'étude d'un chef-d'œuvre de ce temps et de ce genre ne lui enseignera ni l'attitude, ni le regard, ni la grimace, ni l'aspect vital d'une de ces créatures que le dictionnaire de la mode a successivement classées sous les titres grossiers ou badins d'impures, de filles entretenues, de lorettes et de biches.

» La même critique s'applique rigoureusement à l'étude du militaire, du dandy, de l'animal, même du chien ou du cheval, et de tout ce qui compose la vie extérieure d'un siècle. Malheur à celui qui étudie dans l'antique autre chose que l'art pur, la logique et la méthode générale. »

Terminons enfin cette longue étude sur le célèbre portraitiste par les lignes suivantes, empruntées à M. H. Delaborde, dans son étude sur Gérard, en (1852) :

— « Quelques morceaux de la main de M. Ingres, et par conséquent exécutés avec une puissance magistrale ; mais, si beaux que soient les portraits de M. Bertin, de Mme de Rothschild et plusieurs autres ouvrages du même peintre, les conditions ordinaires du genre y semblent quelquefois dépassées.

» L'intraitable autorité du sentiment et du style ressort si bien de ces œuvres, toutes personnelles, qu'on se désintéresse du caractère propre aux modèles, pour tenir compte à peu près uniquement des volontés de l'interprète.

» En un mot, le sévère pinceau de M. Ingres ne saurait condescendre à cette sorte de bonhomie, à l'expression de familiarité que comporte la peinture du portrait.

» Le fait contemporain n'est pour lui qu'un prétexte sur lequel il disserte avec une éloquence souvent admirable; ce n'est pas, comme pour le pinceau de Gérard, un exemple qu'il importe d'accepter, non sans choix, mais avec soumission. »

— « Je ne crois pas m'y tromper, » écrivait M. Thiers dans son Salon de (1822), « M. Delacroix a reçu le génie : qu'il avance avec assurance, qu'il se livre aux immenses travaux, condition indispensable du talent, et ce qui doit lui donner plus de confiance encore, c'est que l'opinion que j'exprime ici, sur son compte, est celle d'un des grands maîtres de l'école. »

Le maître de l'école était le baron Pierre Guérin.

L'illustre critique ajoutait encore :

— « Aucun tableau ne révèle mieux à mon avis l'avenir d'un grand peintre que celui de M. Delacroix, le Dante et Virgile aux Enfers; c'est là surtout qu'on peut remarquer ce jet de talent, cet élan de la supériorité naissante qui ranime les espérances un peu découragées par le mérite trop modéré de tout le reste.

» L'auteur a, outre cette imagination poétique qui est commune au peintre comme à l'écrivain, cette imagination de l'art qu'on pourrait, en quelque sorte, appeler l'imagination du dessin, et qui est toute autre que la précédente. »

Delacroix est sans contredit un des plus grands artistes du xixe siècle, il procède tout à la fois de Rembrandt, par ses effets de lumière; de Ribera, par le côté sauvage; de Rubens, par la mise en scène, et de Véronèse, par la couleur.

» Et, comme le dit très bien M. Sylvestre, « il séduit et emporte tour à tour les intelligences hautaines et les cœurs aventureux, par la noblesse, l'audace, la fierté, l'amour du beau et de l'héroïque, par la ruse, la force, et les infernales machinations. »

Les qualités et les défauts de Delacroix se retrouvent dans tous ses portraits, soit dans le portrait en pied de M. Schwiter, ou dans ceux de Mornay; — de Demidoff; — de Boissy d'Anglas.

Terminons cette étude du Portrait dans la peinture par un grand portraitiste que nous avons tous connu, il vient à peine de nous quitter.

Je veux parler de Flandrin.

La mort de cet artiste fut une grande et irréparable perte pour les arts.

Flandrin occupe la critique dès l'année (1840) :

M. G. Planche écrit dans son Salon :

— « Le portrait de Mme Oudiné, par M. Hippolyte Flandrin, est supérieur aux portraits de M. Amaury-Duval. La couleur manque de charme, mais le masque est généralement modelé avec une grande fermeté. »

En (1855), Delescluze dit du maître :

— « Les véritables connaisseurs regardent attentivement un simple profil, le portrait de l'auteur M. H. Flandrin, qui a épuisé en cette occasion toutes les ressources de son art pour donner à la forme les inflexions que le modelé le plus délicat peut lui imprimer.

» M. Flandrin a heureusement suivi les traces de son maître, et ce profil qui n'attire pas l'attention au milieu d'une exposition nombreuse pourrait bien par la suite occuper une place importante dans une galerie, auprès d'ouvrages de choix. »

Flandrin n'est pas toujours aussi complet dans ses portraits, qu'il l'est dans sa peinture religieuse, mais il faut s'en prendre à ses qualités mêmes. Vivant presque toujours dans une sainte extase, il semble ne pouvoir descendre jusqu'à ce côté matériel qui est nécessaire au peintre de portrait : car l'idée ne suffit pas, il nous faut encore la forme vraie dans ses parties les plus intimes.

Quelques portraits cependant lui valurent les éloges de critiques sérieux.

Th. Gautier écrit en (1855), dans son Salon :

— « Le portrait de Mme R... est un des plus heureux de M. Flandrin : nous nous arrêterons toujours devant cette tête, au pur ovale, au teint mat, aux yeux de velours noir qui boivent la lumière, à la bouche sérieuse et bienveillante, avec un imperceptible duvet bleuâtre ; quel modelé fin et délicat ! quel coloris charmant dans sa sobriété ! quelle légèreté de pinceau ! il semble que l'image se soit fixée d'elle-même sur la toile.

» Les autres portraits de M. Flandrin se recommandent par le style, le dessin, et cette ressemblance intime qu'on sent même lorsqu'on ne connaît pas le modèle ; car on voit que l'on est en face d'une individualité sincèrement reproduite dans les conditions de l'art. Les anciens élèves de M. Ingres savent seuls faire le portrait aujourd'hui. »

Les portraits du prince Napoléon, de M. Walewski, sont tout à fait hors ligne.

Dans le portrait de M. de Rothschild, on trouve ce qui est rare chez Flandrin, un grand sentiment de la nature.

Mais Flandrin n'est pas toujours aussi heureux dans les portraits de femmes.

En (1857) cependant, la critique se montre favorable à l'artiste :

M. Ch. Perrier écrit dans son Salon :

— « On sait combien M. Hippolyte Flandrin suit de près son maître, M. Ingres. Il n'est pas bien certain que dans le portrait de Mme L... il ne l'ait pas surpassé ; car les portraits de femmes de M. Ingres ne sont pas, à beaucoup près, ses plus parfaits.

» Celui de Mme L... est d'une élégance aristocratique qui n'a rien de la grâce maniérée qu'une certaine partie du public admire tant dans MM. Winterhalter et Dubufe.

» J'en suis bien fâché pour les belles dames qui ont donné leur tête à coiffer à M. Dubufe, mais si l'on était méchant, on pourrait dire d'elles ce que M. Edmond About disait, en (1855), de la Femme à l'Ombrelle Rose, caricaturée par M. Biard : « Si un caporal de la » garnison de Vincennes les rencontrait au » bois ainsi peintes, il leur parlerait. » Voyez un peu à quoi l'on s'expose ! »

Parmi les portraits de Flandrin, nous devons citer son admirable portrait de la Jeune Fille à l'Œillet. Rien n'est plus beau que cette œuvre qui a remporté un grand et légitime succès.

— « Je parlais de M. H. Flandrin tout à

l'heure, « écrit L. Jourdan en (1859), » il n'a exposé que trois portraits, mais ce sont trois chefs-d'œuvre, en ce sens que ce sont non pas seulement des portraits admirablement peints, mais des toiles où se reflète je ne sais quelle beauté intérieure qui captive à la fois le regard, l'esprit et le cœur.

» On reste pensif devant ces portraits comme on le serait devant le tableau le plus émouvant et le plus dramatique. Il n'y a là cependant ni artifice, ni accessoire intéressant, ni empâtement, ni trompe-l'œil, mais c'est la nature vue et reproduite en maître, il suffit de ce sentiment pour placer les portraits de M. H. Flandrin au-dessus de ceux d'Ingres, dont il est le glorieux élève.

» Le portrait de Mlle M..., ce tableau qu'on s'est accoutumé à désigner par le nom de la Jeune Fille à l'Œillet rouge, est celui des trois ouvrages de M. Flandrin qui a le plus profondément impressionné l'opinion publique.

» Définir à quoi tient cet effet extraordinaire est chose à peu près impossible, car il y a autant de simplicité que de grandeur dans cette peinture, à l'influence mystérieuse de laquelle nul ne peut se soustraire. »

Dès l'année (1857), l'un des princes de la critique contemporaine, et des plus redoutés, avait écrit sur Flandrin ces lignes charmantes :

— « L'ouvrage le plus parfait du Salon est un portrait de femme, par M. Hippolyte Flandrin. J'espère que le gracieux modèle qui a prêté sa beauté à M. Flandrin me pardonnera de faire entrer ses charmes dans la discussion ; c'est un ennui auquel on s'expose lorsqu'on envoie son portrait au Salon...

» M. Flandrin avait à peindre une beauté saine et bien portante. La figure est plus ronde qu'ovale, les traits ne sont pas étirés, les bras ne sont pas maigres, ni les mains pâles.

» M. Hébert aurait eu fort à faire s'il avait voulu donner à Mlle L... ce qu'il recherche sous le nom de distinction.

» Cependant l'œuvre de M. Flandrin est le portrait distingué d'une femme très distinguée. M. Courbet, en exagérant la force et la santé, serait peut-être parvenu à peindre une bouchère. M. Courbet ressemble un peu à cette source auvergnate qui pétrifie tout ce que vous plongez dans ses eaux. » (Edmond About, Salon de (1857.)

DEUXIÈME PARTIE

Du Portrait dans la Sculpture

ET DANS LES ARTS QUI S'Y RATTACHENT

CHAPITRE Ier

DU PORTRAIT DANS LA NUMISMATIQUE

echercher, dans la numismatique, les éléments qui appartiennent à l'histoire du portrait, c'est assurément fouiller une mine abondante et féconde.

Il semble que, de tout temps, la médaille ou la monnaie fut un genre de portrait usité pour les personnes notables, dont les noms appartiennent à l'histoire — et par sa matière même, la médaille la plus ancienne a pu braver toutes les causes de destruction et parvenir jusqu'à nous.

L'art de fondre le métal est fort ancien,

mais l'art du portrait dans la médaille suppose des connaissances artistiques plus complexes : Il ne suffit pas d'être fondeur pour produire une médaille qui soit un véritable portrait.

— Le portrait dans la médaille, pour n'être pas un portrait de convention, suppose la science du dessin, la science de la sculpture et de la gravure, et que de choses dans ces quelques mots !

— Où sera la limite qui sépare le portrait de convention dans la médaille du portrait vrai ? Nous n'oserions le dire.

La langue de la numismatique s'impose avec ses désinences de convention, et telle médaille, cataloguée Clovis, ne représente peut-être que fort négativement les traits de ce roi.

On nous objectera : Mais si la médaille porte un nom, un chiffre, une date, n'est-elle pas un portrait ?

Disons vite que ce ne fut que sous François Ier que l'on commença à inscrire sur les médailles la date de leur fabrication : Disons qu'avant le règne d'Henri II, on n'avait pas coutume de distinguer, par un chiffre, les différents rois qui portaient le même nom, et parfois il est assez difficile de fixer avec certitude si telle monnaie appartient à l'un plutôt qu'à l'autre de ces princes homonymes.

Ainsi la médaille attribuée à Clovis (Ier) pourrait bien représenter Clovis (IIe).

Dans cette étude, nous suivrons l'ordre chronologique.

Il n'existe pas de monnaie des quatre premiers rois, Pharamond, Clodion, Mérovée et Chilpéric.

Sous les rois de la première race, le dessin est informe, on dirait que toutes ces têtes ont été dessinées par des enfants. Néanmoins il est intéressant de connaître les noms des souverains, des princes, des comtes ou des chevaliers dont on possède l'image : une longue nomenclature des noms peut paraître monotone, mais elle a bien son intérêt pour l'histoire de l'art.

Dans nos collections, nous avons des monnaies où l'on retrouve les portraits de Clovis Ier (en or); — de Chilpéric Ier (id.); — de Clotaire Ier (id.); — de Cherebert (id.); — de

Dagobert Ier; — de Clovis II; — de Chilpéric II; — de Childebert II; — et parmi les rois d'Austrasie, les monnaies de Théodebert Ier et de Sigebert Ier.

Dans les médailles de la seconde race nous avons encore l'image de Louis le Débonnaire. Mais une remarque intéressante, c'est qu'à cette époque, on trouve plus rarement l'image du souverain.

Cette réserve ne venait-elle point d'un commencement de goût artistique, indiquant qu'il était préférable de mettre un emblème au lieu d'une image grossière et infidèle, impossible à reconnaître sans l'adjonction du nom de ce prince?

Nous ferons les mêmes réserves pour les monnaies de Pepin, — de Charlemagne, — de Carloman, — de Louis Ier, — de Lothaire, empereur, — de Charles II, — de Louis III, — de Charles III — et de Louis IV.

— Il est bien difficile d'accepter comme une reproduction fidèle des traits de Charlemagne, l'effigie qui marque les monnaies de ce souverain; d'un autre côté, beaucoup d'autres médailles de cette période nous semblent encore ne pouvoir être des portraits bien fidèles.

Il y a loin de ces monnaies aux belles médailles antiques des empereurs romains; et comme la ciselure est nécessaire pour l'achèvement d'une médaille, les artistes durent chercher, tout d'abord, à se perfectionner dans la science du burin, afin de donner à leur œuvre le fini nécessaire.

Alors commence véritablement le portrait.

L'Italie entra dans cette voie vers (1451), avec Vittore Pisanello ou Pisano de Vérone.

— L'Allemagne au xvie siècle, avec Jérôme Magdeburger et Henri Reitz, qui nous a donné un portrait de Charles-Quint. Le musée du Louvre (n° 563 de la collection Sauvageot) en possède un exemplaire en argent.

La France se distingua dans le portrait-médaille dès le xve siècle.

Commençons par la jolie monnaie, en argent, représentant, d'un côté, Philippe IV, roi des Français, et de l'autre, Blanche de Navarre, femme de Philippe de Valois.

La surprise est grande de voir Louis XI nommé — sur médaille — *le divin Louis, roi des Français;* le roi a un large chapeau, la figure est pleine d'expression.

La médaille d'argent qui représente François, dauphin de France, premier duc de Bretagne, est remarquable; la coiffure du duc est penchée sur l'oreille droite, mais le profil, très fin, sent bien la nature, et la physionomie traduit une grande tranquillité d'esprit.

Nous retrouvons cet air de quiétude sur une autre pièce en argent, représentant Louise de Savoie, mère de François Ier, qui gouverna la France pendant la captivité de son fils, et mourut en (1532) à l'âge de cinquante-cinq ans.

Une médaille d'or de quatre centimètres offre l'effigie de Charles VIII, et au revers celle d'Anne de Bretagne.

Cette médaille fut frappée à Lyon en (1493) et offerte à la reine lorsqu'elle visita cette ville. — (Elle est au cabinet des médailles de la Bibliothèque nationale, n° 2902 du catalogue Chabouillet.)

Une autre médaille, celle de Louis XII,

représente le roi, coiffé d'un mortier, orné d'une couronne de fleurs de lis, et portant le collier de Saint-Michel; le champ est parsemé de fleurs de lis.

On lit cette légende au dos de la médaille : « *Lorsque la République de Lyon se réjouissait à l'occasion du second règne de la bonne reine Anne, je fus ainsi fondue en 1499.* » Au revers encore est le profil d'Anne de Bretagne, coiffée d'un voile court sur lequel est posée la couronne royale.

Les modeleurs furent Nicolas et Jean de Saint-Priest, le fondeur Jean Lepère, d'après M. Soultraït (Revue numismatique, 1855).

Le cabinet des médailles de la Bibliothèque nationale (n° 2905 du catalogue Chabouillet) possède un exemplaire de cette médaille en argent ciselé. Le musée du Louvre en conserve un exemplaire en bronze (n° 517 du catalogue de Sauzay), qui provient de la collection Sauvageot. — Le Trésor de Numismatique a donné cette remarquable médaille (Ire partie des Médailles françaises, planche V).

Nous avons de François Ier toute une série de portraits-médailles ou monnaies des plus curieuses; nous le voyons d'abord avec un casque auquel on ne saurait attribuer une époque : ce portrait est entouré de l'exergue suivant : *François, roi de France, premier vainqueur des Suisses.* Cette médaille en argent fut faite à la suite de la bataille de Marignan.

Dans une médaille de (1517), nous trouvons François Ier couronné de lauriers ; médaille sans revers, en bronze, avec la légende : François Ier *le plus grand général des Français.* On le voit ensuite avec la qualité de : *Défenseur de la République chrétienne.*

La plus remarquable de toutes ces médailles est sans contredit celle où le Roi, coiffé d'un chapeau à plume, est représenté de trois quarts. Malheureusement, la tête de François Ier ne ressemble en aucune façon à tous les portraits que nous connaissons de ce souverain ; cette médaille, qui a environ dix centimètres de diamètre, est tout à fait hors ligne ; elle est en bronze.

Une bien intéressante médaille est celle qui

représente Henri II, — Charles-Quint, — Jules César, — et Ferdinand, frère de Charles-Quint.

Nous arrivons à la plus belle de toutes nos médailles : c'est celle qui figure Henri II, *Roi Très Chrétien de France (1559)* ; buste de trois quarts, d'Henri II, la tête couverte d'un bonnet à plume, au revers se trouve : *Catherine, reine, femme d'Henri II, mère des rois François, Charles et Henri* ; buste de trois quarts de Catherine de Médicis, portant au cou une médaille. Ces médailles, qui ont plus de quinze centimètres de diamètre, sont merveilleuses.

Dans le même genre, et de la même dimension, nous avons la médaille de Charles IX, *Roi Très chrétien des Français (1573)* ; le roi est coiffé d'un bonnet à plume.

Les orfèvres, habiles modeleurs, fondeurs et ciseleurs, tout à la fois, exécutaient alors ces remarquables portraits-médaillons. Mais ils signaient rarement leurs ouvrages.

En (1538), Guillaume Damet, orfèvre à Paris, recevait « 430 livres 10 sous tournois pour trois médailles de bronze, grandes comme le naturel », nous dit un compte royal de Claude Haligre en date de (1528).

M. J. Labarte ajoute avec raison : « Si Guillaume Damet fondait et ciselait des portraits grands comme nature, il devait en faire certainement d'une plus petite dimension, puisque les portraits de ce genre étaient fort recherchés. » (Les Arts industriels, tome Ier.)

Du roi Henri III, nous trouvons une médaille où ce prince est coiffé d'un bonnet à plume et vêtu selon la mode du XVIe siècle, sans aucun insigne de royauté.

Cette médaille ne donne en aucune façon la figure de ce prince, que nous connaissons tous et que nous retrouvons dans une autre médaille qui a dû être faite en même temps que celle de Charles IX et d'Henri II.

Cette médaille a pour exergue : *Henri III, par la grâce de Dieu, roi des Français et de Pologne;* buste de trois quarts d'Henri III, coiffé d'un bonnet orné d'une aigrette agrafée avec des pierreries ; le roi porte une fraise et le petit manteau espagnol.

De (1572), nous avons un très curieux médaillon de Jeanne d'Albret, reine de Navarre. L'arrangement du costume est très original et nous montre cette princesse sous un jour tout nouveau.

Le portrait de : *François, fils de France et frère unique du roi, par la grâce de Dieu, duc de Brabant et comte de Flandre,* n'offre pas un moindre intérêt.

Elle est bien intéressante aussi la médaille où l'on voit le roi galant, Henri IV, coiffé, en arrière, d'un chapeau à plume orné d'une médaille, et portant sur son pourpoint le cordon du Saint-Esprit.

Mais l'intérêt de cette médaille disparaît à côté du médaillon héroïque qui nous représente : Henri IV, roi de France et de Navarre, couronné de lauriers et vêtu à l'antique.

Ce médaillon, qui a environ quinze centimètres de diamètre, est sans revers.

Nous trouvons encore Henri IV coiffé d'un casque, vêtu en Mars, dans d'autres médailles datées de (1601).

Ces médailles, fort belles, sont de Georges

Dupré, auteur de nombreux portraits-médaillons.

Un autre graveur, Jean Varin, que l'on croit élève de Georges Dupré, laissa divers portraits-médaillons ; mais il est surtout connu par les perfectionnements qu'il apporta à la gravure des médailles et par les procédés de frappe qu'il sut inventer.

Marie de Médicis, reine régente de France et de Navarre, est représentée en habits de veuve, dans une médaille de (1611). Cette médaille est très fine et très belle.

Il existe, du reste, un grand nombre de médailles de cette princesse.

La médaille qui représente Louis XIII est curieuse, parce qu'on le voit avec collerette et diadème sur la tête, ce qui est rare.

Ce roi est encore reproduit, enfant, dans un médaillon très gracieusement fait et très bien modelé ; il est vêtu à l'antique, et couronné de lauriers.

Les médailles de cette époque sont très soignées et admirablement gravées ; telles sont les médailles faites : *en action de grâce pour l'enfantement royal, si longtemps désiré.* Cette légende enguirlande le revers, qui représente le portail de l'église du Val-de-Grâce; une autre médaille a pour exergue : *Il a consacré Lui et son royaume sous la tutelle de la bienheureuse Marie.*

Nous trouvons de la même époque les beaux portraits-médailles :

De Guillaume d'Estouville, cardinal de Rouen; — de Charles, cardinal de Bourbon, archevêque de Lyon; — d'autres portraits d'Antoine, bâtard de Bourgogne; — de Robert Briçonnet, président aux Enquêtes du Parlement, à Paris; — de Guillaume, marquis de Poitiers.

Nous avons encore un très beau portrait de Rabelais.

Une médaille curieuse fut frappée à l'occasion de la levée du siège de Metz. Elle représente le duc de Guise, la tête nue et revêtu d'une cuirasse; au revers, on lit : *Hæc. tibi. Meta. (1552). Tu n'iras pas plus loin.*

Nous trouvons de la même époque plusieurs beaux portraits de Calvin.

Une médaille remarquable est celle de François de Maudelot, chevalier de l'Ordre du Roi et gouverneur du Lyonnais ; cette médaille, qui est ovale, est délicieusement faite.

Les portraits de Coligny, — de de Thou, — de René de Birague, — de Hurault, vicomte de Chiverny, ne sont pas moins intéressants.

Les médailles et médaillons, exécutés sous Louis XIV et sous Louis XV, ont, à peu de chose près, le même caractère que tous ceux qui datent du règne de Louis XIII. Nous ne pouvons retracer ici l'histoire des monnaies.

Nous touchons à ce moment de notre histoire de France où les médailles deviennent bien plus intéressantes, par le grand nombre de portraits que nous allons rencontrer ; mais, en général, à l'époque de la Révolution, les médailles sont moins bien faites.

En (1789), la première médaille que nous rencontrons représente le roi Louis XVI dans une église, ayant à sa droite deux députés du Clergé ; à sa gauche, un député du Tiers État, près duquel se tiennent deux députés de la Noblesse, lui pose une couronne sur la tête ;

comme exergue : *Vive Louis XVI, pour le bonheur de son peuple.*

Une médaille bien intéressante pour notre histoire est celle qui fut frappée à l'occasion de la mort du premier fils de Louis XVI, Louis-Charles, duc de Normandie, né à Versailles.

On voit un lit encadré d'un rideau ; dans ce lit, un jeune enfant dont la tête repose sur un oreiller. Derrière le lit, la Mort, élevant sa faux, saisit et repousse de la main droite une femme drapée (la France).

Une très belle médaille en bronze représente le général Lafayette ; une autre, le portrait de Bailly, en costume de député du Tiers État.

Une médaille qui a beaucoup de caractère est celle de Mirabeau (88 mill.).

Benjamin Duvivier a gravé une autre médaille de Bailly, elle est en étain et mesure 32 millimètres ; on possède encore le portrait de Jacques Necker, du même artiste.

On trouve souvent Mgr le duc d'Orléans représenté dans les médailles de cette époque, et au-dessous on lit : *Sitoyens;* derrière est écrit : *Le père du peuple.*

Non moins intéressante est la médaille où l'on voit un buste d'homme, coiffé d'un bonnet phrygien, la pipe à la bouche et un pistolet à la ceinture; comme exergue, on lit : *Le père Duchêne Foutre, Bon Patriote,* et derrière : *Vivre libre ou mourir* (étain, 44 mill.).

Dumarest nous a donné une médaille de Jean-Jacques Rousseau, au revers de laquelle on lit : *La puissance législative appartient au peuple et ne peut appartenir qu'à lui.*

Dans une autre médaille, nous voyons encore : *La liberté ou la mort — devise des apôtres du patriote Palloy.*

La médaille qui représente la princesse de Lamballe est fine et délicate; on lit au-dessous : *Massacrée le 3 septembre 1792.*

Sur une autre médaille on lit : *Louis-Alexandre duc de Larochefoucauld, député de Paris en 1789, assassiné en septembre 1792, sur la route de Rouen.*

G.-F. Dumourier est représenté en uniforme, le chapeau sur la tête, vu de trois quarts et tourné à gauche; la médaille est ovale et surmontée d'une couronne de lauriers, qui forme belière.

Une belle médaille repoussée est celle du duc de Liancourt, député de la Noblesse en (1789); buste habillé. Cette pièce est rare.

Il existe une grande quantité de médailles-portraits de Lepelletier de Saint-Fargeau, avec cet exergue : *Assassiné à Paris, le 20 janvier 1793.*

Il serait impossible de citer toutes les médailles de l'infortuné Louis XVI, qui ont été faites à cette époque; parlons seulement de celle qui offre le buste du Roi, et au-dessous cet exergue : *Je meurs innocent et vous pardonne.*

Dans un cliché octogone, en étain (41 mill.), nous trouvons le portrait de Auguste-Charles-Henri Picot Dampierre, né à Paris le 20 août 1756, tué par un boulet de canon, le 9 mai de l'an II de la République.

Deux magnifiques médaillons nous donnent les traits de Charlotte Corday et de Condorcet.

Celui de Condorcet est repoussé, sans revers, et a 85 mill.; celui de Charlotte Corday est en étain.

Le *divin Marat* est ainsi nommé dans une médaille où le tribun est représenté la tête enveloppée d'un mouchoir.

On a un portrait de Joseph Chalier, sur le revers duquel on lit : *Je donne mon âme à l'Éternel; mon cœur aux patriotes, et mon corps aux brigands.*

Un curieux médaillon en étain est celui où Charlotte Corday est représentée coiffée d'un bonnet à la mode des femmes de Caen, les cheveux tombant sur les épaules; et l'on voit au-dessous: *Décapitée à Paris le 17 juillet 1793.*

On possède plusieurs portraits-médailles de la reine Marie-Antoinette. Elle est représentée très richement vêtue. Ces médailles sont fines et délicatement exécutées.

Le médaillon ovale de Robespierre le jeune, représentant du peuple, offre un grand intérêt. On le voit avec un immense catogan, des épaulettes de général et une large écharpe au bras gauche.

Le graveur Liénard a fait encore une belle médaille de Sylvain Bailly, premier président de l'Assemblée nationale.

On a, du même, le portrait de Barnave.

Dans une petite médaille, nous trouvons les cinq portraits de : Marat, — Lepelletier, — Charlier, — Barra — et Viala. — Au-dessous de chacun de ces portraits est placée une *étoile*.

Le grand et illustre graveur Dupré a fait une très remarquable médaille de Lavoisier. Viennent ensuite les portraits de Mme Élisabeth de France, sœur de Louis XVI; elle est coiffée d'un voile; — et celui du petit prince Louis XVII.

Nous trouvons accolés, en face l'un de l'autre, Jean Fernel et Ambroise Paré.

Alexandre Lenoir, administrateur du Musée des monuments français, a son portrait fait au repoussé; cette médaille a une grande allure de nature et de vérité.

Dans une période plus calme les graveurs Gayrard et Jeuffroy emploient une partie de leur carrière à faire des médailles représentant le premier consul, puis Napoléon, empereur; à chaque victoire, nouvelle médaille et nouveau portrait.

La première médaille, où l'on voit le général Bonaparte, a été frappée à l'occasion de la bataille de Montenotte (1796). Si nous passons au premier empire nous trouvons une médaille de 115 millimètres, qui est excessivement remarquable.

Andrieu nous a laissé des portraits de Napoléon Ier, fort artistiques.

Citons encore quelques noms des artistes illustres qui ont fait les plus belles médailles du Premier Empire :

Dupré, le plus grand graveur en médailles de la France.

— MM. Geyrard, — Jeuffroy, — Merlen, — Droz;

— Andrieu, — Duvivier, — Dumarest, — Brenet — et Gatteaux.

Sous la Restauration et sous Louis-Philippe, Oudinée.

Pendant le second empire, M. Barré, qui fut l'unique graveur de Napoléon III.

Sous la troisième République, on a repris les coins de Dupré.

Du reste les pièces et les monnaies de ce siècle sont encore dans la circulation, tous peuvent les voir et les apprécier.

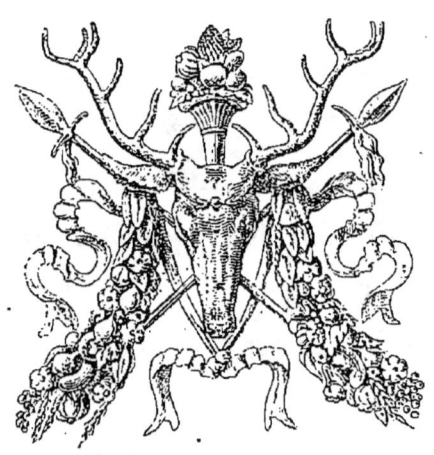

CHAPITRE II

DU PORTRAIT DANS LA GLYPTIQUE

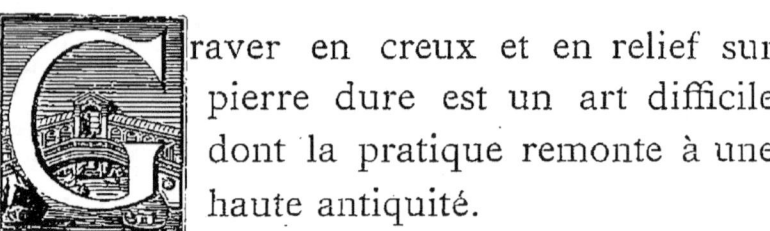raver en creux et en relief sur pierre dure est un art difficile dont la pratique remonte à une haute antiquité.

Les intailles et les camées sont d'un usage fort ancien.

Le Musée du Louvre renferme des échantillons remarquables de cette branche de l'art chez les Égyptiens : la Glyptique égyptienne, malgré l'incorrection du dessin des artistes de cette époque, a laissé des monuments curieux et variés.

Les Grecs excellèrent dans la Glyptique et

leurs travaux en ce genre restent encore comme des modèles inimitables, le talent des artistes Grecs semble avoir atteint la perfection en ce genre.

Les artistes Romains imitèrent les Grecs avec succès, mais s'ils les égalèrent parfois ils ne les surpassèrent jamais.

L'Italie resta longtemps en possession de la gravure sur pierres fines, mais cet art semble disparaître avec l'ère chrétienne, et, vers le ve siècle, il cesse d'être pratiqué.

La Glyptique, cependant, fut toujours pratiquée à Constantinople et dans l'Orient, mais avec peu d'éclat : quelques œuvres rares dénotent parfois un certain talent chez les artistes Byzantins.

Le camée (n° 207, catalogue Chabouillet) de la Bibliothèque Nationale est peut-être une des pièces les plus curieuses de la Glyptique byzantine.

Il comprend le buste du Christ, bénissant de la main droite, et au-dessous les saints Serge et Demetrius, en pied, vêtus de la cotte d'armes à écailles et du manteau.

Ce camée est gravé sur sardonyx et on l'attribue au xe siècle.

L'infériorité des graveurs sur pierres fines pendant la période chrétienne, surtout du ve siècle au xie siècle, explique la rareté des camées religieux mentionnés dans les inventaires.

Parmi les nombreux anneaux, énoncés dans l'inventaire de Boniface VIII en (1295), deux camées seulement reproduisent des sujets chrétiens.

En France, nos premiers rois Carlovingiens se servirent d'intailles pour sceller leurs actes, mais ces pierres étaient des gravures antiques : ainsi le roi Pepin scellait avec un Bacchus, Charlemagne avec un Sérapis.

Dans l'inventaire de Charles V, en (1379), les signets royaux mentionnés ne peuvent être que des pierres antiques.

L'un de ces signets est ainsi désigné : « De la teste d'un roy sans barbe et sur fin rubis d'Orient »; — un autre sera « ung enfant à elles acropy ». Cette description rappelle bien un Cupidon.

Cependant l'annel des vendredis de Charles V était un camaïeu avec le Christ en croix, la Vierge et saint Jean, mais le double croisillon dénote l'origine byzantine de cette gravure.

L'inventaire de Charles VI, de (1399), énumère également de nombreux camées à sujets profanes.

Il semble donc que l'art de la Glyptique avait entièrement disparu en France à cette époque : du moins, on peut affirmer qu'il jetait un bien faible éclat.

Avec le XVe siècle, la gravure sur pierres fines reparaît en Italie, où elle est pratiquée d'une manière remarquable, par Benedetto Peruzzi (1379) ; — Jean — et Dominique de Milan, plus connus sous les noms de : *Jean des Cornalines* et *Dominique des Camées*.

Cet art fut importé en France, sous François Ier, par Matteo del Nassaro.

Les comptes de (1528-1529) mentionnent cet artiste, comme ayant gravé les coins de la monnaie du Roi, mais il est appelé Dalnassard (Arch. de l'Empire, K. K. 100.)

Un autre compte de (1530) mentionne Guillaume Hoisson, lapidaire à Paris, comme auteur d'une Nostre-Dame d'agate garnie de neuf grosses perles, d'un saphir et de deux rubis, et encore de trois camaïeux qui ornent le manche d'un poignard. (Ibid. Comptes de Claude Haligre.)

Sous Louis XIII, nous voyons un artiste, nommé Julien de Fontenay, pratiquer cet art avec distinction.

La première pierre que nous mentionnerons est une *cornaline,* par Coldoré, graveur français du XVIIe siècle.

Elle représente un buste à droite d'Henri IV, portant sur son armure le collier de l'ordre du Saint-Esprit.

Nous avons encore de cet artiste un grand camée sur coquille, représentant Henri IV et Marie de Médicis.

Certains auteurs, parlant de Coldoré et de Julien de Fontenay, ont paru ignorer que le même graveur a porté ces deux noms.

Coldoré, graveur d'Henri IV, connu encore sous le nom de Julien de Fontenay, était valet de chambre et gentilhomme du roi : autorisé en cette qualité et par lettres patentes à loger au Louvre.

A la demande de la reine Élisabeth d'Angleterre, cet artiste se rendit en Angleterre et grava le portrait de cette princesse.

Un autre artiste français, nommé Jouffroy, a laissé une cornaline gravée qui représente Stanislas Poniatowski, roi de Pologne, la tête ceinte d'un diadème.

Il le faut avouer, la Glyptique ne fut cultivée en France que comme un art accessoire : pendant le xviie siècle cet art semble disparaître de nouveau.

Dans le xviiie siècle, la Glyptique laisse enfin une trace, nous allions dire un chef-d'œuvre.

Le Guay, graveur, donne un beau camée de Louis XIV.

L'art de la gravure sur pierres fines existe encore de nos jours, mais on s'en sert peu pour le portrait.

Nous devions parler de cette branche de l'art du portrait.

Ce genre, il est vrai, n'est pas d'un usage commun, mais il exige dans l'artiste un mérite hors ligne.

L'art du lapidaire suppose la connaissance des procédés de la Glyptique, mais il laisse à l'artiste bien plus de facilité dans l'exécution.

Le musée du Louvre possède les douze Césars de la collection de Debruge Dumesnil (n° 431 de cette collection).

Ces bustes sont au repoussé en argent, mais les têtes sont en pierres dites précieuses :

Jules-César en calcédoine verte ; — Auguste en plasma antique ; — Tibère en prime d'améthyste ;

— Caligula en chrysoprase; — Claude en agate d'Allemagne ; — Néron en agate sardonisée ;

— Galba en jaspe blanc ; — Othon en cristal de roche ; — Vitellius en jaspe vert ;

— Vespasien en calcédoine blanche ; — Titus en corniole ; — Domitien en agate veinée.

Ces sculptures sont du XVIe siècle, mais bien

qu'elles soient sur pierres précieuses, elles ne sauraient être comparées à des intailles ou à des camées.

Les difficultés que l'artiste a dû surmonter dans ces ouvrages ne sont en rien comparables aux obstacles dont le graveur en intailles et en camées doit triompher en donnant à son œuvre un cachet artistique.

L'art du lapidaire, qui nous a laissé tant de chefs-d'œuvre dans l'antiquité et dans les temps modernes, ne se rattache donc que d'une manière large à la Glyptique proprement dite ; lorsqu'il s'exerce sur des objets de dimensions considérables, il se rapproche plus de la sculpture que de la gravure sur pierres fines.

Du reste l'art du lapidaire avait produit assez de chefs-d'œuvre en Asie pour enrichir Rome et l'Italie, à la suite des victoires de Pompée !

Rien de plus commun dans les villas romaines, dans les somptueuses demeures des patriciens romains, que ces riches dépouilles des peuples vaincus.

Constantin transporta à Constantinople une partie de ces richesses, et de là elles revinrent en Europe. Les Empereurs les envoyèrent en présents et plus tard les Croisés les rapportèrent comme un butin conquis.

De là les riches coupes, en onyx, en calcédoine, en cristal, mentionnées dans les inventaires des églises, des monastères et des habitations royales pendant tout le moyen âge.

Les orfèvres de l'Occident inventeront pour ces joyaux de riches montures, mais ils resteront étrangers à l'art du lapidaire qui les a enfantés.

Suger saura faire d'une coupe de porphyre un cygne gracieux et ajouter encore au prix de la pierre antique une valeur artistique inestimable.

François Ier et Henri II favorisèrent en France l'art du lapidaire.

Mais, on doit le dire, parmi les productions de nos artistes nationaux, on ne trouve aucun portrait remarquable sur pierres précieuses.

Le travail consiste surtout à donner à la pierre fine la forme de vase, de coupe; ensuite on confie à des orfèvres le soin de monter le joyau, toujours d'une dimension assez considérable.

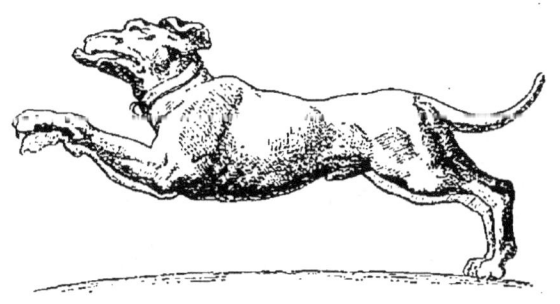

CHAPITRE III

DU PORTRAIT DANS LES SCEAUX ET CACHETS

l n'est pas inutile de mentionner, à titre de curiosité, les noms de quelques personnages représentés sur les sceaux des grands feudataires de la couronne de France.

Les sceaux offrent le même intérêt que les médailles et les monnaies dans une étude historique. — Peut-être l'exactitude des portraits qu'ils nous donnent aurait-elle besoin d'être démontrée.

Beaucoup de ces portraits peuvent être de convention, mais où se trouve la limite de la vérité dans cette branche de l'art, qui se confond avec la numismatique et la sculpture ?

Dans le sceau de Louis, fils du roi de France Philippe II, on voit ce prince, armé de toutes pièces, tenant de la main droite une épée nue, et portant au bras gauche un écu aux armes de France, monté sur un cheval galopant à droite.

Dans les différents sceaux que l'on possède en France, nous avons encore les portraits :

— De Philippe, fils de Louis IX et de Marguerite de Provence (1245);

— De Charles, fils de Philippe IV et de Jeanne de Navarre (1322);

— De Jean, fils de Philippe IV et de Jeanne de Bourgogne, duc de Normandie et de Guyenne;

— De Philippe, fils de Philippe IV, duc d'Orléans et de Touraine.

Dans le sceau de Blanche, duchesse d'Orléans, on voit cette princesse debout sous une niche gothique, à sa droite et à sa gauche sont deux anges.

Jean de France, duc de Berry et d'Auvergne, est représenté, les cheveux attachés par un bandeau, et revêtu d'un long manteau ; il est debout sous un dais gothique, et coiffé du casque de duc.

Nous retrouvons à peu près les mêmes attitudes dans les sceaux de Charles de France, fils de Philippe III (1270);

— De Philippe, dit de Valois, frère aîné de Charles;

— De Pierre, comte d'Alençon et de Chartres, frère de Louis IX.

Dans les sceaux des princesses, nous trouvons encore Marguerite d'Anjou, femme de Charles, comte de Valois (1290), debout sous une niche gothique.

Il en est de même de Catherine de Courtenay, femme de Charles de Valois; et de Mahart de Châtillon, dite de Saint-Paul.

Alix, fille de Robert III, comte d'Alençon, est debout, elle tient une fleur de lis.

Hugues de Lusignan est représenté, monté sur un cheval lancé au galop, il porte au cou un *olifant* et tient un chien en croupe.

Yolande de Dreux est figurée tenant un oiseau de la main gauche.

Dans le sceau de Guy de Dampierre, comte de Flandre, ce seigneur est armé de toutes pièces, tenant d'une main une épée nue, et portant au bras gauche un écu aux armes de Flandre.

Fréquemment encore, le cavalier est représenté sur un cheval au galop, tantôt tourné à droite, tantôt à gauche.

Nous retrouvons cette donnée dans les sceaux :

— De Gauthier d'Avesnes, — de Jean de Châtillon; — de Louis de Flandre;

— De Jean de Roubaix, — de Roger-Bernard, comte de Foix, etc., etc.

Une plus longue nomenclature serait fastidieuse pour le lecteur, qui ne peut avoir sous les yeux les empreintes si intéressantes de tous ces cachets. On trouve parfois une extrême finesse dans les détails, et une certaine élégance dans le contour des figures gravées sur ces objets.

CHAPITRE IV

DU PORTRAIT DANS L'ORFÈVRERIE

aire de Constantinople une ville sans rivale semble avoir été le souci de Constantin : les historiens ont raconté longuement les merveilles d'orfèvrerie dont l'empereur chrétien se plut à enrichir les églises et les palais édifiés par ses ordres.

Le Labarum était orné des bustes d'or de l'empereur et de ses enfants, nous dit Eusèbe. (De vita Imp. Constantini Lib. I, cap. XXXI.)

Les successeurs de Constantin, Constance et Théodose, héritiers de cet empereur, continuèrent d'encourager les arts.

Constance acheva Sainte-Sophie, cette merveille de l'Orient; Théodose fit élever sa propre statue en argent dans le forum du Taureau.

L'étonnement n'a pas de limite quand on voit les richesses en orfèvrerie accumulées dans les églises de Constantinople par les empereurs; le luxe en bijoux, en pierreries, en vêtements, en meubles, en ornements de toutes sortes, déployé dans les fonctions sacrées.

Dans leurs palais et dans les cérémonies, les empereurs et les grands dignitaires ne se servent que de couronnes d'or, d'armes enrichies de pierreries; le harnais de leurs coursiers est recouvert de ciselures; la vaisselle est d'or massif, les meubles sont surchargés de rubis, de topazes et de perles.

Arcadius érigera à Théodose une statue d'argent de sept mille quatre cents livres; les statues colossales d'Eudoxie et de ses trois filles, toutes d'argent, seront élevées, comme ornement, dans l'Augustéon, ce forum déjà peuplé de statues. (J. Labarte. Le Palais de Constantinople, Paris, 1861.)

Au ve siècle, le préfet du prétoire Aurélius placera la statue d'or de Théodose II dans l'enceinte du Sénat, avec les bustes d'Honorius et de Pulchérie, cette vierge chargée à l'âge de quinze ans de la responsabilité d'un empire et de l'éducation du jeune Théodose, son frère, qu'elle devait plus tard remplacer.

Au vi^e siècle, Justinien rebâtit Sainte-Sophie, incendiée en (532), et rien ne saurait égaler le luxe que déploie l'empereur dans la décoration de cette basilique.

L'orfèvrerie, dans toutes ses manifestations, vient enrichir le temple; les colonnes, les murailles, le sanctuaire étincellent d'or et d'argent ciselés, avec mélanges d'émaux et de pierres fines. — Les statues sont nombreuses et décèlent le grand talent des orfèvres statuaires.

Deux auteurs, *Paul le Silenciaire* et *l'Anonyme,* nous ont laissé la description de ces merveilles et de ce mobilier incomparable, donné par les empereurs pour l'usage du temple.

Ce goût pour l'orfèvrerie artistique et cette

protection accordée aux arts semblent avoir été le partage des empereurs d'Orient jusqu'à la fin du VIIe siècle.

Chassée du temple par l'hérésie des Iconoclastes, l'orfèvrerie, privée d'une de ses branches, n'en continua pas moins de créer des chefs-d'œuvre.

Au Xe siècle, un empereur, Constantin Porphyrogénète, est lui-même un orfèvre de talent : le luxe de son palais semble défier toute description.

Luitprand a détaillé ces vases d'or, chargés de fruit, amenés sur des chariots et placés sur la table de l'empereur au moyen de poulies et de cordages tirés par quatre hommes. (Luitprandi opera, Lib. VI apud Pertz, Mon. Germ. Hist., tom. V.)

Jusqu'à la chute de l'empire d'Orient, l'orfèvrerie reste en grand honneur à Constantinople. Le pillage de cette ville par les Croisés dispersa en Europe une partie des trésors accumulés dans la cité impériale.

Ces chefs-d'œuvre servirent longtemps de modèle aux artistes de l'Occident.

Au VIIIe siècle, les nombreux artistes de l'Orient, chassés de leur pays par la persécution religieuse, vinrent en Italie et dans les divers pays d'Europe. — Ils apportèrent avec eux leurs procédés, leur goût pour l'orfèvrerie artistique et provoquèrent une sorte de renaissance dans cette branche de l'art.

De (772) à (816), les papes Adrien Ier et Léon III donnèrent une protection éclairée aux artistes, et les plus habiles sculpteurs semblent se confondre avec les orfèvres statuaires.

La basilique de Saint-Pierre était alors célèbre, et la vénération générale y avait accumulé des trésors; les papes s'étaient complu à l'embellir de riches ornements.

Le Liber Pontificalis mentionne les bas-reliefs d'argent doré que Léon III avait placés comme ornement sur la porte revêtue d'argent par le pape Honorius, et les statues du Christ, de la Vierge et des Apôtres, qui décoraient le transept.

La Confession de Saint-Pierre fut enrichie de statues, de bas-reliefs, d'ornements divers en or du poids de deux cent cinquante-quatre livres, par les papes Adrien Ier et Léon III.

Le ciborium placé au-dessus de l'autel majeur fut exécuté en argent et orné de statues.

Dans les autres églises de Rome, l'orfèvrerie fut encore appelée à donner son concours dans l'ornementation des temples.

Charlemagne avait offert aux Papes, après sa victoire, le trésor de Didier, roi des Lombards (774). Les papes usèrent dignement de ces richesses, on vient de le voir.

D'après le Liber Pontificalis (cette chronique de la papauté), le seul pape Léon III fit mettre en œuvre par les orfèvres, sous son pontificat, quatorze cent soixante-six livres d'or, et vingt-quatre mille huit cent quarante-trois livres d'argent. — Ces chiffres donnent l'idée de l'immensité des travaux exécutés par ordre de ce pontife.

Ce goût pour les arts fut tout aussi vif sous les papes du IXe siècle.

Étienne IV vient à Reims sacrer Louis le Débonnaire et lui offre une riche couronne (apud Duchesne, Hist. franc., script., tom. II)

(Theyani opus). Pascal Ier enrichit de travaux d'orfèvrerie et de statues d'or et d'argent les nombreuses églises qu'il fait reconstruire.

En Italie, les églises sont de véritables musées : la basilique de Saint-Ambroise à Milan est ornée du célèbre autel d'or (Paliotto) parsemé des pierreries les plus précieuses, d'émaux, de médaillons; aucune description ne peut donner idée de cette merveille d'orfèvrerie (Voir Du Sommerard, les Arts au moyen âge, 9e série, pl. XVIII).

Ce IXe siècle semble avoir été, par excellence, le siècle de l'orfèvrerie : en Orient Théophile et Basile le Macédonien; en Occident, Charlemagne et les papes font exécuter des travaux d'art qui semblent surpasser tout ce qu'a produit l'antiquité.

Les artistes ne sont étrangers à aucun procédé de fabrication : le repoussé au marteau, la fonte, la ciselure, la gravure en intaille, la niellure, sont employés tour à tour pour la perfection de l'ouvrage.

Charlemagne fait élever la basilique d'Aix-la-Chapelle : Angilbert fait rebâtir l'église de son abbaye de Saint-Riquier, près d'Abbeville (dans la Somme), et s'applique à l'embellir d'ornements d'or et d'argent et d'un riche ciborium dans le goût italien. (Hariulfi monachi S. Richarii, chron. Centulensis Lib. I et Lib. III, ap. d'Achery spicilegium, tom. IV.)

Sous Louis le Débonnaire, les princes, les seigneurs et les prélats recherchent avec passion les ouvrages d'orfèvrerie : les bas-reliefs et les statues ne sont pas rares à cette époque, mais ce genre d'ornement est surtout employé dans la décoration des églises.

La réputation des artistes français est telle, qu'un patriarche de Venise commandait en France un calice orné de pierreries.

L'abbaye de Saint-Denis avait une école où se formaient des artistes orfèvres, et ses abbés (les rois de France), Louis Ier et Charles le Chauve encouragèrent noblement les œuvres d'art.

On sait les travaux que fit exécuter Hincmar, archevêque de Reims, pour son église (Tarbé, Hist. des églises de Reims (1843).

De riches ornements furent offerts par

Abbon à son église Saint-Étienne d'Auxerre dans le même ıxᵉ siècle. (Labbe nova Bibl.)

Les noms de quelques orfèvres de cette époque sont parvenus jusqu'à nous : Odulfus, moine de Saint-Riquier (864), — Perpétuus d'Angers (877), qui travaillait la fonte (d'après d'Achery), — les chanoines Bernelin et Bernuin de Sens, qui font un devant d'autel d'or enrichi de figures en bas-relief. (Reproduit d'après le dessin de Lambinet, par du Sommerard. Les Arts aux moyen âge, 9ᵉ série, pl. xɪɪɪ.)

Les terreurs religieuses du xᵉ siècle semblent aviver l'orfèvrerie artistique religieuse; par une contradiction assez singulière, on continue d'enrichir les églises; pendant que les arts languissent de tous côtés, l'orfèvrerie reste florissante, et le portrait proprement dit apparaît enfin dans les travaux de ce genre.

En orfèvrerie, dit M. de Laborde, « la fonte et la ciselure sont des procédés bornés, le repoussé est l'art sans limite (De l'Union des Arts et de l'Industrie, tom. II).

Un document curieux du xɪᵉ siècle, le

Traité du moine Théophile sur les arts, nous apprend le procédé employé dans les travaux au repoussé.

« On fait aussi des fers pour exécuter sur l'or, l'argent et le cuivre, des figures humaines, des oiseaux, des animaux et des fleurs repoussés. Ces fers sont de la longueur d'une palme, garnis d'une tête pour être frappés avec le marteau, — la partie inférieure variait de forme, selon le travail à exécuter. » — Théophile appelle ces instruments « fers pour le repoussé. » — (Diversarum artium schedula lib. II, cap. XIII et seq.)

Nous verrons plus tard les orfèvres de Limoges user de ce procédé, pendant le XIIIe siècle; et produire des statuettes et de nombreux bas-reliefs en cuivre. — On retouchait ensuite au ciselet les parties délicates, afin de donner à l'œuvre son fini.

Cellini nous apprend que le procédé au repoussé était d'un usage général au XVIe siècle; — lui-même n'employait jamais la fonte que pour les pièces de rapport, comme les anses, les becs d'aiguières; toutes ses figurines les plus délicates, ses bijoux les plus précieux, sont exécutés par la méthode du repoussé.

Jusqu'au xviie siècle, l'orfèvrerie a donné des bas-reliefs et des statues d'or et d'argent et, dans tous ces ouvrages, le repoussé fut constamment employé : on obtenait ainsi le moins de poids possible, tout en conservant à l'objet sa richesse apparente.

Hérivée, archevêque de Reims, érige un autel orné d'un bas-relief d'argent : Au centre du parement le Christ est assis sur un trône : Hérivée — et Foulques, son prédécesseur, sont agenouillés et tournent leurs regards vers le Sauveur : — Les portraits de Charles le Simple, — de Judith, fille de Charles le Chauve, — et d'Ansgarde, femme de Louis le Bègue, figuraient encore sur ce bas-relief. (Tarbé, Trésor des églises de Reims. — Reims, 1843.)

Les églises d'Auxerre et de Saint-Bertin (près de Saint-Omer), sont enrichies de bas-reliefs au marteau. — Richard, abbé de Saint-Vitou de Verdun, fait exécuter des sculptures importantes au repoussé. (Apud

Pertz, Mon. Germ. Hist., X. — Chron. Hugonis abb.)

L'abbé de Savigny, Gausmar, fait lui-même, en (953), divers travaux d'orfèvrerie et cinq tableaux d'argent. (Collect. des Doc. inéd. sur l'Hist. de France, Paris, 1853, tome I.)

Josbert, moine de Saint-Martial à Limoges, était un orfèvre habile; en (975), il fit une image de saint Martial en or. (Labbe. Nova Bibl. II.)

Les bas-reliefs de la châsse d'or renfermant les reliques de la Vierge, à Saint-Peré de Chartres, étaient l'œuvre de Thendon, architecte et orfèvre, qui avait bâti la façade de cette église vers (991) (Sablon, Hist. de l'Égl. de Chartres, 1671). — (Texier, Dict. de l'orfèvrerie).

Le roi Robert, au xie siècle, suit les traditions de ses prédécesseurs et favorise l'orfèvrerie : pendant tout le cours de son règne (996-1031), les travaux exécutés sont les mêmes que dans le siècle précédent.

Dans l'abbaye de Saint-Pierre-le-Vif, près de Sens, un moine, Odoranne, sculpteur et orfèvre, exécute la châsse de saint Savinien « fort curieusement élabourée, avec plusieurs figures relevées en bosse tout autour; parmi ces figures était celle du roi Robert. » (Guyon, Histoire de l'église d'Orléans, tome I.)

Du reste, la ville de Sens avait une école d'orfèvrerie depuis le ixe siècle, et l'évêque d'Auxerre, Geoffroy, fonda des prébendes pour des chanoines artistes dans son diocèse vers (1050). — (Labbe, Nova Bibl., tom. I.)

Vers (1087), Othon, orfèvre normand, enrichit de bas-reliefs d'or et d'argent, rehaussés de pierreries, le mausolée de Guillaume le Conquérant, érigé dans l'église de Saint-Étienne de Caen. (Duchesne, Hist. Norm. Script. — Lut. Paris., (1619.)

L'orfèvrerie en France, au xiie siècle, rappelle le nom de Suger, abbé de Saint-Denis (1122-1152); non content d'avoir reconstruit l'église abbatiale de Saint-Denis, Suger voulut l'orner avec magnificence.

Notre étude sur le portrait nous impose de passer sous silence les œuvres d'orfèvrerie que fit exécuter Suger.

Le tombeau de saint Denis, réédifié sous sa direction, devint une véritable merveille artistique, inspirée par la vénération pour le premier évêque de Paris. Les rois, les princes, les seigneurs, les évêques, voulurent contribuer à l'embellissement du mausolée par des offrandes de pierreries, de camées, de bijoux, d'émaux et de marbres précieux. (Sugerii, De rebus in administ. sua. gest. — Duchesne, tom. IV.)

La croix, élevée par Suger sur l'emplacement du premier tombeau de saint Denis, fut consacrée par le pape Eugène IV, en l'année (1147).

Pour l'exécution de ce monument de l'art, Suger livra aux orfèvres quatre-vingts marcs d'or : — Au prix de quatre cents livres, il acheta quantité d'hyacinthes, de saphirs, de rubis, d'émeraudes et de topazes, qui formaient le trésor des abbayes de Fontevrault et de Cîteaux. — De nombreux émaux historiés furent employés à l'ornementation de cette croix. (Doublet, Histoire de l'abbaye de Saint-Denis en France, Paris, 1625.)

La figure du Christ était d'or et couronnée; la draperie, tombant de la ceinture aux genoux, était ornée de pierreries (184 pierres fines, 115 perles et 4 émaux), des saphirs figuraient les clous des mains et des pieds.

L'Inventaire de Saint-Denis, qui nous a laissé ces renseignements curieux, ajoute encore que la figure de Suger, en costume d'abbé, *enlevée à mi-bosse d'or,* c'est-à-dire au repoussé, se trouvait au pied de la croix. — A cette même époque, Maurice de Sully, évêque de Paris (1196), — Gervais, abbé de Saint-Germain d'Auxerre (1147), — Sansom, archevêque de Reims (1160), faisaient exécuter des bas-reliefs historiés. — (Tarbé, Trésor des églises de Reims.)

L'abbé du monastère d'Audernès, au diocèse de Boulogne, était un orfèvre habile. (Apud d'Achery, spicilegium, tome IX). — (Guillelmi, Audrensis Mon. chron.)

Henri Ier, comte de Champagne, mourut en (1181). — Le mausolée de ce prince, érigé dans l'église Saint-Étienne de Troyes, fut orné des portraits de ce seigneur et de son fils Thibaut. (Baugier, Mém. hist. de Champagne, Châlons, 1721.)

Dans ce même siècle, Montpellier possédait une école d'orfèvres fort réputée, qui s'organisa en corporation dans le XIIIe siècle. (J. Renouvier. — Des maîtres de pierre et autres artistes de Montpellier, Montpellier, 1844.)

Le trésor de Conques (Aveyron) renferme diverses pièces de cette époque; elles ont été décrites par M. Darcel. (Trésor de Conques, Paris, 1861.)

L'église de Saint-Omer possède une monstrance curieuse de cette même date. (Des Champs de Par, Ann. archéol., tome XIV.)

Le XIIIe siècle produisit encore des monuments remarquables en portraits :

Blanche de Navarre fit ériger à Thibaut III, comte de Champagne, un splendide tombeau dans l'église cathédrale de Troyes. La statue du prince, en argent, était grande comme nature. — Dix autres statues de quatorze pouces, faites du même métal, servaient à l'ornement du mausolée. — Le roi Louis le

Jeune, — Henri Ier de Champagne, — Blanche de Navarre, — Sanche le Fort, roi de Navarre, — Scholastique, sœur de Thibaud III, y étaient représentés. (Baugier, ibid.)

Le portrait dans les ouvrages d'orfèvrerie devient plus fréquent dans le xiiie siècle : Il semblerait qu'à cette époque, les figures sont moins de convention et qu'elles reproduisent fidèlement les traits précis des personnages.

Exécuter les images du Christ, de la Vierge, des Saints, d'après des formes conventionnelles, laissait à l'artiste un champ illimité : mais il n'en était plus de même lorsqu'il fallait reproduire, d'après nature, les traits d'un personnage connu et de personnes vivantes.

La fréquence des portraits en orfèvrerie démontre que les artistes avaient dû faire des progrès notables dans le dessin, condition première de l'exactitude dans toute reproduction.

Du reste, à la fin du xiie siècle, les artistes laïques deviennent nombreux, et leurs travaux ne se bornent plus à l'embellissement des objets du culte et à l'ornementation des églises.

Les orfèvres de Paris sont réunis en corporation par saint Louis, mais leur industrie est libre, — une seule clause leur est imposée : *employer l'or pur, à la touche de Paris, et l'argent, comme à l'Estelin de Londres.* — (Depping. Règlem. des Arts et Métiers de Paris, etc., Paris, 1837.)

A la fin du XIIIe siècle, Paris comptait plus de cent seize orfèvres, qui formaient *la Confrérie de saint Éloi.*

Le trésor de la Sainte-Chapelle, celui de Notre-Dame, les statues des rois de France, exécutées en métal par ordre de saint Louis ; les bas-reliefs d'argent qui ornèrent plus tard le tombeau du saint roi, témoignent éloquemment de l'habileté consommée des orfèvres statuaires de la Confrérie Parisienne.

Du reste, Raoul, orfèvre de saint Louis, fut anobli en (1270) par Philippe le Hardi, en récompense de son merveilleux talent. (Duchesne, Hist. Fran. Scrip., tom. V. — Gesta Philippi Tertii.)

L'Inventaire de la Sainte-Chapelle (1573), mentionne un buste d'or de saint Louis (Du Cange, Hist. de saint Louis, 1678). — Il est reproduit dans le Dictionnaire du mobilier français de M. Viollet-le-Duc.

Ce buste était l'œuvre de Guillaume, orfèvre de Philippe le Bel, qui l'avait exécuté en (1306).

Une autre statue de saint Louis, en argent doré, soutenait un reliquaire contenant un ossement de ce roi.

Gilles, abbé de Saint-Denis, avait fait placer les reliques de saint Louis dans une châsse portée par deux statues de rois (Philippe le Hardi et Philippe le Bel). — Gilles, agenouillé, figurait dans ce groupe, tenant lui-même un reliquaire à la main. — (Félibien, Histoire de l'abbaye de Saint-Denis, Paris, 1706.)

Les orfèvres de Montpellier, — ceux d'Avignon, continuent de produire des œuvres estimées.

Les évêques et les abbés de la ville d'Auxerre enrichissent leurs églises de bas-reliefs et d'ornements d'orfèvrerie. (Labbe, Nov. Bibl., tom. I. — Parisiis, 1657.)

Les orfèvres d'Arras avaient également une grande réputation. (Ann. archéol., tome IX.)

La ville de Limoges, célèbre par ses émaux, avait encore des orfèvres de talent, qui produisent de curieuses sculptures en ronde bosse et des figures de haut-relief, en cuivre battu. Dès lors les travaux artistiques se vulgarisent et deviennent à la portée de tous.

Au XIVe siècle, sous Charles V, l'orfèvrerie civile acquiert une importance qu'elle n'avait jamais eue, mais elle produit surtout la riche vaisselle d'or et d'argent employée dans les maisons royales et les châteaux.

Claux de Fribourg, orfèvre du roi, exécuta cependant diverses statuettes d'or et d'argent. (De Laborde. Revue archéol. tome VII).

L'Inventaire des Joyaulx des ducs d'Anjou et de Berry mentionne un grand nombre de statuettes et de bas-reliefs au repoussé. Tous ces ouvrages ont un caractère religieux et ne rentrent pas dans le portrait proprement dit (De Laborde, ibid.).

Le portrait dans l'orfèvrerie semble plus rare ; les historiens, comme Froissart et Christine de Pisan, mentionnent rarement ces bas-reliefs et ces statues, si nombreuses au xiiie siècle et qualifiés portraits.

Félibien indique comme objets d'art, appartenant au xive siècle, d'après l'Inventaire de Saint-Denis, un groupe d'argent doré : à droite de la Madeleine se trouvaient les statues de Charles V — et de son fils, le dauphin Charles, à genoux; — à gauche celle de la reine Jeanne de Bourbon. Ce travail avait été offert par Charles V en (1368).

L'orfèvrerie civile produisit dans ce siècle des objets merveilleux mentionnés dans les Inventaires de Charles V, de Charles VI, du duc d'Anjou, de la reine Clémence et du duc de Bourges.

Les nefs à épices, les salières, les essays, les fontaines, les coupes, les hanaps et les gobelets, les surtouts de table, décrits dans ces inventaires, établissent le grand talent des orfèvres ciseleurs de cette époque.

La plupart de ces objets sont d'or ou d'argent, ciselés avec art et enrichis de pierreries, souvent ornés de figures.

Les noms de divers orfèvres chargés de l'inventaire des joyaux, vaisselle et objets mobiliers de la reine Clémence de Hongrie, veuve de Louis le Hutin (1328) sont parvenus jusqu'à nous :

Ce sont : Estienne Maillart — et Gieffroy de Mantes, orfèvres de Philippe le Long ;

— Simon de Lille ; — Jehan Pascon ; — Félix d'Anceurre ;

— Jehan de Toul ; — Pierre de Besançon et Jehan de Lille, orfèvres de Paris.

Nous avons encore les noms : de Thomas de Langres (1345), orfèvre de la comtesse de Blois ; — de Jehan Lebraellier, orfèvre du roi Jean, également sculpteur en ivoire ;

— De Pierre de Landes, maître de la monnaie de Paris ; — de Pierre des Barres, orfèvre et valet de chambre de Charles V, alors dauphin (1353); — de Jehan de Mautreux, orfèvre du roi Jean ; — de Jehan Fleury ;

— De Pierre Chapellu ; — de Jehan de Lille (jeune) ; — de Pierre Leblont ;

— De Jehan Lussier; — de Guillaume Gargoulle — et de Jehan Bonnetot, argentiers du roi.

Dans les inventaires du xive siècle nous trouvons encore comme orfèvres notables :

Jehan de Picquigny et Robert Retour, orfèvres de Charles V (encore dauphin);

— Hannequin du Vivier (1378), auteur des objets offerts à l'empereur Charles-Quint, à l'époque de son voyage à Paris;

— Simonnet Lebec, orfèvre de Charles VI;
— Guillaume Arrode, — et Robert Auffroy;
— Guillaume Huet, — et Jehan Husse, orfèvres de la ville de Paris.

Certains orfèvres sont désignés dans ces mêmes inventaires comme auteurs de travaux particuliers :

Henry, orfèvre du duc d'Anjou, exécuta une *nef* pesant deux cent quarante-huit marcs d'or; — Pierre de Boterie (1379) fut l'auteur de la statuette de saint Étienne, placée sur le tombeau du comte Henry de Champagne, et de la *tête de reine* qui ornait le monument du comte Thibaut.

De nombreux orfèvres sont encore désignés dans ces inventaires du xive siècle, et nous pouvons en inférer que cet art fut brillamment représenté à cette date.

Pendant le xve siècle, l'orfèvrerie à figures semble subir un temps d'arrêt; du reste la sculpture proprement dite forme une branche de l'art bien plus distincte.

Si la sculpture se développe large et puissante dans les monuments et les églises, par contre, l'orfèvrerie à figures se localise dans les objets du culte et surtout dans les objets usuels. Elle apparaît même dans le vêtement, et il n'est pas rare à cette époque de retrouver dans les inventaires la mention de manches d'argent ou d'ornements ciselés appliqués sur les vêtements.

L'orfèvrerie religieuse continue de produire des calices, des *monstrances,* des reliquaires; tous ces objets rappellent les travaux du xive siècle.

Quelques statues d'argent, exécutées dans ce siècle, semblent rentrer dans le portrait.

Gérard Loyet (1466), donna deux bustes en

argent de Charles le Téméraire (grandeur naturelle), et deux statuettes en pied de ce même prince. Ces statuettes étaient coloriées, cet usage semble assez général à cette époque. (De Laborde. Les ducs de Bourgogne, tome I.)

La belle orfèvrerie italienne domine le XVI° siècle ; il n'est pas d'artistes français qui semblent pouvoir lutter contre les productions italiennes que les travaux de Cellini devaient encore surpasser dans le siècle suivant.

Louis XII visita la ville de Tours en (1500) et à cette occasion fut frappée une médaille d'or à l'effigie du roi.

Michel Colombe, le célèbre sculpteur, en avait donné le modèle.

Les prescriptions de l'Édit de (1506) entravèrent le développement de l'orfèvrerie. Ces prescriptions furent enfin rapportées en (1510) et les artistes se donnèrent pleine carrière.

De cette époque nous avons encore deux médaillons ovales et en argent, le premier représente Louis XII, en buste, de trois quarts, à droite, les cheveux longs, vêtu d'un surcot ouvert par-dessus un justaucorps, et tenant un anneau à la main.

Le second est le portrait d'Anne de Bretagne, en buste, de trois quarts à gauche, coiffée d'un bonnet à barbes tombantes, vêtue d'une robe ouverte par-dessus un corsage carré, un collier autour du cou, et une fleur à la main.

Lorsqu'en (1515), François Ier fit son entrée à Paris, une pièce magnifique d'orfèvrerie lui fut offerte.

« C'étoit, » dit Th. Godefroy, « une image de sainct François, assis sur un pied double à quatre pilliers, entre lesquels pilliers estoit une Salamandre couronnee, tenant en sa gueule un escriteau émaillé de rouge et de blanc auquel estoit escrict : Nutrisco et estinguo ; et au-dessus d'icelle couronne, un petit ange tenant une cordelière, en laquelle estoit assise une grande table d'esmeraude carrée ; icelui image portant de haut, compris le pied et le chérubin, deux pieds et demy ou environ ; le tout d'or pesant quarante trois marcs, quatre onces, cinq gros, touché et prisé par le maistre de la monnoye de bon or à vingt-trois karats. » (Th. Godefroy. Le Cérémonial François, tome 1.)

L'Inventaire de la Sainte-Chapelle de (1573) mentionne un buste en or de François Ier, offert par ce prince et pesant cent quarante livres. Ce don avait eu lieu en (1527) d'après Default. (Mémoire pour servir à l'histoire de la Sainte-Chapelle, Arch. de l'empire, L. 831.)

Ce même inventaire, que reproduit celui de (1532), mentionne encore diverses statues d'or et d'argent de l'époque de Louis XII et de François Ier.

En (1529), le Cardinal, abbé de Saint-Denis, Louis de Bourbon, fait placer sa statue agenouillée auprès de celle de saint Louis, sur la châsse d'argent doré qu'il offrit à son église. (Félibien. Hist. de l'abbaye de Saint-Denis).

En (1521), Jacques Levasseur, de Chartres, — et Jehan Siguerre, de Rouen, sont chargés, par le chapitre de Chartres, de l'exécution d'un reliquaire orné de figures en ronde bosse.

Pierre Mangot, orfèvre de François Ier, figure dans le compte de Me Claude Haligre

(1528), comme auteur « d'ung rond d'or fermant en boyte, dans lequel est une effigie au vif de la figure dudit seigneur. »

Bénédict Ramel, d'après les comptes de (1538), exécuta un portrait en or du roi François Ier.

A l'entrée solennelle d'Henri II dans la ville de Paris, les magistrats offrirent au Roi une œuvre d'art en or fin et ornée de figures en ronde bosse.

Sur un socle et autour d'un palmier étaient figurés « trois roys armez et couronnez : l'un ressemblait naïfvement au roy Loys douzième, le second au roy François, et le tiers au roy Henry. » (Corrozet, Antiquitez, etc., de Paris, Paris (1586).

A cette époque les orfèvres étaient donc d'habiles modeleurs et les chefs-d'œuvre exécutés par ces artistes furent nombreux sous le règne d'Henri II.

L'orfèvrerie en étain jette même à cette date un certain éclat. Déjà sous Charles VIII, Jehan Galant, orfèvre du Roi, avait exécuté divers travaux en étain.

Sous le règne d'Henri II, les orfèvres en étain sont plus nombreux encore. François Briot nous a laissé des ouvrages dont le fini et la délicatesse rivalisent avec les plus belles pièces d'or et d'argent. Il a souvent reproduit son propre portrait au revers de ses travaux.

En (1571), ce fut encore un travail d'orfèvrerie qui fut offert par la ville de Paris au roi Charles IX.

« Dans un chariot estoit assise Cibelle, mère des dieux, représentant la royne mère du roy, accompagnée des dieux Neptune et Pluton, et déesse Junon, représentant Monseigneur frère et Madame sœur du Roy.

» Ceste Cibelle regardoit ung Jupiter représentant nostre Roy, eslevé sur deux colonnes, l'une d'or et l'autre d'argent, avec l'inscription de sa devise. . . . .

» Aux quatre coings du soubassement de ce pied-d'estail estoient les figures de quatre roys ses prédécesseurs, tous portant le nom de Charles, à savoir : Charles le Grand ; — Charles le Quint ; — Charles septième ; —

et Charles huitième.... » (Registres de l'hôtel de ville, Arch. de l'empire, H. (1786.)

Sous Henri III et sous Henri IV, l'orfèvrerie à figures jette moins d'éclat et les pierreries, semées à profusion sur les bijoux, remplacèrent les produits ciselés. Les figures sont rares.

Nous avons de cette époque (XVIe siècle) assez peu de monuments d'orfèvrerie.

Citons cependant une statuette équestre de femme qui est au Louvre; M. Delaborde l'attribue à Germain Pilon.

Une plaque ovale, en argent fondu, ciselé et doré, qui représente Henri IV, de trois quarts à droite, vêtu d'un pourpoint à crevés, et collet surmonté d'une fraise godronnée; le roi porte le collier de Saint-Esprit et, sur un manteau posé sur les deux épaules, la plaque du même ordre.

Dans le XVIe siècle, les *enseignes* étaient fort en usage.

Tout le monde connaît ces beaux portraits-médaillons que les souverains donnaient aux personnages qu'ils voulaient honorer; presque tous les portraits à l'huile, au crayon, voire même en sculpture, nous montrent un riche collier avec un médaillon.

Cellini avait fait connaître un procédé nouveau pour exécuter ces figurines au repoussé et les appliquer ensuite sur une plaque de métal ou de marbre rare et précieux.

On appelait Pent-à-col les objets qui se portaient au cou, suspendus à une chaînette.

Sous le règne d'Henri IV, l'encadrement toujours riche de ces médaillons-portraits prit la place du portrait lui-même.

Jusqu'alors la figurine était entourée de pierres fines, mais l'inventaire de Gabrielle d'Estrées nous apprend que des pierreries plus grosses, entourées de perles ou de pierreries plus petites, vinrent remplacer le portrait central.

On cherche la richesse, mais on ne semble plus compter, dans l'estimation des objets, la valeur artistique que le bijou peut avoir.

Nous ne pouvons donner la description de tous ces remarquables bijoux, de ces précieux portraits-médaillons, exécutés au re=

poussé, en or ou en argent ; tantôt ciselés, tantôt fondus.

Mais quelles merveilles artistiques que ces cadres qui les entourent ! Parfois ils sont d'ors différents, souvent avec des incrustations de pierres précieuses et rehaussés d'émaux.

Dans cette branche, l'alliance de la sculpture et de l'émaillerie a produit de véritables chefs-d'œuvre.

Quelle élégance dans ces médaillons de femmes, dont le portrait a pour cadre une guirlande de roses faite avec des ors variés, et des émaux qui donnent la couleur naturelle de la fleur !

Pendant le xviie siècle l'orfèvrerie française compta des artistes d'un grand talent :

— Pierre Comtois ;

— Laurent et Gédéon Légaré ; — Labarre ;

— Pierre Héman ;

— Jacques Roussel. (De Marolles. Le Livre des Peintres, etc., Paris 1855.)

Sous Louis XIV, les orfèvres Thomas Merlin ; — René de La Haye ; — Jean Gravet étaient fort estimés.

Le Brun donna les dessins de ces travaux remarquables qui furent exécutés par les orfèvres Claude Ballin et Nicolas Delaunay.

Au cours de ce même règne nous trouvons encore Girard Debonnaire;

— Lescot, orfèvre du cardinal Mazarin;
— Vincent Petit;
— Gilles Legaré;
— René Cousinet;
— Laurent Texier;
— Alexis Loir;
— Pierre Germain;
— Les de Villers et Pierre Bain.

Sarrazin le sculpteur exécuta des Christs d'or et d'argent.

Presque toutes ces œuvres furent jetées au creuset en (1688 et 1689) pour payer les frais de la guerre. Dangeau mentionne une statuette en argent de Louis XIII à cheval, qui fut ainsi détruite (tome III.)

Mais dans tous ces travaux, on ne retrouve plus l'élégance qui caractérise l'orfèvrerie des XVe et XVIe siècles.

Le style peut sembler grandiose, mais il

manquera de finesse; on paraît tout sacrifier à un effet d'ensemble qui ne saurait remplacer la délicatesse nécessaire à cette branche de l'art.

Sous Louis XV, le Maniéré et le Bizarre semblent devenir le but principal des orfèvres, qui entendaient ainsi réagir contre le style Louis XIV. Cependant Thomas Germain, orfèvre et sculpteur, exécuta de remarquables travaux, notamment un Saint-Ignace en argent.

Enfin, sous Louis XVI, nos orfèvres produisent des œuvres d'une grande délicatesse et reviennent aux principes véritables, légués par leurs devanciers ; la finesse, l'élégance et la sobriété.

L'orfèvrerie du xixe siècle sembla toujours se borner à copier les modèles antiques, aussi les orfèvres français n'ont rien produit d'original sous l'Empire et la Restauration. Toujours ils donnent des reproductions rarement heureuses.

CHAPITRE V

DU PORTRAIT DANS LA CÉROPLASTIQUE

endant le xv⁰ siècle et le xvi⁰ siècle la céroplastique jeta un grand éclat en Italie. Luca della Robia ; — Ghiberti ; — Michelozzo laissèrent des ouvrages remarquables en cire.

Sansovino, le Vénitien, avait reproduit par ce procédé le Laocoon, et Raphaël déclara ce travail un chef-d'œuvre.

Un élève de Sansovino, le Tribolo, était renommé pour ses statuettes en cire.

Michel-Ange, lui-même, paraît s'être adonné à ce genre de sculpture : on attribue à ce maître la Descente de croix de la riche chapelle de Munich.

Cellini exécuta en cire sa statue de Persée et le bronze fut coulé d'après ce modèle.

Vasari, dans sa Vie des plus célèbres artistes, publiée vers le milieu du XVIe siècle, écrivait les lignes suivantes :

« Je serais trop long si je me mettais à énumérer tous ceux qui modèlent des médaillons en cire ; car, aujourd'hui, il n'y a pas un seul orfèvre qui ne s'en mêle, et bien des gentilshommes s'y sont appliqués, comme Jean-Baptiste Pozzini à Sienne et le Rosso de Guigni à Florence. » (Vasari, Vie de Valerio de Vicentino.)

Les portraits en cire étaient en effet très en vogue au XVIe siècle, en Italie ; Andrea Verrocchio et Orsino exécutèrent d'après ce procédé un portrait, grandeur naturelle, de Laurent de Médicis. (Vasari, vie d'Andréa Verrocchio.)

Les portraits-médaillons en cire, également très recherchés, donnèrent lieu aux artistes de faire preuve d'un grand talent.

Lombardi de Florence, raconte encore Vasari, exécuta en cire les portraits-médaillons des plus grands personnages de la cour de l'empereur Charles-Quint.

La réputation de cet artiste était immense, nous dit son historien.

La cire, on le sait, se modèle comme la terre glaise, avec un peu plus de difficulté, mais la finesse du travail est bien plus grande.

L'artiste n'a qu'à mouiller un de ses doigts, ou le bout de son ébauchoir, la cire n'adhère plus au corps qui la touche, et peut recevoir le trait le plus délicat.

M. Sauzay, notre savant conservateur du Musée du Louvre, fait à propos de la céroplastique une réserve que nous approuvons entièrement, comme sculpteur.

Il ne faut pas confondre, d'après M. Sauzay, les modèles faits à la cire blanche et qui n'étaient qu'un travail préparatoire, avec les œuvres réellement terminées.

Les études à la cire blanche étaient le plus souvent coulées en bronze : les médaillons polychromes seraient au contraire des portraits de personnages, ayant reçu le dernier trait.

Au Musée de Cluny, nous avons toute une série de médaillons en cire coloriée, avec boîte en cuir, décorée d'ornements au petit fer ; ces boîtes sont recouvertes par un verre, et datent du XVIe siècle.

Nous pouvons citer :

— Louis XII, roi de France ;
— Anne de Bretagne, reine de France ;
— François Ier, roi de France ;
— Charles-Quint, empereur ;
— La royne mère Catherine de Médicis ;
— Charles IX, roi de France ;
— Henri III, roi de France et de Pologne ;
— Loyse, royne de France ;
— Le duc de Guyse ;
— Feu M. le prince de Condé ;
— Le duc de Savoie ;
— La duchesse de Savoie ;
— La duchesse de Nemours ;
— La reyne de Navarre ;
— Clément Marot, etc.

Cette époque de la Renaissance est véritablement merveilleuse; est-il rien de charmant et de gracieux comme ces portraits en cire, auxquels on a ajouté, comme ornement, des pierres précieuses, des diamants, des rubis, des grenats, des perles?

Souvent des dentelles véritables viennent encore ajouter à l'illusion.

Ce genre de portraits nous remet en mémoire des gravures qui ne manquent pas d'originalité.

Dans l'une de ces estampes, le portrait d'Henri II, la gravure est découpée avec soin, la figure et les mains ont été conservées, mais on a collé des morceaux de soie qui forment le pourpoint; un rubis véritable est enchassé dans la bague qui orne la main du roi; d'autres pierres précieuses enrichissent le vêtement.

Le Musée du Louvre possède un beau portrait-médaillon en cire du connétable Anne de Montmorency : (n° B. 348 du catalogue de M. Sauzay.)

Nous avons encore d'un artiste français le portrait en cire de Louis XIV. Ce médaillon a été fait en (1706) par Antoine Benoist, peintre et sculpteur en cire du roi.

Ces deux portraits sont en cire polychrome.

Le portrait de Mme Saint-Huberti mérite encore d'être mentionné ; c'est un buste de profil d'un beau travail.

On pouvait admirer, il y a huit ou dix ans, chez un antiquaire de la rue Neuve-des-Petits-Champs, un magnifique masque en cire de Voltaire; la perruque était en véritables cheveux.

Notre travail doit se borner à l'étude des œuvres qui sont attribuées à des artistes français ; aussi nous devons passer sous silence un grand nombre de ces œuvres et des plus belles.

Parmi les portraits de personnages inconnus qui sont au Louvre, nous avons de véritables merveilles, telles que :

— B. n° 351 : Portrait d'une femme ; voile et vêtements noirs.

— B. n° 354 : Autre portrait de femme ; les cheveux, le col, les bras et la poitrine nus, sont ornés de perles et de grenats.

— B. n° 355 : Portrait de femme du XVIe siècle ; boucles d'oreilles et collier en perles, vêtement noir, collerette en dentelles.

Ces divers portraits sont en cire polychrome.

Nous pourrions citer encore d'autres portraits d'hommes et de femmes, en cire monochrome, qui sont également au Louvre :

Ainsi le portrait d'homme, B. n° 358 ; buste orné d'une large collerette et d'une cuirasse avec ornements en relief ; au-dessus l'ordre de la Toison d'or. C'est un travail français, d'après le catalogue.

Tous ces portraits en cire justifient ce que disait Vasari, au cours du XVIe siècle : « Toutes ces figures semblent vivantes. »

Dans cette branche de l'art, le sculpteur peut appeler à son aide les ressources de la peinture pour donner à son œuvre un cachet plus grand de vérité.

CHAPITRE VI

DU PORTRAIT DANS LA SCULPTURE SUR BOIS

os musées nationaux, principalement le musée du Louvre, renferment de nombreux spécimens de la sculpture ancienne sur bois. Nous ne pouvons, dans une étude du portrait en France, développer l'historique de la sculpture sur bois chez les Égyptiens : La salle du Louvre consacrée aux productions de l'Égypte conserve de curieux échantillons de sculptures sur bois : le bas-relief, la figurine y sont representés.

La salle du Louvre consacrée aux arts assyriens n'est pas moins remarquable.

Les Grecs et les Romains cultivèrent avec un égal soin la sculpture sur bois, qui offre à l'artiste tant de facilités pour fixer et rendre durables les conceptions qu'il a rêvées.

Les Grecs du Bas-Empire semblèrent abandonner la sculpture sur bois pour les travaux sur ivoire; mais cette matière est assez rare, et, peut-être pour cette cause, les sculptures sur bois reparaissent plus nombreuses vers le XIVe siècle.

En Occident, nous trouvons les sculptures sur bois mentionnées par les auteurs les plus anciens; cependant, il faut le reconnaître, les métaux précieux et l'ivoire sont employés de préférence par les artistes qui, du reste, n'exécutent guère que des objets religieux.

Ainsi le bas-relief de Saint-Riquier, exécuté au IXe siècle, était en bois de cyprès. (Mentionné par d'Achéry, Spicilegium, tome IV.)

Le groupe de l'abbaye de Saint-Bertin, figurant la Crucifixion, était en bois. — Cet ouvrage appartient au XIIe siècle.

Un moine, sculpteur sur bois, Lambert, vivait dans le monastère de Vézelay en (1165). (Ibid., tome II.)

A partir du xiiie siècle, la sculpture sur bois devient d'un usage bien plus général en France : les châteaux, les palais royaux, les églises, sont également enrichis de ce genre de décorations.

Nous avons du xiiie siècle une belle statue de saint Louis, en bois d'if : les vêtements sont rehaussés d'or et de couleurs : le manteau royal est semé de fleurs de lis d'or. — Cette figure faisait partie du retable de la Sainte-Chapelle.

Les inventaires royaux des xive et xve siècles mentionnent incessamment le riche mobilier, orné de statuettes, de feuillages et d'ornements si variés.

La statue en bois apparaît souvent encore, mais le plus ordinairement elle représente le Christ, la Vierge, les patrons des Églises.

Les ducs de Bourgogne commandaient, en (1391), à Jacques de Baerze, sculpteur sur bois, ce magnifique retable conservé aujourd'hui dans le musée de Dijon.

Le musée de Cluny conserve le retable de Champdeuil (Seine-et-Marne), également du xive siècle.

Ordinairement ces sculptures sur bois étaient peintes, parfois elles étaient dorées : le travail de l'artiste n'était donc qu'une ébauche, dont le décor final était confié aux soins de l'enlumineur.

Mais, on le voit, le portrait proprement dit est assez rare dans ces nombreuses sculptures sur bois. — Jusqu'au xvie siècle, on se borne à reproduire des types conventionnels, dont la destination religieuse n'exigeait aucune des conditions nécessaires dans le portrait.

Un emblème, indiqué par l'usage, une attitude voulue par la tradition, fidèlement reproduits, suffisaient pour attribuer à la statue sa destination et caractériser sa ressemblance, toute de convention.

Pendant le xvie siècle et le xviie siècle, les artistes exécutèrent de nombreuses sculptures sur bois; ils déployèrent dans cette branche de l'art un véritable talent, comme le prouvent les meubles divers et les instruments à l'usage des grands personnages.

On peut égaler, de nos jours, la délicatesse, l'élégance et la grâce de ces meubles, de ces coffrets, de ces écrans, de ces miroirs rehaussés d'or, mais on ne saurait faire mieux.

Les Huchiers de Rouen nous ont donné des merveilles, et Richard Taurin, le plus célèbre de tous, a multiplié dans la cathédrale et les églises de Rouen les produits de son talent.

Sauval nous a gardé les noms des frères Jacquet et de du Hancy, qui ornèrent sous Louis XII les églises de Paris. (Sauval, Antiquités de Paris, tome I.)

A Fontainebleau, François Ier commande de grands travaux de sculpture sur bois : Pierre Lescot donne le dessin d'une horloge monumentale et charge Deschauffour et Loisonnier, sculpteurs, d'exécuter, en noyer, sept figures de six pieds de haut qui devaient décorer cette horloge.

A cette époque le portrait-médaillon sur

bois était fort en vogue dans l'Allemagne, et les artistes de ce pays firent preuve d'un talent considérable.

Le portrait-médaillon fut également cultivé en France, et nos artistes durent égaler ceux des autres pays.

On peut s'en assurer en examinant les merveilleux portraits-médaillons conservés au Louvre, et qui proviennent de la collection Sauvageot.

Les portraits-médaillons de cette collection ne sont pas tous d'artistes français, mais nous ne pouvons admettre que la France, qui a toujours eu des sculpteurs si habiles, n'ait pas eu à cette époque des artistes sur bois capables de faire des portraits.

A cette époque, les sculpteurs travaillaient indifféremment le marbre, la pierre, le bois et parfois le bronze.

On a pu voir dans le chapitre du Portrait dans la numismatique que les projets de médailles leur étaient confiés; la médaille était coulée en or, en argent, d'après leur modèle.

Parmi les portraits-médaillons du Louvre

qui appartiennent plus spécialement à la France, nous citerons le portrait de René d'Anjou; buste de profil, et tourné vers la gauche (coté B. 191).

Un pion de damier, sur lequel est représentée Éléonore d'Autriche, buste tourné vers la gauche ; la princesse est coiffée d'une toque à plume et d'un réseau (coté B. 196).

Un très beau médaillon d'Henri IV, roi de France; buste lauré et tourné vers la droite (coté B. 208).

Les médaillons en bois représentant des personnages inconnus sont en nombre considérable.

En général, le travail de ces portraits est très remarquable par la pureté du dessin ; le relief est savant et le modelé en est fin sans être sec.

Pour faire une étude sérieuse sur le mérite comparé de ces portraits-médaillons, allemands, italiens et français, il faudrait une collection plus complète et des œuvres moins incertaines quant à l'origine qui leur est attribuée.

Ces sculptures sur bois ont un intérêt considérable pour l'histoire du portrait, et le fini qui les caractérise semble un garant de leur ressemblance.

Il existe encore dans une autre collection française, au musée de Cluny, une série de soixante figurines sculptées sur bois, hautes de sept centimètres.

Elles furent exécutées sous Louis XIII et représentent les rois de France, comme l'indique le tableau suivant :

Clovis, 5e roi de France (481-511), gist à Sainte-Genesviesve du Mont.

Childebert, 6e roi de France (511-558), gist à Saint-Germain des Prez.

Clotaire Ier, 7e roi de France (558-561), gist à Saint-Médard de Soissons.

Charibert ou Aribert, 8e roi de France (561-567), gist à Saint-Romain en Blaye sur Gironde.

Chilpéric Ier, 9e roi de France (561-584), gist à Saint-Germain des Prez lès Paris.

Clotaire II, 10ᵉ roi de France (584-628), gist à
 Saint-Germain des Prez, lès Paris.

Dagobert Iᵉʳ, 11ᵉ roi de France (628-638), enterré à Saint-Denis.

Clovis II, 12ᵉ roi de France (638-656), gist à
 Saint-Denis.

Clotaire III, 13ᵉ roi de France (656-670), gist à
 Chelles.

Childéric II, 14ᵉ roi de France (670-673), gist
 à Arras, à Saint-Vaast.

Clovis III, 16ᵉ roi de France (691-695), gist à
 Saint-Étienne de Choisy.

Childebert III, 17ᵉ roi de France (695-711), gist
 à Saint-Étienne de Nancy.

Dagobert III, 18ᵉ roi de France (711-715), enterré à Nancy.

Chilpéric II, 20ᵉ roi de France (715-720), gist
 à Noyon.

Thierri VI, 21ᵉ roi de France (720-737), enterré à Saint-Denis.

Childéric III, 22ᵉ roi de France (742-752),
 enterré à Saint-Omer.

Pepin, 23ᵉ roi de France (752-768), gist à Saint-
 Denis.

Charlemagne, 24ᵉ roi de France (768-814), gist à Aix-la-Chapelle, qu'il avait fait bâtir.

Loys le Débonnaire, 25ᵉ roi de France (814-840), gist à Metz.

Charles II, le Chauve, 26ᵉ roi de France (840-877), enterré à Saint-Denis.

Loys II, le Bègue, 27ᵉ roi de France (877-879), gist à Sainte-Cornille.

Loys III, 28ᵉ roi de France (879-882), gist à Saint-Denis.

Carloman, 29ᵉ roi de France (882-884), gist à Saint-Denis.

Charles le Gros, 30ᵉ roi de France (884-888), fut destitué en 890.

Eudes, 31ᵉ roi de France (888-898), gist à Saint-Denis.

Charles le Simple, 32ᵉ roi de France (898-929), gist à l'abbaye de Fourcy.

Raoul, 33ᵉ roi de France (923-936), gist à Sainte-Colombe lez Sens.

Loys d'Outre-Mer, 34ᵉ roi de France (936-954), gist à Saint-Remy, à Reims.

Lothaire, 35ᵉ roi de France (954-986), gist à Saint-Remy, à Reims.

Loys V, 36ᵉ roi de France (986-987), gist à Sainte-Cornille de Compiègne.

Hugues Capet, 37ᵉ roi de France (987-996), gist à Saint-Denis.

Robert II, 38ᵉ roi de France (996-1031), gist à Saint-Denis.

Henri Ier, 39ᵉ roi de France (1031-1060), gist à Saint-Denis.

Philippe Ier, 40ᵉ roi de France (1060-1108), gist à Saint-Denis.

Loys VI, le Gros, 41ᵉ roi de France (1108-1137), gist à Saint-Denis.

Loys VII, le Jeune, 42ᵉ roi de France (1137-1180), gist au monastère de Barbeau.

Philippe II, 43ᵉ roi de France (1180-1223), gist à Saint-Denis.

Loys VIII, 44ᵉ roi de France (1223-1226), gist à Saint-Denis.

Saint Louis, 45ᵉ roi de France (1226-1270), gist à Saint-Denis.

Philippe III, le Hardi, 46ᵉ roi de France (1270-1285), gist à Saint-Denis.

Philippe IV, le Bel, 47ᵉ roi de France (1285-1314), gist à Saint-Denis.

Loys X, le Hutin, 48ᵉ roi de France (1314-1316), gist à Saint-Denis.

Philippe V, le Long, 49ᵉ roi de France (1316-1322), gist à Saint-Denis.

Charles IV, le Bel, 50ᵉ roi de France (1322-1328), gist à Saint-Denis.

Philippe VI de Valois, 51ᵉ roi de France (1328-1350), gist à Saint-Denis.

Jean le Bon, 52ᵉ roi de France (1350-1364), gist à Saint-Denis.

Charles V, le Sage, 53ᵉ roi de France (1364-1380), gist à Saint-Denis.

Charles VI, 54ᵉ roi de France (1380-1422), gist à Saint-Denis.

Charles VII, 55ᵉ roi de France (1422-1461), gist à Saint-Denis.

Loys XI, 56ᵉ roi de France (1461-1483), gist à Notre-Dame de Cléry.

Charles VIII, 57ᵉ roi de France (1483-1498), gist à Saint-Denis.

Loys XII, 58ᵉ roi de France (1498-1515), gist à Saint-Denis.

François Iᵉʳ, de Valois, 59ᵉ roi de France (1515-1547), gist à Saint-Denis.

Henri II, 60ᵉ roi de France (1547-1559), gist à Saint-Denis.

François II, 61ᵉ roi de France (1559-1560), gist à Saint-Denis.

Charles IX, 62ᵉ roi de France (1560-1574), gist à Saint-Denis.

Henri III, 63ᵉ roi de France (1574-1589), gist à Saint-Denis.

Henri IV, de Bourbon, 64ᵉ roi de France (1589-1610), gist à Denis.

Lovys XIII, 65ᵉ roi de France (1610-1643), gist à Saint-Denis.

Le musée du Louvre possède le fameux F, dit de François Iᵉʳ, et qui s'ouvre à charnières, de façon à former deux F adossés. — (Il est coté B. 271).

C'est un travail du xvıᵉ siècle et une œuvre de patience étonnante.

Cette sculpture microscopique renferme à l'intérieur dix médaillons de 1 à 15 millimètres.

Neuf de ces médaillons sont les portraits de

Hector, — Alexandre, — Jules-César, — qui figurent le Paganisme;

De Josué, — David, — Judas Machabée, qui figurent le Judaïsme;

De Charlemagne, — du roi Artus — et de Godefroy de Bouillon, — qui figurent le Christianisme et la Chevalerie. Le dixième médaillon est le Christ en croix.

Dans le musée du Louvre se trouve encore la sculpture microscopique, dite M de Marguerite d'Angoulême, sœur de François Ier. — C'est encore un travail du XVIe siècle, charmant d'exécution et remarquable par la finesse du travail.

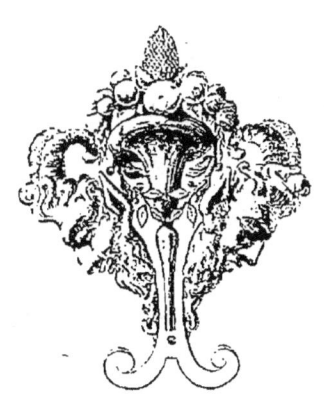

CHAPITRE VII

DU PORTRAIT DANS LA SCULPTURE EN IVOIRE

'étude attentive des objets antiques, conservés dans le musée du Louvre, démontre que la Sculpture en ivoire fut pratiquée chez les plus anciens peuples.

L'Égypte, l'Assyrie, la Grèce connurent la pratique de la Sculpture en ivoire ; mais la riche matière, fouillée par le ciseau de l'artiste, fut consacrée surtout aux objets du culte et à la reproduction des images des dieux.

Phidias exécutait un Jupiter dont les nus étaient en ivoire et les draperies en or; cette statue mesurait plus de dix-sept mètres d'élévation.

La statue de Minerve, également de Phidias, qui se trouvait dans le Parthénon, à Athènes, avait près de douze mètres de hauteur; la tunique était d'or, mais les nus étaient d'ivoire, ainsi que la Méduse figurée sur le bouclier.

En 1855, M. le duc de Luynes exposa une reproduction de cette Minerve, due au ciseau de Simart.

La statue, haute de trois mètres, était d'ivoire et d'argent; tous les nus de la Minerve, ceux de la statuette de la Victoire, placée dans la main droite de la déesse, étaient d'ivoire; la tunique et l'égide, d'argent repoussé et ciselé, étaient l'œuvre de M. Duponchel.

Chez les Romains, le goût pour la Sculpture en ivoire égala celui des Grecs, et les plus riches patriciens s'étudièrent à rassembler dans leurs somptueuses demeures les ivoires fouillés par le ciseau des artistes.

Plus tard, Constantin fit élever une statue d'ivoire dans la basilique de Sainte-Sophie, à sa mère Hélène.

Nous ne pouvons détailler ces merveilleuses tablettes, appelées diptyques, triptyques, qui furent en usage sous les consuls chrétiens et dans les premiers siècles de notre ère.

Ces tablettes étaient ordinairement enrichies de sculptures et souvent de portraits; elles étaient conservées dans les familles comme des annales historiques : les diptyques civils furent, à cette époque, ce que sont aujourd'hui les portraits de toute nature.

Les tablettes sculptées étaient encore l'objet d'échange entre amis; plus tard, une loi de Théodose en restreignit l'usage aux seuls consuls.

Les diptyques consulaires sont aujourd'hui une source précieuse d'indications historiques.

Jusqu'au VIIIe siècle, les diptyques ecclésiastiques furent d'un usage fréquent, mais habituellement ils sont ornés de scènes religieuses, et offrent peu d'intérêt pour l'histoire du portrait.

Du VIIIe au XIIIe siècle, la Sculpture en ivoire est pratiquée en France; mais elle se ressent des alternatives si diverses que les arts eurent à subir dans notre pays. Consacrée au culte, à la décoration des autels, à l'ornementation des objets sacrés, la Sculpture en ivoire garde un caractère religieux pendant cette longue période.

L'ivoire reproduit surtout les figures du Christ, de la Vierge, des saints, les portraits de convention d'évêques et de prélats.

Les dyptiques avec figures (hagiotiptyques, dit Gori) nous sont parvenus en plus grand nombre, et l'usage de relier les manuscrits, les sacramentaires, avec des plaquettes d'ivoire, d'argent et de bois a dû contribuer beaucoup à leur conservation.

« Les uns, « dit Pacciaudi, » furent de simples ornements; d'autres servaient de couvertures aux Évangéliaires, d'autres étaient offerts aux pieux baisers des fidèles, d'autres enfin servaient à la piété privée. » (Antiquitates Christianæ.)

Quelques-uns de ces diptyques sont cités par les plus anciens auteurs.

Nous voyons le comte Éverard, fondateur de l'abbaye Cisione, au diocèse de Tournai, léguer à son fils Unoch un diptyque d'ivoire, encadré d'or, « Tabulas eburneas, auro paratas »; par contre, le diptyque mentionné dans l'inventaire de Saint-Riquier est orné d'argent, « In argento paratas. » (Pacciaudi, ibid.)

A Bourges, le célèbre livre d'ivoire (diptyque consulaire) servait à l'office religieux, d'après Martène. (Voyage littéraire de 1717.)

A Besançon, on gardait l'ivoire du couronnement de Roman et de l'impératrice Eudoxie. Il est décrit par Du Cange et par Gori; Gailhabaud le reproduit dans sa Revue archéologique (1844, tome Ier).

La Sculpture en ivoire ne forme pas une branche distincte à cette époque : tout sculpteur sait travailler cette matière et en tirer les couvertures d'Évangéliaires, les crosses, les bas-reliefs que nous admirons encore.

Avec le XIIIe siècle, la Sculpture en ivoire semble élargir son cadre et sortir de l'ornementation. Le travail de l'ivoire, timidement ébauché jusqu'alors, s'inspire des principes de la Sculpture et tend à produire des œuvres remarquables.

Les statuettes religieuses de l'époque de saint Louis ont la pureté du dessin, la vérité d'attitude, la justesse de mouvement, et leur naturel atteste un progrès véritable de la Sculpture en ivoire.

Les inventaires du xive siècle et du xv° siècle mentionnent de nombreux travaux en ivoire qui font partie des trésors royaux ou des richesses des églises.

A cette époque, les oratoires portatifs, diptyques ou triptyques collants, sont en usage et font partie du mobilier. Les reliefs sont parfois très accentués dans ces *tableaux-cloants*.

Le Louvre possède un retable portatif ou oratoire de chambre remarquable; on le désigne sous le nom de retable de Poissy. (N° 888, catalogue de M. de Laborde.)

Le duc Jean de Berry, frère du roi Charles V, et sa femme, Jeanne d'Auvergne, accompagnés de leurs patrons, sont figurés dans ce retable.

Les boîtes à miroir en ivoire, enrichies de bas-reliefs, nous donnent parfois des portraits.

Le musée de Cluny conserve une boîte, ornée de diverses figures : un roi diadémé, assis sur un siège et tenant un sceptre ; près de lui est une reine ; on croit que ces figures sont celles de saint Louis et de la reine Blanche, sa mère ; autour, divers autres portraits.

Cet ivoire du XIVe siècle (n° 401 du catalogue de 1847) vient de l'abbaye de Saint-Denis.

Du Sommerard, dans son ouvrage sur les Arts au moyen âge, décrit encore un diptyque qu'il croit avoir appartenu à la reine Anne de Bretagne.

« Ce diptyque consiste en deux petites plaques d'ivoire, presque de la forme et du diamètre d'une pièce de 5 francs, incrustées dans deux tablettes de cèdre, montées en or et sur lesquelles existent encore quelques hermines.

» Quatre-vingts figures microscopiques, sujets de la Passion, ont trouvé place dans cet espace circonscrit.

» Si, comme tout l'indique, ce tableau cloant fut à l'usage de la duchesse Anne de Bretagne, on ne peut que s'émerveiller des yeux de lynx de cette princesse. » (Du Sommerard, les Arts au moyen âge. Paris, Cluny, 1838, tome II.)

Dans le xviᵉ siècle, la Sculpture en ivoire est remplacée par la Sculpture sur bois ; mais les artistes français ne délaissent pas entièrement les travaux sur ivoire.

Les ivoiriers s'adonnent surtout à la décoration des objets usuels.

De cette époque est le Pulvérin du Louvre. Sur cet objet, en corne de cerf, est un génie dirigeant de la droite un cheval marin et tenant de la gauche un trident et un arc.

M. de Laborde attribue cette sculpture à Jean Goujon. « Ce charmant ouvrage, » dit-il, « a toute la grâce de la main habile de cet artiste et peut avoir été un délassement au milieu de ses grands travaux. » (De Laborde, Notice des émaux et objets divers exposés au Louvre. Paris, 1853.)

C'est, en tout cas, une reproduction d'une œuvre de Jean Goujon, et l'auteur des *Notes d'un compilateur sur les Sculptures et les Sculpteurs en ivoire* eût fait sagement d'alléguer des raisons, lorsqu'il contredit M. De Laborde.

Le musée de Cluny possède la Jeune fille

châtiant l'esclave à genoux, attribuée à Francheville par M. Alexandre Lenoir (Musée des Monuments français), et à Jean de Bologne par M. Du Sommerard. (Les Arts au moyen âge, atlas, ch. v, pl. X.)

Dans le xviie siècle et le xviiie siècle, Michel Auguier,— Le Geret, sculptèrent l'ivoire avec distinction.

Milet ou Milé, de Dijon, — Pierre Simon, — Jaillot — et son frère Alexis-Hubert, d'Avignon, exécutèrent de remarquables travaux sur ivoire.

Simon Jaillot est l'auteur du buste en ivoire de Charles Lebrun, d'après Coysevox, qui faisait partie de la collection d'Alexandre Lenoir.

François Girardon, de Troyes, paraît avoir travaillé l'ivoire ; on lui attribue des crucifix d'une exécution hors ligne.

Jacques Sarrazin, — Jean Cornu, — Jean-Baptiste Guillermin, — Joseph Villerme — surent maintenir la Sculpture en ivoire au plus haut rang.

Nous trouvons encore à Londres un ivoirier français, J. Cavalier, — et David Le Marchand, de Dieppe, également Français ; — à Gênes, Lacroix, né en Bourgogne, qui exécutent des médaillons, des christs.

Les Rosset, de Saint-Claude, ont laissé des œuvres en ivoire.

Joseph Rosset a donné les bustes de Voltaire et de Montesquieu. Cet artiste est mentionné par les historiens comme excellant dans ce genre de travail.

Le Louvre conserve encore une Sainte-Thérèse, signée Rosset père (n° 235 du catalogue de M. Sauzay (1861).

Dans les XVIe, XVIIe et XVIIIe siècles, les ivoiriers sont nombreux ; mais les portraitistes en ivoire sont rares. Ce que nous en avons dit suffit à montrer que la Sculpture en ivoire jetait un grand éclat.

CHAPITRE VIII

DU PORTRAIT DANS LA SCULPTURE

ette étude sur l'art statuaire peut offrir un certain intérêt, car l'histoire du portrait dans la Sculpture, disons plus, celle de la *Sculpture* elle-même sont peu connues et peu étudiées en France.

Cependant la Sculpture Française a toujours été pratiquée avec succès ; elle a laissé des traces impérissables qui attestent l'habileté, la science, le caractère élevé et la prodigieuse facilité de nos artistes nationaux.

Nous rechercherons l'histoire du portrait

dans la Sculpture du moyen âge, parce qu'à cette époque l'artiste était sincère ; il pensait, et cherchait à rendre cette intime pensée que l'on retrouve bien rarement chez les artistes.

« La statuaire, à cette époque, est gauche encore, maladroite même; mais elle dit bien ce que l'artiste a voulu lui faire dire.

» L'œuvre occupe sa place avec raison, c'est-à-dire qu'elle a été faite pour être placée dans tel monument, à telle hauteur, à telle exposition, au soleil, et non commandée dans un atelier pour être placée on ne sait où ; achetée au Salon pour une destination inconnue.

» Comment veut-on avoir des œuvres d'art dans de semblables conditions ?

» Comment une statue conçue dans un atelier, sans savoir quelle sera sa destination, si elle sera éclairée par les rayons du soleil, ou par un jour intérieur ; comment cette statue achetée par des personnes qui ne l'ont point demandée pour un objet, et qui ne savent où la placer ; comment cette statue, disons-nous, produira-t-elle une impression sur le public ?

» Excepté quelques amateurs qui pourront apprécier certaines qualités d'exécution, qui s'en occupera ? qui la regardera ? »

Ainsi parle M. Viollet-le-Duc ; — et il ajoute :

« L'erreur moderne des sculpteurs est de croire qu'en reproduisant l'enveloppe ils reproduisent l'être ; qu'en copiant l'instrument, ils donnent l'idée de la mélodie. »

Quant à l'origine du portrait dans la Sculpture, il est bien difficile de la rechercher avant la construction de nos belles et magnifiques églises de Chartres, d'Amiens, de Beauvais, d'Auch, de Vienne en Dauphiné, de Reims, d'Autun, de Saint-Denis et de Notre-Dame de Paris.

Ces cathédrales n'offrent encore que des sculptures souvent grossières, et l'histoire nous a rarement transmis les noms des artistes à qui elles sont dues.

A cette époque l'art sculptural français était représenté par sept Écoles différentes : c'est la division donnée par du Seigneur :

— 1° L'École Bourguignonne ;

— 2° L'École Messine, employant la pierre à gros grains qui résistait aux finesses du ciseau ;

— 3° L'École Alsacienne, type de naïveté germanique, s'exerçait sur des moellons rougeâtres, très tendres en sortant de la carrière, mais durcissant à l'air libre ;

— 4° L'École Champenoise, dont les deux principaux centres étaient Reims et Troyes ;

— 5° Les Écoles Normande, Bretonne, Poitevine, participant toutes d'un type Anglo-Saxon ;

— 6° L'École de l'Ile-de-France, à laquelle se rallient celles de Paris, de Chartres, de Beauvais, de Melun, et même les Écoles de Laon et de Soissons qui semblent en être les dérivées ;

— 7° L'École Méridionale, au mouvement de laquelle coopèrent d'une manière très puissante les Écoles d'Arles, de Marseille, d'Avignon, de Toulouse, de Clermont, de Limoges et de Périgueux.

Nous voudrions ne rien omettre dans la nomenclature des œuvres de Sculpture où l'on peut trouver une apparence de portrait, sans être arrêté par la grossièreté de l'exécution.

C'est en recueillant les matériaux les plus anciens qu'il devient possible d'écrire l'histoire du portrait dans la Sculpture en France.

Mais il le faut dire : le portrait dans la Sculpture, dans le sens où nous le comprenons aujourd'hui, n'est pas la préoccupation de nos anciens artistes : l'œuvre était surtout ressemblante par le nom qui lui était attribué.

Comme portraits historiques les plus anciens dans notre histoire, nous citerons dans le VIIe siècle les deux bustes, en argent, de Dagobert et de sa femme la reine Nanthilde : Ces bustes ornaient le tombeau de Dagobert, inhumé à Saint-Denis.

Clovis a été représenté en empereur d'Orient, avec une chaussure très découverte ; c'est ainsi qu'on le voyait à l'entrée de l'église Saint-Germain des Prés et au portail de Notre-Dame de Corbeil.

Au même portail de Notre-Dame de Corbeil il y avait aussi la statue de Clotilde, femme de Clovis.

A Saint-Germain des Prés se trouvaient encore les statues de Clodomir, de Thierry, de Childebert, Utrogathe et Clotaire.

A Saint-Germain-l'Auxerrois, ainsi qu'à Notre-Dame, on voyait de belles statues, auxquelles on ne peut attribuer un nom précis.

A Saint-Denis, se trouvait une statue de Dagobert : c'est la plus ancienne et la plus intéressante ; elle fut conservée par Suger.

A cette époque, les artistes étaient tous architectes-sculpteurs et quelquefois peintres : ce qui explique la répétition de quelques noms déjà cités dans les autres parties de cet ouvrage.

Tels étaient Enguerrand ou Ingelramme qui bâtit l'admirable église du Buc, — Hues-Libergier, à Reims, — Robert de Luzarches, — Thomas de Cormont, à Amiens, — Jean, qui construisit l'église Saint-Côme, à Paris ; tous ces artistes travaillaient indifféremment, comme architectes et comme sculpteurs.

Un artiste inconnu coulait en bronze, dans la cathédrale d'Amiens, les tombes d'Éberard de Fouilloy (1223), de Geoffroy, d'Eu (1237) et de Jean, fils de saint Louis.

Sous les règnes de Philippe-Auguste et de Louis VIII, on voit Robert de Luzarches nommé plus haut, — Eudes de Montreuil, — Jean de Chelles, — Étienne de Bonneville, architectes-sculpteurs, contribuer par leurs travaux à la gloire du royaume.

C'est à ces artistes que sont dues les belles statues et statuettes de Saint-Denis. Dans celle de la reine Nanthilde, la maigreur qui caractérise l'art chrétien est rachetée par une finesse digne de l'art antique.

Jean de Saint-Romain exécuta pour 6 livres 8 sous parisis la statue de Charles V ; il passait pour *li melior imagier* de son temps.

Plus tard Jean Delaunay, — Jean de Liège, — Jean de Chartres. — Guy de Dampmartin, travaillent à la décoration du Louvre, et exécutent les statues du roi et de la reine, ainsi que celles des ducs de Berry et de Bourgogne.

Nous trouvons, comme sculpteurs célèbres, Guy le Maçon, à Dijon. — A Bourges, vers la même époque, Aguillon de Droues. — A Montpellier, entre (1331 et 1360), les deux Alaman, Jehan et Henri. — A Troyes, Denizot et Drouin de Mantes. — A Sens, Jacques des Stalles.

Il est incontestable qu'à cette époque les artistes normands, comme les artistes rhénans, multipliaient sous les porches des cathédrales les statues et les bas-reliefs, et exécutaient des portraits sur ivoire, sur pierre, et de nombreuses effigies sur les tombeaux.

La Sculpture des tombeaux offre un grand nombre de portraits et semble même former pendant longtemps comme une branche distincte de l'art. — Mais ces portraits ou effigies ne sont souvent qu'un simple tracé indiquant les contours de la figure et du corps.

Nous pouvons classer ainsi les sculptures, d'après la forme des tombeaux :

— 1° Sarcophages simples ;

— 2° Dalles en pierres tombales, avec figures gravées ;

— 3° Pierres tombales avec figures en relief couchées ;

— 4° Tombeaux dans des niches ornées d'arcatures et tombeaux arqués ;

— 5° Tombeaux élevés et richement décorés, très ornés ; ils prennent la forme de châsse, sont surmontés de figures agenouillées, à lambris à quatre faces, avec colonnes et dais.

Parmi les plus anciens monuments funéraires, doit être rangé le portrait de la reine Frédégonde, placé aujourd'hui au milieu de l'église de Saint-Germain des Prés. Cette représentation d'un personnage, qui date de l'an (600), est on ne peut plus intéressante.

Le sarcophage n'a pas de saillie. Il est composé d'une mosaïque de différents marbres de couleur, et d'émaux rapportés et fixés, à l'aide d'un mastic, dans les cavités du cuivre; la tête, les mains et les pieds sont simplement dessinés en creux.

A Reims, la pierre d'Ives Libergiers, architecte de l'église de Saint-Nicaise, a longtemps subsisté ; elle est détruite aujourd'hui.

Parfois les architectes ajoutaient à leur dessin au trait des motifs en relief; ainsi le personnage de Saint-Nicaise tenait dans ses mains une de ces esquisses.

On possède également la pierre tombale de Pierre de Montereau, dans l'église de Saint-Germain des Prés. Il est représenté ayant dans la main une règle et un compas.

On a aussi la pierre d'Alexandre de Berneval, un des architectes de Saint-Ouen de Rouen (xve siècle); l'architecte est représenté avec son élève, ils tiennent chacun une règle et un compas d'une main, dans l'autre ils ont une feuille sur laquelle il y a des dessins.

Pendant les xiiie, xive et xve siècles, les pierres sépulcrales se multiplient à l'infini, presque toutes les familles ont un de leurs membres ainsi représenté; on les retrouve encore dans les chapelles et dans les cloîtres.

D'après M. de Caumont, nous aurions en France plusieurs belles mosaïques représentant des personnages.

Ces mosaïques étaient très nombreuses durant l'ère Mérovingienne, ainsi que le prouvent la mosaïque en verre de Germiny-les-Prés, dans l'Orléanais (qui est du ixe siècle), et le pavage en mosaïque de l'église de Cruas, dans le Vivarais.

Aux XIIIe, XIVe et XVe siècles, on a fait beaucoup de portraits de chevaliers et de personnages en mosaïque ; les figures étaient entourées de fleurs de lis et de toutes sortes d'ornements.

On prenait de la terre glaise, qui était étendue sur un fond, terre assez molle pour se laisser pénétrer par un moule en relief qui représentait le personnage ; ce moule en relief laissait une empreinte en creux.

On remplissait alors ce vide soit avec de la terre de couleurs différentes, soit avec des émaux crus, mats ou translucides. Après avoir laissé sécher on envoyait le tout à la cuisson.

Parfois on formait la mosaïque avec des carreaux de terre cuite de différentes couleurs.

On trouve dans l'abécédaire de M. de Caumont le dessin d'un chevalier armé de son épée et vêtu de sa cotte de mailles.

Cette plaque a été trouvée dans l'abbaye de Fontenay, près de Caen.

A Saint-Omer on conserve le portrait d'un donateur exécuté de la même façon, et qui a l'apparence d'un vitrail.

Jusqu'au xve siècle les personnages illustres sont représentés sur leurs tombeaux, mais le dessin, la gravure, la mosaïque, sont seuls mis en pratique; rarement on a recours à la Sculpture.

Mais vers cette époque nous remarquons la tendance des artistes à figurer leurs personnages dans l'attitude de la prière, c'est-à-dire à genoux.

Dès le xiie siècle, cependant, on avait exécuté des *Monuments élevés :*

Les tombeaux de Richard Cœur de Lion, d'Henri II et de sa femme, qui existent à Fontevrault, sont du xiie siècle et nous apprennent une chose intéressante pour l'art :— c'est qu'à cette époque, on *peignait* les statues.

Quelques tombeaux étaient revêtus de plaques d'argent, ou de cuivre émaillé, tels que le tombeau d'Henri Ier, quatrième comte de Champagne, qui existait autrefois à Saint-Étienne de Troyes.

Les figures, rares au XIIe siècle, deviennent plus nombreuses dans le XIIIe ; les artistes font de grands progrès, ils sont moins raides dans leur manière ; par là même, ils ont plus de souplesse dans le faire et en conséquence ils jettent plus de vie dans les figures.

Pendant ce siècle, les tombeaux nous offrent de grands renseignements pour le costume. Les images des personnages représentés sur les pierres tombales sont bien des portraits.

Nous pouvons citer : — la statue de Guillaume, fils de Hugues II, seigneur de Naillac-sur-Blanc, qui existe encore dans l'église de Gargilesse-sur-la-Creuse ; puis le tombeau de Dillo (Yonne) orné d'arcatures ou statuettes avec figures couchées ;

Le tombeau de la reine Bérengère, femme de Richard Cœur de Lion, enterrée dans l'abbaye de Lepau, près du Mans, et transporté, en (1821), dans la cathédrale du Mans.

D'autrefois, comme nous l'avons dit, on recouvrait de bronze la statue du personnage.

A Amiens, se trouvent deux statues de ce

genre : celle d'Éverard de Fouilloy évêque (1223), et celle de Geoffroi d'Eu, son successeur.

A ce sujet, M. de Caumont dit qu'une grande partie de ces statues disparurent aux XVIIe et XVIIIe siècles; des Chapitres les firent détruire, soit parce qu'elles encombraient le chœur, soit parce que l'on n'estimait que ce qui était moderne, et, chose bien triste à constater, plus une statue avait de valeur artistique, comme celles en métal par exemple, et plus tôt elle était détruite par les fondeurs.

Parmi les statues du XIVe siècle nous citerons celle de Jean de Dormane, évêque de Beauvais; cette statue en cuivre jaune était couchée sur un marbre noir.

Deux magnifiques pierres tombales dessinées sont à Saint-Ouen-en-Belin, elles nous donnent les portraits d'Andrieu d'Averton, sire de Belin, — et celui de sa femme, Isabeau de Bréinville.

Au XVe siècle nous avons les *tombeaux arqués*.

La tombe en cuivre de Pierre de Savoisy,

évêque de Beauvais, montre un riche portail avec ses pinacles ornés de crochets, ses contreforts ornés de figurines; la statue de l'évêque est décorée de brillants émaux.

La statue tombale de la famille des Hamon, seigneurs de Champigny, est de la même époque.

Nous retrouvons encore des peintures de Jacqueline de Brucourt, qui se trouvent dans l'église de Larmay-sur-Calirme, près de Pont-l'Évêque.

Enfin, parmi les plus beaux tombeaux du xve siècle, on possède celui de Philippe le Hardi au musée de Dijon.

Au xve siècle, nous voyons que les monuments avaient des dais soutenus par des colonnes, les personnages étaient couchés dessous; plus tard ces tombeaux sont construits avec une très grande richesse de lignes et d'ornements.

Tels sont le magnifique monument de Marguerite d'Autriche dans l'église de Brou et le tombeau de Louis de Brézé à Rouen.

Michel Colombe et ses enfants exécutèrent

le tombeau de François II, duc de Bretagne ; Jehan Juste de Tours fit celui des enfants de Charles VIII, — puis le mausolée de Louis XII pour Saint-Denis, entre (1518 et 1530).

Nous devons une mention toute spéciale à ce monument, qui est un des plus remarquables de Saint-Denis.

Le corps du roi est étendu sur la pierre sépulcrale — digne et calme, le souverain est nu, mais il n'a pas besoin d'être couvert de ses habits royaux et de ses insignes, pour montrer d'où il vient, et qu'elle était l'autorité, dont il était investi. — Cette œuvre a un grand côté qui impressionne, tout en excitant une profonde admiration.

Vers cette époque, nous pouvons encore citer parmi nos sculpteurs célèbres, Jehan de Vitry — et Jacques Gendre, maistre masson imagier de l'hôtel de ville de Bourges.

Enfin le plus renommé de tous était Antoine Le Moiturier.

Un artiste éminent, Grand-Jehan le tailleur d'imaiges, grant ovrier, dit la chronique, exerçait à cette époque (XVIe siècle) son art à Metz ; — tandis que Jacques Bachot, Lorrain, faisait des œuvres pieuses et naïves. Il exécuta à Saint-Nicolas-du-Pont, à Pont-Mousson, différents tombeaux, entre autres ceux des princes Henri de Lorraine, évêque de Metz ; — et d'Henri II, seigneur de Joinville.

A la fin du XVe siècle, l'art Lombardo-Vénitien, copie maniérée du Grec, s'introduisit en France et fit partir pour l'Italie les artistes consciencieux qui voulaient résister à cet entraînement.

Nous voyons, à ce moment, fuyant leur patrie, Bachelier ; — les Lorrains Simon — et Ligier Richier ; — Jacques d'Angoulême qui eut la gloire de vaincre son maître Michel-Ange, dans un concours de statuaire ; plusieurs des ouvrages de ce maître sont au Vatican.

Les artistes du XVIe siècle utilisent, pour la décoration de leurs ouvrages, tout ce que la nature a mis à leur disposition : matières précieuses, marbres de différentes couleurs, émaux, peintures ; tout est employé dans les riches tombeaux de cette magnifique époque.

Les tombeaux des cardinaux d'Amboise, à Rouen ; — de François II, à Nantes ; — de François Ier ; — de Louis XII ; — et d'Anne de Bretagne nous donnent une preuve du grand talent de nos artistes.

Un fait curieux à noter, c'est qu'à cette époque il y avait des artistes *très réalistes :*

Ainsi le cardinal du Prat était représenté rongé par les vers au milieu des sculptures les plus riches de son tombeau.

Pour l'histoire du portrait, nous ne devions pas négliger la sculpture funéraire, cette source inépuisable d'œuvres d'art qui nous facilite l'étude de la marche du portrait dans les premiers siècles artistiques.

Les œuvres de la sculpture du moyen âge, de la Renaissance et des temps modernes, sont disséminées dans un grand nombre de musées et de villes.

Pour faciliter l'étude de ces portraits, nous suivrons dans notre travail l'ordre chronologique — et, lorsque nous serons arrivé au commencement du xixe siècle, nous les indiquerons par salon — avec la critique qui en a été faite.

Parmi les portraits dus à des sculpteurs anonymes du xiiie siècle, nous avons la statue de Blanche de Champagne, femme de Jean Ier, duc de Bretagne, morte en (1283).

Le portrait de Pierre de Jayet est du xve siècle : la tête de ce chanoine est fine, elle a un grand caractère.

Dans le xve siècle, nous devons mentionner les statues de Pierre d'Évreux de Navarre, fils de Charles le Mauvais, roi de Navarre ; — de sa femme, Catherine d'Alençon ; — d'Anne de Bretagne, fille de Jean sans Peur..

Michel Colombe, né vers (1430), les uns disent en Touraine, d'autres en Bretagne, commence cette série non interrompue de nos grands artistes.

Sa statue de Philippe de Commines, remarquable par le faire, vivante par le modelé, est un véritable portrait qui nous donne bien une idée des illustres personnages du xve siècle. Cette statue est une des plus belles du maître, qui a fait également Hélène de Chambes Monsoreau, femme de Philippe de Commines; — Louis de Pouchet, receveur-trésorier de François Ier, représenté mort et étendu la tête sur un coussin; la statue est d'albâtre; — la statue de Roberte Legendre, femme de Pouchet, est exécutée dans le même esprit.

Nous ne possédons de Jean Goujon, au musée de la Renaissance, qu'un seul buste, et encore il n'est qu'attribué à cet artiste : c'est le buste d'Henri II, roi de France.

Un œil exercé peut facilement découvrir que ce buste doit être de Jean Goujon : la finesse d'exécution, les détails dans les ornements, merveilleusement exécutés, indiquent la main du maître.

La figure un peu aplatie nous offre encore un indice certain, et c'est une remarque qu'il est facile de faire dans presque toutes les œuvres de ce maître.

Il semble que tout artiste doive s'incliner devant la statue de l'amiral de Chabot. Cette œuvre de Jean Cousin, l'une des plus considérables parmi les monuments de la sculpture française, offre un magnifique sujet d'étude à ceux qui recherchent les qualités qui caractérisent si bien notre École.

Jean Cousin est le véritable chef de cette sculpture qui va soutenir l'honneur français, sans craindre les rivaux étrangers.

Cette tête découverte de Philippe de Chabot, à demi couché, est bien celle du chef, de l'homme de grande race, qui sait qu'au premier signal il sera obéi.

Jean Cousin n'a pas cherché à reproduire simplement l'enveloppe, il a voulu rendre l'esprit, l'énergique volonté de son modèle. Nous voyons que cette statue est bien celle du guerrier intrépide et, sur ce visage, il semble qu'on peut lire l'histoire d'une existence passée dans les combats, au milieu de périls incessants.

Du même artiste on possède les statues de François, comte de La Rochefoucauld, chambellan de François Ier; les bustes de Charles-Quint et de François Ier.

Germain Pilon nous a laissé une œuvre

qui est et sera toujours un des plus beaux monuments de la statuaire française, — la statue de Valentine Balbiani.

Dans cette œuvre, l'artiste a montré une science profonde de l'anatomie.

La statue habillée de la femme du chambellan de Birague possède une grâce réelle et l'exécution est digne du maître.

Germain Pilon nous a laissé les bustes d'Henri II, — de Charles IX, — et d'Henri III, rois de France.

Ces bustes, qui sont en albâtre, décoraient le château du Raincy ; la dégradation du visage indique qu'ils ont séjourné longtemps en plein air, — on retrouve dans ces bustes toutes les qualités et tous les défauts de l'artiste ; il faut bien le dire, la finesse est grande, mais la sécheresse d'exécution est trop apparente.

Germain Pilon n'en restera pas moins un de nos plus grands artistes, mais son faire est *moins français* que celui de Jean Cousin.

Le président Mainard disait de cet artiste, dans une épitaphe fort juste :

« Toujours gracieux, quoique souvent incorrect, il peut être regardé comme le Corrège de la sculpture, ses ouvrages réunissent en partie la belle simplicité et les finesses de l'Antique; le caractère de l'ensemble et les grâces font oublier que sa manière de draper est sèche et ses plis trop cassés. »

Barthélemy Prieur nous a donné la statue d'Anne de Montmorency, duc et pair, maréchal, grand-maître et connétable de France, frappé mortellement devant Saint-Denis, et celle de sa femme, Magdelaine de Savoie.

Bonne et belle sculpture.

Cet artiste a fait les bustes d'Henri IV, — de Philibert de Lorme, — de Christophe de Thou, cette scuplture est saine et honnête; la statue de Montmorency est très belle; quel calme et quelle sévérité sur tous ces traits!

Le musée du Louvre conserve divers bustes, exécutés par Jacquet, dit de Grenoble; ainsi Philippe Desportes, poète né à Chartres (médaillon en bronze); — le buste en bronze de Martin Fréminet, qui provient de l'abbaye de Barbeau. — Ces bustes n'ont rien de remarquable.

Nous ne possédons de Simon Guillain que les débris du magnifique monument qui fut élevé sur le pont au Change, à l'angle des deux rues, à la gloire de Louis XIII et de Louis XIV.

Louis XIV était représenté à l'âge de dix ans, élevé sur un piédestal, et la Renommée le couronnait de laurier. Louis XIII et Anne d'Autriche étaient placés à la droite et à la gauche du jeune roi; un fronton circulaire terminait le monument, couronné par deux anges soutenant les armes de France.

Les trois statues seules subsistent, elles ont une grande allure; on pourrait leur reprocher un air théâtral, mais ce caractère ne devait pas choquer lorsque ces statues étaient à leur place.

Nous devons encore citer du même artiste quelques statues qui ne sont pas au musée.

Ce sont les statues de Charlotte-Catherine de la Trémoille, veuve d'Henri Ier, prince de Condé. — D'Argenville nous dit : Cette statue est placée dans le chœur des moines qui desservent le couvent des filles de l'Ave-Maria.

Sur un tombeau de marbre noir est une belle figure de cette Dame (la tête et les mains *sont touchées de chair*).

Au-dessus de la porte des Juges-Consuls (porte Saint-Denis) était placée la statue en pierre de Louis XIII, représenté avec des lions soumis à ses pieds. Cette œuvre de Guillain était très remarquable.

On doit à Jacques Sarrazin le buste en bronze de Pierre Séguier, chancelier de France mort en (1672).

Sarrazin, l'auteur des magnifiques cariatides du Louvre, a droit à toute notre admiration.

Cet artiste, formé à l'école des grands maîtres italiens, fut lié intimement avec Le Dominiquin; il resta dix-huit ans en Italie, où il étudia longuement la sculpture sous Michel-Ange, qu'il appelait son maître.

On sait que la reine Anne d'Autriche, grosse de son premier enfant (Louis XIV), fit vœu de donner, à Notre-Dame-de-Lorette, un enfant d'or du même poids que celui qu'elle portait dans son sein, au cas où ce serait un prince.

A la naissance de l'enfant, le futur roi fut placé dans une balance, et Sarrazin exécuta en or une statue du même poids; elle pesait six livres d'or.

Ce même maître a fait aussi la statue du cardinal de Bérulle, c'est une figure pleine de vie et d'expression.

Le buste de Gaston de France, à Blois, était encore de Sarrazin.

Le dernier travail de ce grand artiste, peintre et sculpteur, fut le tombeau d'Henri de Bourbon, prince de Condé.

De Michel Anguier nous n'avons que le buste de Jean-Baptiste Colbert, marquis de Seigneley.

Son frère, François Anguier, qui fut l'ami de Mignard, du Poussin, de Stella, fut de bonne heure distingué par Louis XIII; cet artiste nous a laissé la statue d'Henri Chabot, duc de Rohan; — de Jacques-Auguste de Thou et de sa femme Gasparde de la Châtre; — celles de Jacques Souvré, grand-prieur de France; — et du duc Henri de Montmorency, décapité à Toulouse, en (1632).

Louis Lerambert naquit, pour ainsi dire, au milieu des statues antiques et des marbres du roi Louis XIII. Il semble avoir été prédestiné à la sculpture.

Ce fut le marquis de Cinq-Mars qui le tint sur les fonts. — Avec un semblable patronage, les débuts devaient être faciles à cet artiste.

Malgré ses succès à la Cour, Lerambert, profondément studieux, retourna toujours à ses études ; il s'appliquait à faire les bustes ou les portraits en médaille des personnages illustres qu'il fréquentait.

Il exécuta en marbre le buste du cardinal de Mazarin.

On lui doit encore le buste du maréchal de la Meilleraye ; — ceux de Hesselin ; — de Jabach — et de Madame Jabach.

Étienne Le Hongre exécuta, pour le tombeau du marquis de Gesvres, la statue de ce maréchal de France, tué au siège de Thionville en (1643).

Cet artiste exécuta encore pour la ville de Nancy et pour celle de Dijon les statues équestres du roi.

Girardon avait sculpté le portrait en médaillon du grand Condé; celui-ci en fit cadeau au célèbre jésuite le Père Tournemine, en lui disant plaisamment que la ressemblance était parfaite et qu'il n'y manquait qu'un peu de tabac au bout du nez.

Girardon offrit à Troyes, sa ville natale, un grand médaillon en marbre blanc, représentant le roi.

Cet artiste exécuta encore, d'après les dessins de Lebrun, le tombeau du cardinal de Richelieu, érigé dans l'église de la Sorbonne. On a également de lui le buste de Boileau Despréaux.

Girardon fit, au château de Villacerf, plusieurs bas-reliefs et bustes, entre autres ceux de Louis XIV ; — et de la reine Marie-Thérèse ; ils sont en marbre blanc et mesurent trois pieds de haut.

Il fit encore les bustes de Colbert; — de Villacerf ; — de Passerat ; — et d'Urbain IV.

Pour la place Louis-le-Grand, à Paris, Girardon modela la statue équestre du roi Louis XIV.

Cette sculpture a vingt huit pieds de haut; elle est la première de proportions aussi considérables qui ait été fondue d'un seul jet.

Girardon a décoré divers tombeaux :

— Celui de la princesse de Conti, à Saint-André-des-Arts ;

— Celui du marquis de Louvois, qui devait être érigé d'abord aux Invalides ;

Le portrait de Barbier de Metz, dans l'église de Gravenilles, — le tombeau et le médaillon de Bormeau de Trassy, dans la cathédrale de Tournay, sont également de Girardon.

On érigea deux tombeaux à Henri de Bourbon, prince de Condé ; le premier fut fait par Sarrazin, dans l'église des Jésuites de la rue Saint-Antoine ; et l'autre par Guérin. Dans celui-ci, la statue du prince le représente couché sur le côté, au-dessus d'une espèce d'ordre d'architecture soutenue par quatre grands termes.

Guérin avait sculpté la statue de Louis XIV, tenant un sceptre à la main et terrassant la Discorde.

Cette figure, qui avait cinq pieds, était

placée sur un piédestal à trois faces, elle devait être érigée dans la cour de l'hôtel de ville de Paris.

Girardon exécuta, pour ce monument, neuf médaillons ronds qui représentaient le maréchal de l'Hôpital, gouverneur de Paris ; — Lefèbvre, prévôt des marchands ; — Guillon Phelippes ; — Levieux ; — et Denisot, échevins ; — Piêtre, procureur du Roi et de la ville ; — Lemaire secrétaire ; — et Boucaut receveur.

Guérin fit aussi le mausolée en marbre de Messire Charles de la Vieuville, duc et pair, ministre des finances sous Louis XIII et Louis XIV, et celui de son épouse Marie Bouhier.

Cet artiste excellait à faire des portraits en médaille, et la ressemblance égalait toujours la finesse du travail. Le médaillon de René Descartes est l'œuvre de Guérin.

Avec Antoine Coysevox commence la véritable série des portraitistes en sculpture.

Est-il rien de plus merveilleux que le buste de Marie Serre, ce monument de la piété filiale?

Marie Serre était la mère d'Hyacinthe Rigaud ; ce grand artiste abandonne tous ses travaux, pour aller dans le Roussillon ; il rapporte trois portraits de sa mère, un de face, un de profil, l'autre de trois quarts, afin de permettre à son ami Coysevox de faire le buste que nous admirons.

L'ami fut à la hauteur de l'affection du fils. Les portraits de Mignard, de Charles Le Brun, de Bossuet, du cardinal de Richelieu ; les médaillons de Marie-Thérèse, de Louis XIV, sont empreints des qualités supérieures qui caractérisent ce grand artiste.

Tous les hommes célèbres ont posé devant Coysevox.

Le prince de Condé ; — Turenne ; — Colbert ; — le chancelier Tellier ;

Louvois ; — de Montausier ; — le duc de Richelieu ; — le duc de Chaulnes ;

Le duc d'Antin ; — le chevalier Boucherot ; — le cardinal de Bouillon ; — le cardinal de Polignac ;

Le maréchal de Villars ; — le maréchal

Vauban ; — le premier président de Harlay ; — Mansart ; — Lenôtre.

Coysevox exécuta encore le portrait de Louis XIV, à quatre âges différents.

Coysevox donna également la statue du roi pour l'hôtel de ville de Paris ; — et la statue équestre de Louis XIV, à la demande des États de Bretagne.

A cette occasion, seize des plus beaux chevaux du prince lui furent amenés pour qu'il s'inspirât des qualités de chacun d'eux ; il travailla avec les plus habiles écuyers, étudia le cheval et fit de la monture royale un chef-d'œuvre.

On doit à Coysevox les magnifiques tombeaux de Colbert, à Saint-Eustache ; — du cardinal de Mazarin ; — du prince Ferdinand de Furstemberg, dans l'abbaye de Saint-Germain ; — d'Henri de Lorraine, dans celle de Royaumont.

Coysevox fut vraiment un grand artiste, son habileté était connue dans le monde entier.

D'Argenville raconte qu'après une grande

maladie, Coysevox régla les honoraires de son médecin et lui dit :

« Vous m'avez rendu la vie à votre » manière, je veux vous immortaliser à la » mienne, en faisant votre buste en marbre. » Et ce portrait fut un des plus beaux du maître.

A Chantilly était la statue en marbre du grand Condé, — et au château de Seran, en Anjou, le tombeau en marbre de Vauban. Toutes ces œuvres étaient dues au ciseau de Coysevox.

Les Coustou, neveux et élèves de Coysevox, arrivèrent rapidement à la célébrité, grâce à leur talent et à l'influence de leur oncle.

Le talent ne suffit pas toujours pour l'artiste ; mais sous ce rapport les Coustou furent heureusement partagés.

En (1731) Nicolas Coustou fit une statue de Louis XV.

Cette statue était primitivement dans le jardin de Versailles ; elle se trouve actuellement au musée de la sculpture moderne.

Les portraits de Nicolas Coustou sont très

gracieux, mais il y a une affectation qui choque au premier abord ; tout est maniéré, faux, les extrémités surtout sont mièvres et ne sentent pas la nature.

Du reste, à cette époque, dans toutes les manifestations de l'art, soit peinture, soit sculpture, on retrouve partout les mêmes afféteries.

Quant aux qualités de Nicolas Coustou, elles sont immenses : distinction, grâce, tout y est ; ce serait parfait avec un peu moins d'exagération.

Le faire du maître est merveilleux, et disons qu'à aucune époque le marbre n'a été travaillé avec autant d'adresse et d'habileté. Mille détails, qui échappent au public, ne sauraient passer inaperçus à l'œil expérimenté du sculpteur.

De nos jours, on parle de l'habileté des praticiens italiens; rien n'égale l'habileté de Pujet; — de Coustou ; — de Pigalle ; — de Pajou.

La hardiesse et l'habileté, dirigées par une science profonde, tirent du marbre des effets extraordinaires.

Coustou a fait le tombeau du maréchal de Créqui. Il a représenté cet illustre capitaine à cheval, poursuivant les ennemis.

Pour l'Académie de Peinture, Coustou a donné les bustes de Colbert — et de l'abbé Bignon.

Dans la cathédrale de Beauvais est érigée la figure du cardinal de Janson, à genoux, de grandeur naturelle.

La statue de Marie Leczinska, femme de Louis XV, fut exécutée par Guillaume Coustou, frère de Nicolas, qui fit également la statue de Louis XIII offrant son sceptre et sa couronne à Jésus-Christ, en accomplissement du vœu du roi à Notre-Dame.

Le bas-relief de la porte principale des Invalides, qui représente Louis XIV à cheval, est encore de Guillaume Coustou.

Un des élèves de Guillaume Coustou, Jacques Saby, de Valenciennes, alla en Danemarck, pour exécuter la statue équestre de Christian IV.

Adam de Nancy fit un beau buste en marbre de Louis XV.

Ce même prince, sur la demande de madame de Pompadour, commanda sa statue à Pigalle.

Lorsque Pigalle fut envoyé à Ferney pour exécuter le buste de Voltaire, l'artiste trouva le grand philosophe affaissé par l'âge, la tête penchée sur la poitrine et, comme dit d'Argenville, — *soufflant des pois.* — Quelle attitude!... quel parti le sculpteur en tirera-t-il?

Pigalle désespère de la réussite; enfin il s'avise de lui demander s'il est l'auteur de la Pucelle. A cette question le poète prend un air riant et accorde volontiers à l'artiste de lui en réciter quelques morceaux..... Le modèle fut promptement achevé.

Depuis longtemps Pigalle méditait une étude de muscles et d'anatomie; l'occasion lui en fut offerte.

Une Société de lettres lui proposa d'élever une statue à Voltaire; l'artiste y consentit, à la condition qu'il le ferait nu. — Il chercha le modèle le plus décharné, le plus maigre qu'il pût trouver, et le copia, malgré les instances de tous ses amis, qui demandaient une draperie sur le nu. Un homme d'esprit fit cette épigramme en voyant cette sculpture :

> Pigalle au naturel représente Voltaire,
> Le squelette à la fois offre l'homme et l'auteur,
> L'œil qui le voit, sans parure étrangère,
> Est effrayé de sa maigreur.

Pigalle est l'auteur du monument que la reconnaissance de la France a élevé au maréchal de Saxe; — il fit aussi le tombeau du comte d'Harcourt.

On a de Pigalle plusieurs portraits en bronze et en marbre qui sont très beaux et très ressemblants; — Diderot, — l'abbé Raynal; — Maloët; — et Perronet. La statue de Louis XV qui était à Reims était de cet artiste, elle a été détruite en (1793) et remplacée par la copie qu'en donna Cartelier en (1818).

Lemoyne, né à Paris, fit, d'après les ordres de Louis XV, le tombeau de Crébillon. Le roi, pour lui témoigner sa satisfaction, lui commanda sa statue équestre pour Bordeaux.

Le mausolée de Mignard fut également sculpté par Lemoyne.

Dans l'intervalle de (1730 à 1773), Lemoyne fit, tous les ans, trois ou quatre bustes du roi.

D'après les mémoires de l'époque, le nombre des œuvres de Lemoyne est tel, que le sculpteur le plus laborieux n'aurait pas eu le temps de les finir.

Nous ne lui ferons pas le même reproche que d'Argenville, c'est-à-dire, d'avoir scrupuleusement observé la mode du jour, sans oublier le col, la ceinture et les brassards : pour nous c'est une qualité ; l'artiste doit être avant tout de son temps, et contribuer par ses œuvres à fixer l'histoire de son époque.

Un grand nombre de statues et de bustes furent exécutés, à diverses époques, pour la décoration du Louvre et des Tuileries. Nous en donnons ici la liste alphabétique.

Bannel (Pierre, général de brigade, tué en Italie en 1795), buste par Bartelini ;

Bart (Jean, chef d'escadre, 1702) buste par le Baron Lemot;

Bayard, statue par Bridou père;

Berghem (Nicolas, paysagiste), buste par Jacquet;

Berthier (Alexandre, maréchal de France), buste par Fortin;

Beyrand (Martial, général de brigade, tué en Italie en 1795), buste par Corbet;

Boileau (Despréaux), buste par Caffieri;

Bouvet (Jean, comte de l'Empire), buste par Dumont;

Bougainville (chef d'escadre), buste par Bosio neveu;

Bourdon (Sébastien, paysagiste), buste par Chauvet;

Catinat (maréchal de France), statue marbre par Dejoux;

Champagne (Philippe, peintre), buste par Maussion;

Chauvet (sculpteur), buste par Valois;

Claude Lorrain (peintre), buste par Masson;

Colbert, buste par Renaud;

Coligny (amiral), buste par Jean Goujon;

Condé (le Grand), buste par Roland ;
Corneille (Thomas) buste par Caffieri ;
Coustou (Nicolas), buste par Lorta ;
Crébillon (Jaliot de), buste par Caffieri ;
Croizier (général, tué en 1799), buste par Petitot père ;
Custine (général de division), buste par Moitte ;
Dampierre (Picot de, général, tué en 1793), buste par Foucon ;
David (Louis, peintre), buste par Rude ;
Davoust (maréchal), buste par Rosio ;
Delorme (Philibert, architecte), buste par Legendre-Héral ;
Denon (directeur des Musées), buste par Marin ;
Desaix (de Voigoux, général, tué en 1800), buste par Dejoux ;
Dominiquin (peintre), buste par Mlle Charpentier ;
Dow (Gérard, peintre), buste par Caivelli ;
Du Couédié (capitaine de vaisseau), buste par Bougron ;
Dugommier (général), buste par Chauvet ;
Duguay-Trouin, buste par Lucas ;
Duguesclin, buste par Faucon ;

Dupuy (général), buste par Roland ;

Duquesne, buste par Mérasse ;

Elliot (aide de camp de Bonaparte, tué à Arcole), buste par Dardel ;

Espagne (J.-L. d'), buste par Callamart ;

Estrées (Victor-Marie d', vice-amiral), buste par Bougron ;

Foy (Maximilien, général), buste par Bra ;

Germain Pilon (sculpteur), buste par Guersant ;

Goujon (Jean, sculpteur), buste par Raggi ;

Gouvion (Saint-Cyr, maréchal), buste par David d'Angers ;

Guerchin (peintre), buste par Brion ;

Gros (le baron, peintre), buste par Debay père ;

Guérin (baron, peintre), buste par Dumont ;

Hoche (général), buste par Delaistre ;

Joubert (général), buste par Boizot ;

Jouvenet (peintre), buste par Beguin ;

Jules Romain (peintre), buste par Blaise ;

Kellermann (duc de Valmy), buste par Blaise ;

Kléber, buste par Masson ;

La Harpe, buste par Brion ;

La Pérouse, buste par Rude ;

Lasalle, buste par Renaud;

Latouche-Tréville (vice-amiral), buste par le Baron Bosio;

Lauriston (maréchal de France), buste par le Baron Bosio;

Le Brun (peintre), buste par Coysevox;

Leclerc (maréchal), statue par Dupaty;

Le Sueur (Eustache), buste par Roland;

Lobau (maréchal), buste par Rauge;

Marceau, buste par Dumont;

Masséna (duc de Rivoli), buste par Dumont;

Michel-Ange (Buonarroti), buste par Gatteaux;

Mignard (peintre), buste par Théodore;

Moskowa (le prince de la), statue marbre par Théodore;

Murrois (tué à Arcole), buste par Tannay;

Pérignon (marquis de, maréchal de France, buste par Maitte;

Pérugin, buste par Bougron;

Poussin (peintre), buste par Blaise;

Primatice, buste par Foyatier;

Prudhon (peintre), buste par Nanteuil;

Puget (Pierre), buste par Legendre-Héral;

Quinault (1635, poète, inventeur de l'Opéra), buste par Caffieri ;

Rembrandt (peintre), buste par Mansion ;

Rigaud (peintre), buste par Pigalle ;

Ruisdaël (peintre), buste par Caillouette ;

Saint-Hilaire (général), buste par Bridou fils ;

Savé (baron de, ingénieur de la Marine), buste par Daumas ;

Saxe (maréchal de), buste par Coitellier ;

Sébastien del Piombo, buste par Gatteaux ;

Suffren-Saint-Troppez (amiral), buste par Brion ;

Titien, buste par Bridou fils ;

Tourville, buste par Ramey fils ;

Turenne (vicomte de), buste par Pajou ;

Valentin (peintre), buste par Fessard ;

Vauban, buste par Bridou père ;

Vernet (Joseph, peintre), buste par Boizot ;

Véronèse (Paul), buste par Delaistre ;

Vouet (Simon, peintre), buste par Fessard.

Selon notre promesse, nous donnerons

l'appréciation des critiques contemporains sur les divers artistes sculpteurs.

Diderot n'est pas un flatteur pour Lemoyne ; parfois le critique est même violent : il écrit dans son Salon de (1761) :

— « Le buste de Mme de Pompadour, rien ; — celui de Mlle Clairon, rien ; — d'une jeune fille, rien.

» Ceux de Crébillon et de Restout valent mieux. »

Dans le Salon de (1765), Diderot est plus acerbe encore : que l'on en juge :

— « Mme la comtesse de Brionne. — Eh bien ! mon ami, que voulez-vous que j'en dise ?

» Mme de Brionne n'est encore qu'une belle préparation. Les grâces et la vie vont éclore ; mais elles n'y sont pas. Elles attendent que l'ouvrage soit fini ; et quand le sera-t-il ?...

» Aux cheveux, le marbre n'est qu'égratigné ; Le Moyne a cru que du crayon noir pouvait suppléer au ciseau. Va-t'en voir s'ils viennent !

» Et puis cette poitrine? j'en ai vu de nouées, et comme celle-là, Monsieur Le Moyne !

» Monsieur Le Moyne, il faut savoir travailler le marbre ; et cette pierre réfractaire ne se laisse pas pétrir par les premières mains venues.

» Si quelqu'un du métier, comme Falconnet, voulait être franc, il vous dirait que les yeux sont froids, secs ; que quand on bouche les narines, il faut ouvrir les lèvres, sans quoi le buste étouffe. »

En (1767) Diderot revient encore sur l'incorrection du travail de Lemoyne.

— « Buste de l'avocat Gerbier. Je ne me le rappelle pas — Tant pis. — Est-ce pour le buste ?

» Il y a encore, de Le Moyne, un autre buste en terre cuite, d'une femme, il est très élégant, très vivant, très fin.

» En général, les terres cuites de Le Moyne valent mieux que ses marbres. Il faut qu'il ne sache pas travailler. »

Falconet ; — Pajou ; — Caffieri ; — d'Huez ;

Vassé ; — Challe ; — Adam ; — Mignot ; — Slodtz ; — Bridau ; — Berruer ; — Allegrain ; — Gois ; — Mouchy ; — Francin ; — Dumont ; — Le Comte ; — Monot ; — Coustou ; — Boizot fils ; — Julien ; — Dejoux ; — se partagent les Salons, vers (1759).

Tous n'ont pas un égal talent, mais l'ensemble de leurs œuvres ne laisse pas que d'être remarquable.

Diderot mentionne la plupart de ces sculpteurs et leur distribue la louange ou le blâme avec une impartialité parfois douteuse ; mais les critiques mêmes du célèbre écrivain n'en sont pas moins de précieux documents pour l'histoire.

Caffieri (1761). — Le buste de Rameau est frappant ; on l'a fait froid, maigre et sec comme il est, et on a très bien attrappé sa finesse affectée et son sourire précieux.

Falconnet (1761). — Le buste de Falconnet, médecin, beau, très beau, on ne saurait plus ressemblant.

— Challe, écrit Diderot en (1763), « a un grand nombre de bustes ; mais je ne me résoudrai jamais à vous entretenir de ces hommes de boue qui se font représenter en marbre.

» J'en excepte le *buste du roi ;* — celui du prince de Condé ; — celui de la comtesse de Brionne ; — ceux de La Tour, le peintre, — et du poète Piron. »

En (1765), Diderot est plus sévère pour Challe :

« Le buste de M. Houcel est ébauché, encore ne l'est-il pas spirituellement. »

Sur Pajou — et Vassé en (1765), Diderot porte ce jugement :

Pajou. « Portrait de M. de la Live. — Ce portrait est froid et plat comme lui, vous prendrez cela comme il vous plaira; cela ne peut manquer d'être vrai ; — mais, dites-vous, est-ce que la tête ne vous paraît pas ressemblante ?

— » Elle est sans finesse.

— » Mais tant mieux !

— » Oui, mais j'entends sans finesse de ciseau. »

Vassé. — « Le comte de Caylus est beau,

vigoureux, noble, fait avec hardiesse, bien ressenti, chair, beaux méplats, le trait pur, les peaux, les rides, les accidents de la vieillesse à merveille. »

En (1767), Diderot ne garde plus de mesure, en parlant de Pajou :

— « Les bustes du feu Dauphin, du Dauphin son fils, du comte de Provence, du comte d'Artois, — plus plats, plus ignobles, plus bêtes que je ne saurais vous le dire, oh ! la sotte famille.......... en sculpture ! Le grand-père est si noble, a une si belle tête, si majestueuse, si douce pourtant, et si fière.

» Le buste du maréchal de Clermont-Tonnerre. Mais quelle fureur d'éterniser sa physionomie quand on a celle d'un sot. »

Quant à Gois, le critique est moins sévère, il se montre favorable.

— « Buste en terre cuite, je ne sais de qui, mais vrai, savant, parlant, original, je gage qu'il ressemble. »

En (1771), Diderot fait le plus bel éloge de Caffieri et d'Huez.

« Quinault — Lulli — Rameau. Ces trois

bustes, destinés au foyer de l'Opéra, ont une vérité admirable, et sont d'un ciseau savant ; ils rendront M. Caffieri participant de leur immortalité. »

D'Huez — « Portrait de M. de la Condamine. Il est très ressemblant et d'un style hardi et facile. »

Houdon — « Le portrait de Diderot (très ressemblant) » fut exposé par Houdon, en (1771) : M. J. Assézat complète ce jugement sommaire par la note suivante :

« On nous saura gré, sans doute, de suppléer au laconisme de Diderot sur cette terre cuite qui, pour la finesse et la hardiesse d'exécution, pour l'animation et pour le caractère de la vérité, ne le cède en rien aux portraits de Washington ; — de Franklin ; — de Chénier ; — de Lalande ; — de Mirabeau ; dont Houdon nous a laissé également des terres cuites.

» Ces conceptions de premier jet, cent fois plus palpitantes que le bronze et le marbre, qui n'étaient pas destinées, comme cela se fait aujourd'hui, à disparaître après le moulage,

Houdon les conservait toutes avec le plus grand soin dans son atelier, où nous avons pu les admirer de son vivant, et les recueillir après lui. » (Note de M. Walferdin.) (Œuvres complètes de Diderot, 1876.)

Diderot est plus explicite, dans son Salon de (1781) en parlant de Houdon :

— « Le maréchal de Tourville. » — Pour le Roi : — « Cette figure a du mouvement, le moment choisi est sublime ; ce n'est pas de la sculpture, c'est de la peinture, c'est un beau Van Dyck. On a dit que l'attitude tenait un peu de Scapin, cette critique a plus de malignité que de raison. »

« La statue de M. de Voltaire. — Cette statue, en marbre, devait être placée à l'Académie française ; mais elle est destinée à présent (Mme Denis Duvivier s'étant brouillée depuis son mariage avec messieurs les quarante) à décorer la nouvelle salle de la Comédie, rue de Condé. Cette figure a du caractère.

» On n'en trouve pas l'attitude heureuse ; c'est qu'on n'est pas touché de sa simplicité, on lui aimerait mieux une robe de chambre que cette volumineuse draperie ; mais aurait-elle été aussi propre à diminuer les maigreurs d'un vieillard de quatre-vingt-quatre ans ?

» Pourquoi ses souliers sont-ils carrés ?

» Quand on accuse les rides du visage et leurs formes d'être peu vraies, on oublie que c'est un portrait, on voudrait plus de finesse encore dans le dessin, une ride grande ou petite devient imperceptible à son extrémité ; on serait porté à croire que toutes celles de ce visage sont un peu de pratique, les mains sont très bien. »

En (1781), Diderot écrit de Pajou :

— « Pour le Roi, cette figure m'a paru avoir le caractère qui lui convient, draperies un peu lourdes, les mains pas trop belles. Et la tête est-elle bien sur les épaules ? S'il ôte la main qui la soutient, je crains qu'elle ne tombe. En la regardant par devant, on le croirait bossu. »

— « Le buste de Grétry, demandé par les États de Liége, doit être placé sur le théâtre de la ville. Ce buste est fait avec esprit ; aux yeux, touches sèches et égales, cheveux lourds; mêmes défauts à tous les bustes de ce maître ; ils semblent travaillés d'habitude. Je n'aime pas ces rayons aux yeux. »

En (1781), Diderot goûte beaucoup moins les œuvres exposées par Caffieri :

— Poquelin de Molière ; — Mesmer ; — Mlle Lozé ; — etc.

« Tous ces bustes maniérés de forme et d'une touche sèche et maigre, celui du charlatan Mesmer est le moins mal. »

J. Assézat, l'éditeur des œuvres de Diderot, a cru devoir corriger ainsi cette note : — « Malgré tout le désir que nous avons de ne pas donner notre appréciation, après des critiques tels que Diderot, nous ne pouvons nous retenir devant de sembables appréciations.

Caffieri est sans contredit un de nos plus célèbres portraitistes français. Le buste de Molière, dont parle ici Diderot, est un des plus beaux du maître; du reste on trouve souvent chez Diderot, dans ses critiques, cet esprit de partialité.

Houdon avait exposé en (1806) les bustes de l'empereur Napoléon — et de Joséphine. On écrit dans le Pausanias Français (Salon de 1806) :

« Lorsqu'il s'agit de louer des êtres supérieurs, l'admiration est le seul hommage. J'ai cru reconnaître ici le type de la *Force* et là celui de la *Grâce*. Je n'y retrouve pas tout le talent de l'artiste, soit que le temps lui ait manqué, soit plutôt qu'il n'ait pas assez fait pour vouloir trop faire. C'est ce qui arrive lorsque l'inspiration venue est extrêmement vive.

» Deux autres portraits de femmes, faits d'après de très aimables modèles, très ressemblants, coiffés avec goût.

» On voit que M. Houdon avait pour faire ces deux ouvrages tout le temps et toute la liberté que l'art exige; car, dans les arts comme dans les lettres, il est des moments heureux et d'inspiration, comme il en est d'autres où elle languit et devient rebelle. »

Clodion est moins bien traité par le critique : l'artiste avait exposé le buste du cardinal Maury.

— « Le buste du cardinal Maury est assez ressemblant ; mais pourquoi lui avoir fait froncer le sourcil, et les lèvres serrées, comme s'il était de mauvaise humeur ?

» Enfin ce buste est médiocre, son air affaissé ne rappelle pas le talent vigoureux de cet orateur plein de verve et de chaleur. »

Jal écrivait du sculpteur Bra en (1827) :

« M. Bra n'a pas été heureux dans les statues du Dauphin — et du duc de Berry.

» Elles manquent de tournure et d'élévation de style. J'aime beaucoup mieux ses portraits ; il paraît exceller à reproduire les traits des vieillards.

» Son buste du Roi est fort bien ; les chairs et les accessoires sont également réussis.

» Le buste de M. de Jouy est modelé avec un grand soin, les larges rides qui sillonnent sa figure spirituelle sont scrupuleusement étudiées.

» Mais des marbres qu'a taillés M. Bra, celui qui me paraît supérieur aux autres, c'est celui qui représente le respectable docteur Pinel.

» Cette tête, où les muscles affirmés par l'âge sont dans un mouvement si vrai, me rappelle la manière du vieux Houdon dans la belle statue de Voltaire qui orne aujourd'hui le péristyle du Théâtre-Français. »

MM. G. Laviron et Galbant, dans leur Salon de (1833), nous ont laissé les appréciations suivantes sur divers sculpteurs de cette époque :

Chaponnière. — « Dans le buste du duc de Nemours, de Chaponnière, je n'aime pas les cheveux qui s'attachent aux tempes. Le reste me semble irréprochable. »

David d'Angers. — « Les bustes admirables de Bentham — et de Chateaubriand ne laissent aucun doute sur sa puissance de modelé, mais on pouvait ne pas deviner son aptitude pour un art presque oublié depuis la *Diane* de Jean Goujon.

» Nous croyons devoir l'inviter publiquement à envoyer au Louvre ses statues de : — Corneille, — de Jefferson — et du maréchal Gouvion-Saint-Cyr ; et les bustes nombreux de ses ateliers : Paganini, — Boulay de la Meurthe, — Georges Cuvier. »

Dantan. — « Il manque au buste de Pierre Lescot, par Dantan, cette sincérité de caractère des artistes du XVIe siècle; la tête nous paraît d'un modèle incertain et d'une touche faible.

» Son buste de Victor Hugo est celui qui nous semble le mieux rendu, même à côté de celui de M. du Seigneur. »

Préault. — « M. Préault, dans son cadre de médailles, nous semble avoir réussi, d'une manière heureuse, à traiter cette sorte de sculpture de fantaisie.

» Cet artiste est un débutant qui a de la verve et un talent plein d'avenir. Le sentiment du relief est porté chez lui à un degré qui atteste une bonne organisation. »

Du Seigneur. — « A mis à l'exposition un buste du bibliophile Jacob, en (1833). Le caractère de jeunesse qu'on y remarque contraste singulièrement avec l'âge de l'homme de lettres, qui naguère a écrit sur tous les étalages de libraires : *En 1765, quand j'étais jeune.....*

» Évidemment le sculpteur ou le bibliophile a voulu tromper le public. »

En (1834), P. Planche juge ainsi diverses œuvres de David d'Angers.

— « Les bustes de Béranger, — Sieyès — et Merlin me semblent fort supérieurs au Cuvier — et au Paganini. Mais le médaillon de Casimir Périer peut se comparer aux meilleurs portraits de David.

» Je retrouve bien dans cette figure la volonté supérieure à l'intelligence, la colère contenue qui faisait le fond du caractère du modèle, l'enchâssement de l'œil qui semble regarder l'ennemi et mesurer le danger ; le pli des lèvres étroites et comprimées, signe manifeste d'un volonté opiniâtre qui s'irrite de l'obstacle, mais ne s'en laisse pas abattre ; l'écartement maladif des ailes du nez, tout, dans cette physionomie pensive et souffrante, révèle le tumulte intérieur qui a dévoré, en quelques mois, l'homme que la tribune avait épargné pendant quinze ans. »

G. Planche écrit de Jaley en (1836) :

« M. Jaley avait à faire, pour la Chambre des députés, deux tableaux : Mirabeau — et Bailly.

» Il s'est acquitté de ces deux statues comme d'une tâche ordinaire, sans se préoccuper de la grandeur des personnages, ni du rôle qu'ils ont joué.

» Il a copié de son mieux le masque de Mirabeau, moulé sur le cadavre, et, après avoir joué cette besogne servile, il a cru bravement qu'il avait satisfait à la partie la plus impérieuse du programme.

» Il ignore apparemment que la mort affaisse les traits les plus énergiques, et que le plâtre, jeté sur un visage inanimé, ne recueille jamais qu'une empreinte infidèle.

» S'il avait pris pour guide et pour conseil le masque de Mirabeau; s'il avait réveillé les lèvres engourdies; s'il avait rendu au regard l'expression ironique, arrogante et libertine; s'il avait gravé sur ce visage une effrayante laideur, la menace et l'invective;

» Je le féliciterais de ses études; mais il n'a rien trouvé, rien compris dans ce masque hideux jusqu'à la terreur; il n'a pas su interpréter la lettre qu'il avait sous les yeux, il n'a pas ressuscité le monstre.

» Le Mirabeau de M. Jaley est tout simplement un homme des Halles, fier de sa force et de sa taille, comptant sur son poing comme sur un argument sans réplique, habile à terrasser son adversaire, quel qu'il soit, par un coup bien asséné, mais incapable de recourir à la parole pour vider une question.

» Dans la statue de M. Jaley, c'est à peine si le libertin se retrouve, l'orateur a disparu tout entier. »

Le même critique d'art écrit de divers sculpteurs en (1846) :

Niewerkerke. — « Que dire du Descartes de M. Niewerkerke ?

» Il est difficile d'imaginer un ouvrage plus vulgaire.

» Pour un sculpteur habile, en possession d'une vraie science, c'eût été une occasion éclatante de montrer toutes les ressources de son talent.

» M. Niewerkerke, qui a débuté par des statuettes, ne s'est pas aperçu qu'il faut autre chose que l'adresse pour exécuter des figures de six pieds.

» La statue équestre de Guillaume le Taciturne nous avait pleinement révélé son insuffisance. »

De Bay. — « La statue de Cambronne, de M. de Bay, est une erreur que j'ai peine à m'expliquer ; de quelque côté, en effet, qu'on regarde cette statue, il est impossible de trouver un ensemble de lignes satisfaisant. »

Auguste Barre. — « Un buste de femme, de M. Auguste Barre, offre des parties finement étudiées. Les yeux regardent bien, et les lèvres ont de la souplesse. On voit que l'auteur s'est efforcé de reproduire, autant qu'il était en lui, le modèle qu'il avait choisi. »

En (1847), G. Planche dit de Simart et de Pradier :

Simart. — « Buste de Mme la comtesse d'Agoult, par Simart; le masque est modelé avec une remarquable fermeté : le front est d'une belle forme, les yeux ont de la vivacité, la bouche est d'une expression sérieuse, les narines minces, transparentes et dilatées, donnent à la physionomie quelque chose d'idéal et d'exalté. »

Pradier. — « Des trois bustes envoyés par

M. Pradier, le meilleur, à mon avis, est celui de M. Auber.

» La ressemblance est très satisfaisante, et les différentes parties du visage sont étudiées et rendues avec un soin qui, chez l'auteur, n'est pas habituel.

» Il lui arrive rarement, en effet, de traiter la tête avec autant d'attention et de persévérance que le torse et les membres ; pour le buste de M. Aubert, il a donc dérogé à ses habitudes.

» L'œil et la bouche ont de la finesse, le front pense, les plis des paupières sont indiqués avec précision et sans sécheresse. »

Un autre sculpteur, d'Orsay, est jugé fort élogieusement par L. Énault, dans le Salon de (1851).

« — Tout à côté de la Liberté, et en face de la République — heureux voisinage, — on trouve le buste de M. de Lamartine, par M. d'Orsay, l'artiste gentilhomme.

» M. de Lamartine s'était d'abord tenu à l'écart dans un angle obscur, où l'on pouvait à peine l'apercevoir, on l'en a tiré pour le placer vis-à-vis de la République.

» Ce buste a valu à son auteur le beau nom de Phidias : — c'est M. de Lamartine qui le lui a donné; le buste est une belle chose. La physionomie aristocratique, hautaine et un peu sèche du modèle, a été heureusement saisie.

» Une autre œuvre de M. d'Orsay, Lady Blessington, révèle les qualités les plus charmantes du plus habile ciseau. C'est toute *la morbidezza* de la vie. Cette sculpture a la suavité et la molle souplesse d'un dessin à l'estompe. »

Nous arrêterons ici l'intervention des critiques, contemporains de ces artistes que nous n'avons pas connus, nous réservant de faire nous-même, dans la conclusion de cette étude, l'éloge et la critique des artistes de notre temps.

CONCLUSION

ous terminerons cet abrégé de l'histoire du portrait par un rapide aperçu sur les portraitistes contemporains.

Ici se place, tout naturellement, une grave question que nous ne craignons pas d'aborder franchement.

Est-il utile pour l'histoire de parler des contemporains ? Nous répondrons : oui.

La plupart des historiens, il est vrai, ont évité de parler, dans leurs récents écrits, des artistes vivants. — Pourquoi ?

Est-ce qu'ils auraient voulu éviter de froisser ? Cela n'était à craindre que pour certains amours-propres peut-être mal placés. Lorsque la critique est honnête, lorsqu'elle est basée sur l'expérience et le savoir, elle rend un service véritable aux travailleurs et aux artistes en leur laissant une histoire critique des œuvres d'artistes qu'ils n'ont pu connaître. Il est souvent bien difficile de juger ces œuvres quelques années après; souvent les couches de vernis jaunissent; les couleurs, parfois de mauvaise qualité, se décomposent, changent et ne sauraient plus donner l'idée première de l'œuvre.

N'est-il pas toujours intéressant de connaître l'accueil fait à ces œuvres par l'opinion publique, et la critique elle-même n'est-elle pas le reflet du goût du jour; hélas! qui pourrait nier le grand rôle que joue l'opinion publique dans le faire, dans la composition et dans la dimension des œuvres d'art?

Nous croyons donc qu'il est nécessaire et même indispensable de connaître le jugement des contemporains, malgré la passion qui peut l'entacher, et nous dirons plus, à cause même de cet entraînement qui, venant du public, passe aussi bien du public à l'artiste que du public à l'écrivain.

Si la France actuelle ne compte pas, parmi ses portraitistes, des artistes comme Rigaud, comme Largillière, comme Houdon, comme Caffieri et autres, elle a le bonheur de pouvoir être fière des Dubois, des Bonnat, des Henner, des Carolus Duran, des Carpeaux.

Les portraits de ces maîtres seront encore plus appréciés, lorsque deux ou trois générations d'artistes auront remplacé celle qui tient si haut le drapeau de l'art français. Ne devons-nous pas être fiers à tous les titres de posséder un artiste comme Dubois, dont les portraits en peinture, en sculpture, sont justement admirés? Comment ne pas éprouver un certain embarras lorsque l'on veut porter un jugement sur ce maître contemporain? Quoi de plus charmant que le trouble que nous causent les œuvres de cet artiste qui n'a d'autre rival que lui-même?

Le maître en peinture, lorsque l'on est devant ses toiles, vous fait oublier le sculpteur; le maître en sculpture sait faire, encore, qu'on ne se souvient plus du peintre que pour se laisser empoigner, devant ses œuvres, par une émotion déjà ressentie, mais qui ne saurait être amoindrie.

Lorsque Dubois exposa le portrait de ses enfants, au Salon de (1876), un cri d'admiration ébranla les voûtes du Palais de l'Exposition ; dans le public, ce fut surtout un cri d'étonnement. Mais pour les artistes et pour les véritables amateurs, l'admiration fut sans réserve ; on savait, depuis longtemps, que Dubois était un grand peintre et un portraitiste hors ligne. Qui n'a pas remarqué ces charmantes têtes d'enfants, dont il nous a donné, cette année même (1879), un des plus beaux spécimens ? Cette tête de face de petite fille est un pur chef-d'œuvre. Portraitiste éminent, l'artiste a su rendre cet air de candeur et d'étonnement naïf qui appartient à l'innocence ; et comme on peut lire profondément dans ces beaux yeux d'enfants ! quelle science, quelle habileté dans les sacrifices nécessaires pour donner à la physionomie cette expression qui est la vie, et qui, elle-même, est le but final! qualité d'autant plus rare, dans un peintre, que trop souvent elle fait défaut aux portraitistes, et parfois aux plus grands.

Dans la sculpture de Dubois, on retrouve la même dignité, le même calme, la même vérité. Il a fait peu de portraits, mais ils se distinguent, tous, par les qualités que l'on demande dans la représentation du visage humain.

Que l'on examine attentivement le buste en bronze de M. Baudry, ou celui en terre cuite de Mlle X... (1879), on retrouvera dans ces deux œuvres les mêmes qualités : sous une apparence d'un faire lâché existe une étude excessivement vraie de la forme; le travail de surface n'est fait que pour amener une variété dans les effets, c'est-à-dire dans la couleur. Il est facile alors de deviner le grand peintre, en examinant les bustes de l'éminent sculpteur.

Par des moyens tout autres, M. Bonnat nous fait éprouver de grandes et sévères émotions, — il sculpte ses portraits; nul n'a su mieux que lui fixer, pour la postérité, la vie intime des personnages qui, après avoir illustré leur époque, ont pensé qu'il serait d'un haut intérêt de connaître leurs traits et leur physionomie.

Il appartient à M. Bonnat d'avoir fixé à tout jamais le caractère de ces têtes illustres ; aussi nous saluons en lui le plus grand portraitiste de notre époque. Les portraits de MM. Thiers, Hugo, de Broglie, de Lesseps, de Grévy, de Mme Pasca, de Mme P. B.., de Mme F. B..., de Mme P. C..., etc., font étinceler les qualités du maître contemporain.

Devant ces œuvres magistrales, ne cherchons pas les qualités ou les défauts de la peinture, abandonnons avec plaisir une érudition dite technique aux saloniers d'un jour. Voyons plus haut. Eh bien! du fond de notre âme, et c'est notre droit, nous avouons que devant ces portraits nous ne nous appartenons plus, nous oublions le peintre, car il nous semble contempler une réalité, non pas cette enveloppe matérielle qui varie et qui passe, mais bien la réalité du génie.

M. Bonnat, et voilà son triomphe, sait refléter dans son œuvre la personnalité idéale du modèle qui a posé devant lui. Cela nous suffit, et ne semble-t-il pas que ces quelques moments nous ont plus appris de la vie et des œuvres de ce modèle que toutes les biographies de la terre.

Dans son salon de (1866), M. E. About écrivait de Carolus Duran : « Décidément, c'est un des plus forts de la génération nouvelle. » M. About a bien dit, et Carolus Duran lui a donné raison; c'est avec le plus grand plaisir que nous constatons les immenses succès de ce jeune portraitiste, dont les œuvres ont été couronnées par la médaille d'honneur.

En (1869), Carolus Duran exposa le portrait de sa femme, et ce fut certainement pour lui le point de départ de ses plus sérieux succès. Cette toile que nous avons revue l'année dernière, à l'Exposition universelle, quoique un peu ternie, n'en a pas moins conservé toutes les qualités que nous demandons au portrait.

Voici, du reste, l'opinion de M. Paul Mantz sur cette œuvre du maître :

« M. Carolus Duran a certainement un meilleur pinceau que M. Giacometti, et plus sérieux : il n'a pas moins de grâce. Qui aurait jamais cru que ce peintre, si violent à ses origines et qui a même cherché la réalité à la Courbet, en viendrait à croire au froufrou des robes de soie, aux mystérieuses poésies d'un gant gris perle, aux chapeaux chimériques de la bonne faiseuse ?

» Il nous montre tout cela dans le portrait de Mme ***, une élégante vêtue de noir, dont la silhouette allongée dans sa désinvolture aristocratique se profile sur la sobriété d'un fond gris...

» La robe est peinte à ravir ; mais elle n'arrête pas plus qu'il ne convient l'œil du spectateur, et rien ne l'empêche d'examiner, à loisir, la tête où éclate l'individualité du modèle, et les yeux surtout qui sont pleins d'éloquence.

» Dans son charme victorieux, ce portrait est grave et devra rester : c'est une note dans l'histoire de l'idéal féminin. » (*Gazette des Beaux-Arts*, 1869.)

Ce portrait n'est cependant que le prélude de la vie artistique de Carolus Duran. Cette toile sera bientôt dépassée par le portrait de Mme Feydeau, qui figurera au Salon de (1870). Dans cette œuvre, l'artiste devient beaucoup plus coloriste et enrichit les arts par un des plus beaux portraits de l'École moderne.

M. René Menard, dans son Salon de (1870), s'exprime ainsi :

« Parmi les succès de cette année, il en est un auquel nous applaudissons sans réserve : c'est celui de M. Carolus Duran. Tout le monde a apprécié le beau portrait de femme en robe noire que cet artiste avait envoyé au dernier Salon. Cette année il a fait un pas en avant, et son portrait de femme est vraiment magistral. Elle est debout, vêtue d'une longue robe de satin mauve, aux plis largement brisés, qui laisse voir par le bas une jupe bleu clair. Elle entr'ouvre en souriant une portière de velours vert qui fait le fond de la toile.

» Une étonnante puissance d'aspect, une touche presque brutale en certaines parties, une facture large et facile, tout contribue à donner à cette peinture un air de franchise et de sincérité qui plaît dès le premier abord, mais c'est plus qu'un simple aspect, et l'examen, loin de diminuer le plaisir du premier moment, révèle les qualités qu'on n'avait pas vues, en arrivant, dans l'ajustement, dans le mouvement des mains, dans les rubans, dans les manches ornées de dentelles. Mais, avant tout, c'est une peinture vivante, compréhensible, éclatante et d'une grande liberté d'exécution. »

Carolus Duran a apporté, dans ses bustes, ces mêmes qualités qui ont fait sa grande réputation en peinture, — ce faire large et coloré qui donne la vie, — pourquoi n-a-t-il pas continué à faire de la sculpture, ces deux arts ne se complètent-ils pas ?

M. Victor Cherbuliez, dans son Salon de (1872), s'exprime ainsi sur Carolus Duran :

« Dans une salle du fond, on trouve deux portraits de femmes en grande toilette qui ne sont ni moins entourés ni moins discutés que celui de M. Thiers ; impossible de passer devant sans s'arrêter ; c'est un ensorcellement. On prétend que l'auteur de ces portraits,

M. Carolus Duran, s'est plaint que le jury l'avait mal placé ; ce sont bien plutôt ses voisins qu'il faut plaindre. Voilà un morceau de la plus grande vigueur de couleur, disait Diderot, en parlant de je ne sais quelle peinture ; il tue cinquante tableaux autour de lui. Les portraits de M. Carolus Duran sont de force à en tuer soixante. »

Jules Claretie émettait cette opinion sur l'envoi de Carolus Duran au Salon de (1873) :

« A cheval, en costume d'amazone, Mlle Croizette se tient droite, souriante, coiffée d'un petit chapeau d'où descend, en flottant, un voile léger que le vent caresse. Le cheval, dressant la tête, semble respirer comme en liberté les senteurs marines.

» On a reproché à M. Carolus Duran d'avoir peint Mlle Croizette à cheval, dans les proportions que Vélasquez donne à ses infantes ; mais l'artiste, libre au surplus de choisir la dimension de ses toiles, vous répondra qu'il n'a pas fait simplement le portrait de Mlle Croizette et que sa toile a pour titre : *Au bord de la mer*.

» Il est voulu aussi le portrait de Jacques X, qui restera dans l'œuvre de Carolus Duran, sous le nom de l'Enfant bleu. Gainsborough et le Blue-Boy ont piqué au jeu le portraitiste contemporain. Il a enlevé sur fond bleu et fait marcher sur un tapis bleu ce petit garçon blond, aux lèvres de cerises, qui s'avance et vous regarde de ses yeux profondément vivants : c'est un tour de force que cette peinture. »

A l'occasion des *portraits de ses enfants* et de Mme *de Pourtalès*, Jules Claretie écrivait dans son Salon de (1874) :

« Jamais couleur ne fut plus solide et plus saine. Est-il possible de signer un meilleur portrait d'enfant, Marie-Anne-Carolus Duran, qui, debout, sourit et regarde étrangement devant elle avec ses deux grands yeux noirs et profonds.

» C'est encore dans une gamme volontairement assombrie que Carolus Duran a voulu peindre Mme la comtesse de Pourtalès...

» Les mains sont adorables, effilées, aristocratiques, et tout ici nous peint une femme de haute race et de haute vie. M. Carolus Duran a personnifié là les élégances modernes et le ton spécial des mondaines de ces dernières années. »

Nous ne pouvons omettre une appréciation bien originale sur Carolus Duran. Qu'on en juge :

« Depuis quelques années, les portraits de Carolus Duran sont une des attractions du Salon ; je ne dirai pas qu'il est le portraitiste à la mode, ce serait mal caractériser son genre, mais il a tout à fait rallié cette partie du public mondain qui se pique de s'y connaître, et qui voit en lui non pas un de ces artistes honorables, réguliers, exacts, sûrs d'eux, sans frémissement et sans fièvre, comme le furent autrefois Dubufe, Pérignon et Winterhalter, mais un Velasquez au petit pied, à la brosse hardie, à la palette brillante et de haut ragoût, au dessin vigoureux et franc, à la conception audacieuse et originale ; avoir son portrait signé de la main de Carolus, c'est un brevet de connaisseur. *Des personnes qui sont dans le mouvement* ne sauraient manquer à ce devoir, et je n'ai qu'à citer le nom de deux ou trois de ses modèles pour bien faire comprendre la nuance. C'est du parisien le plus pur et le plus décidé. Il est bien évident pour tous ceux qui sont nourris dans le sérail que Mme Rattazzi, Mme Ernest Feydeau, Mlle Croizette et Mme de Pourtalès ne font pas faire leurs robes chez Mme Barenne. »

Ainsi parle M. Charles Yriarte.

Nous avons voulu laisser à cet élégant écrivain, à cet artiste délicat, parfait *gentleman et connaissant bien la mode,* le soin de parler de notre ami Carolus Duran, ce qui nous met à l'abri de tout reproche de partialité.

Nous ne pouvons oublier dans cette étude les portraits de M. Émile de Girardin et de Mme la comtesse Vandal, la perle de l'œuvre de Carolus Duran.

Ce fut à l'occasion de la toile de M. Émile de Girardin, que Ch. Yriarte trouva le moyen de nous donner une théorie piquante sur le portrait et la manière de faire un portrait.

La théorie est toute une histoire, ce qui ajoute à son charme.

« Un jour que M. le chevalier Nigra posait chez un de nos plus grands artistes de ce temps-ci, nous lisions à côté du peintre; comme il reproduisait la main et, selon nous, la faisait un peu lourde, nous lui en fîmes doucement la remarque : « Ce n'est pas la » main du diplomate, répondit Ricard, c'est » la main du simple soldat qui a porté le » mousquet à Novare. »

» Voilà l'excès ! » dit M. Yriarte. — (Cela n'est pas notre avis, car on peut avoir la main d'un soldat et la physionomie d'un diplomate. C'est la vie intime qu'il faut rendre sur la face.)

Vous pensez bien qu'un sourire vint effleurer nos lèvres et qu'une expression d'étonnement se peignit sur le front de l'ambassadeur. Mais cependant il faut pénétrer sous la chair, c'est la gloire d'un portraitiste de peindre les sphinx et de dire l'âme du modèle, et tout portrait, qui ne me fera pas comprendre la personnalité sous le masque, ne m'apportera qu'une enveloppe d'une ressemblance approximative; la foule pourra s'extasier, mais je dirai, toujours, qu'il manque à l'œuvre un reflet sacré qui me révèle chez le peintre un haut esprit et un don de pénétration.

Le portrait de M. de Girardin a été discuté, et nous ajouterons qu'il est discutable; — il contient en lui-même une partie des qualités de Carolus Duran, — mais il contient aussi tous ses défauts.

Il n'en est pas de même du portrait de Mme la comtesse Vandal; ce portrait possède toutes les qualités de l'artiste, qualités qui n'ont laissé aucune place aux défauts, étant elles-mêmes tellement complètes, tellement agrandies, qu'elles embrassent toute la toile; c'est une œuvre digne des plus grands peintres. Reynolds a dû venir lui-même mettre sa boule blanche dans l'urne de la médaille d'honneur.

Le prince de la critique artistique, Saint-Victor, complétera cet aperçu sur Carolus Duran. — Le critique et le maître sont dignes l'un de l'autre :

« Le portrait de Mme la vicomtesse V..., exposé par M. Carolus Duran, ne serait pas déplacé dans une galerie royale, entre une princesse de Van Dyck et une grande dame de Reynolds.

» Mme V. est représentée en pied et debout, ajustant, comme au sortir d'un bal, un grand manteau fourré sur sa robe de satin blanc, agrémentée de riches garnitures. Nous aimons dans les portraits ces simples mouvements qui animent le modèle et le mettent légèrement en action. L'attitude est d'une haute élégance; la tête offre un noble mélange de douceur et de dignité.

» Elle est peinte en clair, librement et résolûment, avec une verve adoucie, bien autrement séduisante que l'entrain bruyant, qu'on a pu souvent reprocher à d'autres figures de l'artiste. On ne saurait trop louer sa personnalité expressive, ses carnations lumineuses, le faire soyeux et soufflé de ses cheveux d'un roux vénitien, la sérénité distraite du regard, la souplesse délicate des mains et le naturel de leur geste.

» L'ajustement est d'un goût suprême; le manteau glisse sur l'épaule et les tons sombres de ses fourrures font triomphalement ressortir les clairs étincelants de la robe. Cette robe, merveilleusement ouvragée, et dont le corsage a le doux éclat d'un écrin de perles, s'achève, comme il sied à une fin de tableau, avec une heureuse négligence. L'étoffe se tait où il faut et quand son rendu détaillé n'aurait plus de sens. — *En vérité, ce grand morceau est un vrai chef-d'œuvre.* L'artiste qui l'a signé peut avoir ses inégalités et ses défaillances, être violent et même vulgaire à ses heures.

» Une pareille peinture affirme sa qualité, jusqu'à présent discutée, de maître, et cet illustre brevet ne lui sera plus retiré. »

Lorsque M. Guillaume exposa en plâtre le buste de Mgr Darboy, l'œuvre du maître fut déclarée superbe, pleine de vérité et de distinction.

« Il y a tout dans cette tête, dit M. Claretie, il y a la vie, la pensée, la profondeur, le calme. On a pu dire que ce marbre est à la fois net et serré de près comme un Holbein et caressé comme un Léonard. »

Bien peu de sculpteurs, à notre avis, possèdent autant que M. Guillaume les qualités du portraitiste ; tout en lui appelait cet illustre maître vers l'art du portrait. N'avait-il pas pour auxiliaires sa nature froide, mais pleine de distinction, un œil fin et observateur, une haute et savante intelligence ?

Notre regret sera toujours que M. Guillaume nous ait donné trop peu de portraits.

M. Henner nous a donné des portraits marqués au sceau de son génie ; nous nous souvenons d'un portrait de femme qui fit grande sensation au Salon de (1874). — Elle est bien simple la mise de cette femme, habillée de noir et tenant un parapluie à la main ! Mais lorsqu'on s'approche, attiré par ces yeux bleus, on se sent tout troublé ; on redoute d'être indiscret en fixant cette figure qui semble si vivante.

Du reste, voici l'opinion de M. Claretie sur deux portraits exposés par Henner au Salon de (1875) :

« M. Henner montre de grandes qualités de dessinateur et de coloriste. Dans la tête de femme, qu'il appelle portrait de Mme H..., je ne sais rien de supérieur à cette étude serrée de près, à ce mélancolique visage, où se lisent toutes les pensées d'une vie droite et sans amertume; belle encore, malgré son âge, cette Mme Herzog, en ses vêtements de deuil, se détachant en noir sur un fond rouge, grave comme une poésie, doucement attristée, qui cause en quelque sorte une double émotion, l'émotion artistique et l'émotion humaine.

» C'est que M. Henner ne se contente pas dans ses portraits de peindre des vêtements, l'extérieur, l'allure apparente d'un personnage; il descend plus avant en lui, il l'interroge et le devine. Il met de la pensée dans ses prunelles. Henner peint le regard et il peint l'âme. »

S'il nous fallait parler de tous ces magnifiques bustes *signés Chapu,* nous serions, peut-être, contraint de donner un second volume à cet ouvrage, qui n'a d'autre prétention que d'exposer la marche historique du portrait en France. Chapu est le portraitiste des passions calmes, des hommes calmes, dans l'histoire, dans la politique, dans les arts et dans les lettres. Les bustes de Vitet, de Montalembert, de Duchâtel; les statues de Berryer, de Schneider, etc., resteront à tout jamais célèbres par la dignité, le calme rendu par l'artiste ; le faire est simple et précieux tout à la fois. C'est l'œuvre d'un peintre et d'un sculpteur tout ensemble.

Nous ne saurions omettre, dans cette étude, le peintre des jolies femmes et des plus élégantes. De nos jours, Chaplin, le plus français des peintres français (bien qu'il soit Anglais par la faute de notre administration), a fait à lui seul plus de portraits que tous nos artistes contemporains réunis.

Il est essentiellement le peintre de la femme, mais seulement de la jolie femme. Nul peintre ne saurait rendre comme lui ce duvet si léger qui caresse la joue de la jeune fille, cette carnation rosée où se joue la lumière : peintre délicat, dessinateur fin et correct, Chaplin sait donner à tous ses modèles une distinction native qui, par cela même, élève cet artiste au plus haut sommet dans l'art du portrait. Cet artiste n'est pas Watteau, il n'est pas Boucher, il n'est pas un peintre du xviiie siècle, mais héritier de tous ces artistes, il est Chaplin, le peintre des jolies femmes du xixe siècle. Voilà sa gloire, et nous le félicitons de tout cœur de cette originalité qui le classe, seul, au-dessus de tous.

« Baudry, dit M. Paul Mantz, a trouvé en M. Garnier son modèle idéal. Il a admirablement compris cette physionomie vivante qui n'est peut-être pas conforme au canon de Polyclète, mais où les yeux parlent autant que les lèvres, où l'on sent les rayons d'une intelligence éternellement active et l'éloquence charmante de l'esprit. »

M. Baudry n'est portraitiste que par hasard, que par occasion. Son talent demande une plus grande surface que ne saurait lui offrir une toile de portrait, et, cependant, on pourrait croire qu'il cherche parfois de préférence les petits panneaux, car nous nous souvenons d'un adorable portrait de M. About, dont la facture toute spéciale était du xvie siècle, dans le genre de l'École allemande. Il est naturel que M. Baudry réussisse dans le portrait. Quand on possède un talent aussi remarquable, les œuvres sont nécessairement marquées au cachet de la suprême distinction.

L'École française contemporaine a donné une quantité innombrable de portraits, et les artistes de nos jours ont parfois excellé dans ce genre de peinture.

Qui n'a pas admiré les portraits de Blanchard, — de Bouguereau, — de Jules Lefebvre, — de Cabanel, — un des maîtres de la génération nouvelle, et que l'ingratitude de ses contemporains commence déjà à attrister.

Maître! laissez passer le courant de révolution artistique qui trouble à cette heure toutes les têtes! Quand l'école de demain aura prouvé son impuissance, son ignorance, quand la triste expérience aura démontré qu'il ne suffit pas de copier, brutalement, un modèle avec de beaux accessoires pour être un portraitiste, alors viendra votre triomphe!

Lorsque nos petits-neveux voudront revivre dans le passé et rechercher le talent dans les œuvres de notre époque, ils sauront bien vous rendre justice et reconnaître le grand talent du maître qui nous a donné ces beaux portraits répandus dans le monde entier !

M. Bastien Lepage est un jeune peintre de beaucoup de talent. Nous allons citer un passage de M. Jules Claretie sur l'envoi de cet artiste au Salon de (1875). Mais nous ne craignons pas, à l'encontre de M. Claretie, de souhaiter à M. Bastien Lepage la distinction qui caractérise les œuvres de son maître. Que l'on choisisse ses modèles dans les salons ou dans les champs, il y a toujours moyen de prendre le grand côté de la nature. M. Jules Breton nous en donne la preuve, et, cependant, il ne se sert pas de l'appuie-tête moral, dont parle M. Claretie.

La valeur de M. Claretie, comme critique d'art, est grande, nous le reconnaissons avec plaisir ; aussi devrait-il toujours se garder de montrer, parfois même, un grain de partialité dans ses jugements.

Nous avons largement emprunté à M. Jules Claretie, pour la partie contemporaine de notre travail, lui prouvant ainsi la valeur que nous attachons à son appréciation; nous avons certainement une grande admiration pour M. Bastien Lepage, mais nous maintenons que les types pris dans la nature ont besoin d'être choisis, et que les figures de M. Bastien Lepage ont besoin d'être éclairées *moralement* et physiquement.

« M. Bastien Lepage, dit M. Claretie, qui obtient avec un portrait un des succès du Salon, a évidemment peint ses figures en plein air. Il procède un peu, comme jadis M. Jules Breton, par les contours d'abord tracés et qu'il remplit ensuite de teintes presque plates...

» On ne devinerait jamais que M. Bastien Lepage est un élève de Cabanel. Son portrait de M. Hayem est vivant. La pose, l'air satisfait, les mains, le sourire, sont autant de choses tout à fait remarquables. Et puis cet homme n'a pas l'air apprêté, il ne pose point.

» Les photographes ont inventé l'appuie-tête, qui donne tant de raideur aux malheureux modèles, mais certains peintres ont un appuie-tête moral qui enlève toute physionomie, tout naturel à ceux dont ils font le portrait. »

M. Bastien Lepage a fait depuis cette époque plusieurs portraits, — celui de son frère, celui de son père et de sa mère.

« Tu m'as fait mon père des dimanches, et » je voulais mon père de tous les jours ! » s'écriait Diderot, voulant indiquer par là qu'on doit peindre un homme tel qu'il est, sans façon, dans l'état habituel de ses mouvements et de sa vie. » (Salon de 1875. — Jules Claretie.)

Nous sommes convaincu que ce jeune artiste deviendra célèbre, mais du jour où il saura éclairer ses modèles qui sont tous éclairés en lanterne et souvent aplatis sur le fond qui plombe sur eux.

Henri Regnault, — un autre jeune, — hélas ! fauché trop tôt ! — se laissait aller, aussi, à toute la vigueur de son tempérament; mais comme il est fier et grand dans sa peinture, dans son geste ; comme on est impressionné devant ce magnifique portrait du maréchal

Prim, comme on est séduit devant le petit portrait de la baronne!

Regnault était un grand artiste et serait certainement devenu un grand portraitiste. La preuve, nous l'avons eue sous les yeux, par ces croquis qu'il faisait de nous, pendant les loisirs de notre vie des camps. Salut, pauvre cher camarade, dont nous avons eu le bonheur de serrer la main, sur le champ de bataille de Buzenval, quelques minutes avant ta mort!

Mlle Nely Jacquemart a droit à notre admiration, car elle a marqué un progrès dans la marche de notre art français, par son talent ferme et sérieux.

Qui n'a pas encore présent à la mémoire ces magnifiques portraits de M. Duruy, du général Palikao, de M. de Wendel, de M. Benoit-Champy?

« Le reproche qu'on pourrait faire au portrait de M. Thiers, dit M. Cherbuliez dans son Salon de (1872), c'est que l'action ne s'y fait pas assez sentir, ou, si vous l'aimez mieux, que la lanterne n'est pas suffisamment éclairée; il y a quelque incertitude dans l'intention, et, en peinture, l'intention n'a de valeur que lorsqu'elle s'accuse avec la fermeté d'un parti-pris.

» Cela tient peut-être à ce que ce portrait a été commencé en (1870) à la place Saint-Georges et terminé en (1872) à Versailles.

» Beaucoup de gens disent en le regardant : Voilà donc l'homme le plus malin de France ? Qui s'en douterait ? »

M. Claretie n'est pas plus aimable pour Mlle Jacquemart dans son Salon de (1873) :

« Mlle Jacquemart envoie cette année le portrait de M. Dufaure, ministre de la Justice. « Quoi! c'est là l'homme qui fait de si » beaux discours ? » s'écriait, derrière moi, une dame, effrayée de l'air maussade qu'a M. Dufaure sur la toile de Mlle Jacquemart. C'est plutôt un portrait historique qu'une peinture excellente que Mlle Nélie Jacquemart a signé là. »

Lorque nous avons revu les portraits de M. Duruy et du maréchal Canrobert, à l'Exposition universelle, nous avons été frappé des réelles qualités que l'on trouve dans ces deux toiles. Ces peintures suffiraient à elles seules à faire la réputation de Mlle Jacquemart, si son talent n'était pas déjà consacré depuis longtemps.

M. Élie Delauney nous a donné de bons portraits, solidement peints et d'une grande vérité d'expression. Dans le portrait de M. Legouvé se trouvent toutes les qualités du peintre.

« La figure énergique et nettement découpée de M. Legouvé convenait bien, dit M. Claretie, à la manière nette et précise de M. Delauney.

» On avait le *portrait parlant,* celui-ci est le *portrait conférenciant.* M. Élie Delauney, esprit sérieux, sincère, chercheur, a conservé, par ces deux peintures, la place élevée que lui a assignée le suffrage des artistes depuis longtemps. »

M. Delaunay a exposé l'année dernière le portrait de Mme Bazin, femme du sympathique compositeur, mort en (1877). Ce portrait est tellement vrai que l'on se sentait le cœur tout attristé ; on prenait ainsi part à la peine de la pauvre veuve.

Nous ne pouvons citer en détail tous nos artistes portraitistes ; nous ne pouvons donner la nomenclature de toutes ces œuvres, de toutes ces toiles vues hier, souvent signées de noms brillants.

Qui ne connaît les œuvres de Jalabert, — de Giacomelli, — de Mme de Chatillon ; — qui ne connaît Jean-Paul Laurens, auteur de son propre portrait ; — M. Renard, qui a obtenu un si grand succès, avec le portrait de sa grand'mère, fait à la manière de Denner ?

Qui n'a pas remarqué les toiles de Cot et de Jacquet, auteurs des portraits de si jeunes et de si jolies femmes ?

Et Ferdinand Gaillard, ce peintre graveur qui nous a donné les portraits de Pie IX et du comte de Chambord.

Paul Mantz disait de cet artiste dans le Salon de (1872) :

« Un intérêt de premier ordre s'attache aux portraits de M. Ferdinand Gaillard.

Conclusion.   463

» Voilà quelques années que cet artiste chercheur nous montre des œuvres, dont la singularité prodigieuse doit effrayer les âmes tranquilles... Dans le portrait de Mme ***, la suppression de l'idéal y est systématique et absolue. Fantaisiste acharné, M. Gaillard cherche le surnaturel. Dans une œuvre pareille, qui aurait étonné les Italiens, mais que comprendrait Holbein et qui ferait rêver Albert Dürer, il ne reste rien que la réalité avec ses flétrissures, ses misères, ses inexprimables finesses, et les enivrantes séductions du vrai. Mme *** n'est ni jeune ni belle : elle n'a pas même le caractère énigmatique que la nature donne à ses créatures préférées ou maudites : la vulgarité est son domaine, le nombre des livres qu'elle n'a pas lus est considérable ; c'est une bourgeoise qui n'a rien d'excessif et que nous ne regarderions pas, si elle passait près de nous dans la rue.

» Mais l'art est une grande chose, et la patience aussi. Avec un acharnement qui ressemble à de la monomanie, mais qui doit inspirer à tous un respect singulier, M. Gaillard a peint les rides du front vieillissant, le cheveu sans sève qui est roux aujourd'hui et qui sera gris la saison prochaine, les sourcils éraillés, les fauves transparences de l'œil vivant, les lèvres décolorées et exsangues, toutes les choses malheureuses et si profondément touchantes qui constituent la personnalité du type choisi.

» Mais ces détails accumulés sont des chiffres, dont l'addition donne un total parfaitement harmonieux, un ensemble plein d'unité et où la vie se résume avec une intensité prodigieuse. »

La sculpture française contemporaine a marqué sa place par des œuvres tout aussi remarquables que celles de la peinture. Tout le monde a encore présent à la mémoire les bustes de Cobden, de Rembrandt, de Lefuel, de l'abbé Deguerry, de Mgr Darboy, par Oliva.

Cet artiste a largement contribué à restaurer l'art du portrait dans la statuaire française ; honneur au vieux maître ! honneur à l'artiste qui nous a donné le magnifique Rembrandt du Luxembourg !

Iselin et Crauk se sont disputés avec Oliva les palmes du succès depuis vingt ans.

Iselin avec les bustes de l'Empereur et de M. de Morny; Crauk, avec les bustes ou les statues des maréchaux Niel, Malakoff, Mac-Mahon. Le buste de la fille du maréchal Pélissier n'est-il pas une merveille?

Hiolle, — Préault, — Millet, — Le Bourg, — Carrier-Belleuse, — ont fait de beaux portraits. A Franceschi appartiennent les bustes de jeunes filles, car personne ne sait rendre mieux que lui la jeunesse et l'innocence. Presque tous ces bustes ont comme un parfum du xviiie siècle, une touche parfois ravissante.

Carpeaux, lui, est le sculpteur de la pensée violente, de l'action énergique et des surexcitations de la vie. Les bustes de Carpeaux sont bien mouvementés; les têtes sont fines et bien modelées; les accessoires, lâchés et négligés avec science, font valoir les physionomies. Tels sont les bustes de Dumas, de Gounod, de Gérôme, de Jules Favre, de Garnier et ceux des princesses Mathilde et de Mouchy, de Mlle Fiocre, etc.

Carpeaux a été un des grands portraitistes de notre époque.

Ici se termine notre étude sur les contemporains, elle nous amène tout naturellement à cette conclusion : L'art du portrait, en France, n'a pas été amoindri dans ces dernières années.

Cet art a même progressé, et, de nos jours, les vaillants champions, les jeunes vétérans de l'art du portrait, forment toute une armée qui assure, pour bien longtemps, la renommée de l'École française.

Il y aura de beaux jours encore pour l'art français, qui reste, comme dans le passé : *l'École de la nature dirigée par la pensée.*

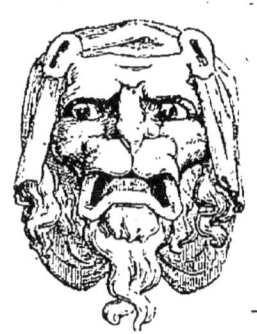

TABLE DES CHAPITRES

Lettre-préface d'Henri Martin, membre de l'Académie Française. VII

INTRODUCTION. IX

PREMIÈRE PARTIE

DU PORTRAIT DANS LA PEINTURE ET DANS LES ARTS QUI S'Y RATTACHENT

I	Des qualités nécessaires dans le Portrait.	3
II	Du Portrait dans les Manuscrits..	19
III	Du Portrait dans l'Émaillerie.	47
IV	Du Portrait dans les Vitraux.	67
V	Du Portrait dans les Broderies et les Tapisseries.	81
VI	Du Portrait dans les Dessins, les Pastels et les Miniatures.	97
VII	Du Portrait dans la Gravure	141
VIII	Du Portrait dans la Peinture.	169

DEUXIÈME PARTIE

DU PORTRAIT DANS LA SCULPTURE ET DANS LES ARTS QUI S'Y RATTACHENT

I	Du Portrait dans la Numismatique.	269
II	Du Portrait dans la Glyptique	291
III	Du Portrait dans les Sceaux et Cachets.	301
IV	Du Portrait dans l'Orfèvrerie.	305
V	Du Portrait dans la Céroplastique	339
VI	Du Portrait dans la Sculpture sur bois.	347
VII	Du Portrait dans la Sculpture sur ivoire.	361
VIII	Du Portrait dans la Sculpture	371
CONCLUSION		433

TABLE

Des noms propres cités dans l'*Histoire du Portrait*

A

Abbon.	313
Abelard	42
About (Edmond).	242-251-266-313-439-442-454
Achéry (d').	312-348
Adelaïde (Mme)	139-214
Adam, peintre.	112
Adam (de Nancy).	405-412-416
Adrien.	139
Adrien Ier, pape	20
Agoult (Comtesse d')	430
Aguillon de Droues.	378
Alaman (Henri et Jehan).	378
Alaric	20
Albret (Duc d').	180
Alcuin	26
Aldegrever (Henri), graveur.	144
Alençon (Catherine d').	389
Alexandre VII.	182

ALGER (Jean d'), graveur.	145
ALIX (Jean), graveur.	154
ALIX (fille de Robert III).	303
ALLEGRAIN, sculpteur	416
ALPHONSE (François).	165
AMBOISE (Cardinal d')	388
AMBROISE (Saint).	311
AMIENS.	373
AMY (Président).	135
AMYOT (Jacques)	57
ANDRÉ (Pierre), miniaturiste.	38
ANDRIEN BEAUNEVEU, miniaturiste	39
ANDRIEU, graveur	288
ANDRIEU D'AVERTON.	384
ANDROUET DU CERCEAU	98
ANGELELME DE NORWÈGE.	86
ANGLEBERT (Jean-Henri d'), intendant	185
ANGLAS (Boissy d').	211
ANGILBERT (Abbé).	26-311
ANGOULÊME (Duc d').	125-132-138-235-387
ANGRAND LEPRINCE, verrier.	78
ANGUIER (François), sculpteur.	396
ANGUIER (Michel), sculpteur..	369-396
ANJOU (Duc d').	121
ANNE D'AUTRICHE.	156-183-394-395
ANNE DE BRETAGNE.	342
ANSGARDE (D')	315
ANTHONY (Mme).	218
ANTIN (Duc d').	401
ANTOINE.	281
ARAGO.	245
ARCO (Comtesse d').	121
ARLAN (Antoine), émailleur.	96
ARLES.	374

Table des noms propres.

Arétin (Pierre)... 144
Argenville (d'), historien... 193-394-402-406-408
Armagnac (Jacques d')... 172
Arnoullet (B.), imprimeur... 145
Arnulph de Camptraing, miniaturiste... 38
Arrode (Guillaume), orfèvre... 327
Artois (Comte d')... 125-225-418
Assezat... 419-422-439
Assise (François d')... 50
Athènes... 362
Auber... 431
Aubert (Henri)... 149
Aubin (Saint-)... 163-164
Aubry, miniaturiste... 128-129
Auch... 373
Audran (Gérard), graveur... 162
Audran (Benoît), graveur... 185
Auffroy (Robert), orfèvre... 327
Auguste (L'empereur)... 297
Augustin, miniaturiste... 60-129-130-131-132-135
Autun... 373
Avignon... 374
Avesnes (Gauthier d')... 304

B

Babou (Philibert), administ. de la tapiss. de Fontaineb. 91
Bacciochi (Princesse)... 218
Bachelier, sculpteur... 139-387
Bachaumont... 111-116
Bachot (Jacques), sculpteur... 387
Baerze (Jacques de), sculpteur... 349
Bailleul (Louis de)... 105-160

BAILLY 210-211-283-287-427
BAIN (Pierre), orfèvre. 337
BALLIN (Claude), orfèvre 337
BALBIANI (Valentine). 392
BALDINUS (Cl.), graveur 145
BALÉCHOU (J.-J.), graveur. 164
BALTHAZAR PHELYPEAUX. 184
BANNEL (Général de brigade) 408
BAR (Duchesse de). 149
BARBIER (L'abbé). 219
BARBIER DE METZ . . . . : 399
BARBEAU. 393
BARCLAY (Jean). 153
BARÈRE. 125-138
BARILLON. 105
BARNAVE. 217
BARRA. 207-210
BARRE (Auguste), sculpteur 288-430
BARRES (Pierre des), orfèvre. 326
BARROT (Odilon) 244
BARTELINI. 408
BARTH (Jean), chef d'escadre. 409
BARTHOLONI, sculpteur. 249
BASILE (Le Macédonien).. 311
BASTIEN LEPAGE, peintre. 456-457-458
BATAILLE (Colin), tapissier. 87
BAUDRY, peintre 437-454
BAY (de), sculpteur 430
BAYARD. 409
BAZIN (Mme). 461
BEAUBRUN, peintre. 63
BEAUDELAIRE. 255
BEAUFORT (De) 139
BEAUHARNAIS (A. de). 138

BEAULAIGNE BARTHÉLEMY.	147
BEAUVARLET (Jacques-Firmin), graveur.	164
BEAUGRAND (Jehan), graveur	150
BEAUVAIS.	373
BECK, peintre.	64
BEGUIN.	411
BELET (Jean)	35
BELIN (Sire de).	384
BELLANGÉ.	103
BELLEAU (Réné).	149
BELLEYME (de).	245
BELLIÈVRE (de).	155
BENOIST (Antoine)	344
BENOIT-CHAMPY.	459
BENTHAM	425
BENTIVOGLIO, Cardinal.	153
BÉRANGER.	427
BERENGÈRE (La reine).	383
BERGHEM (Nicolas), peintre.	409
BÉRINGAR, miniaturiste.	30
BERINGHEN (Henri, marquis de).	184
BERNEVAL (Alexandre de), architecte	380
BERNADOTTE.	212
BERNARD.	170
BERNARD (L'abbé de Quincy)	170
BERNARD DE FOIX.	183
BERNARD DE SAINT-OMER, miniaturiste.	39
BERNARD (Roger).	304
BERNARD (Saint).	211
BERNARD (Samuel).	161
BERNELIN, chanoine.	313
BERNUIN DE SENS.	313
BERRI (Duc de).	424
BERRI (Duchesse de).	125-132-172-215-235

BERRUER	416
BERRYER	453
BERTHE (Reine)	82
BERTHIER (Alexandre)	230-409
BERTIN aîné	242-248-249-250-251-253-254-257
BERTIN (Nicolas)	204
BERTOUT, peintre	93
BERTRAND	218
BERTRAND LE BERGER, miniaturiste	42
BERULE (Cardinal de)	396
BERVIC (Ch.), graveur	164
BESANÇON (Pierre de)	326
BIARD, peintre	263
BIGNON (L'abbé)	405
BILLON (F. de)	145
BINIEL (Jacob)	179
BIRAGUE (Chancelier de)	282-392
BLAISE	412
BLANC (Charles)	172-174-181-186-189-192-195-200-203-244-246-247-250-302-321
BLANC (Louis)	246
BLANCHARD, peintre	455
BLANCHE DE CASTILLE	72
BLANCHE DE NAVARRE	273
BLANC-MANTEL, verrier	77
BLANQUART DE SOISSONS, verrier	75
BLESSINGTON (Lady)	432
BLOND (Jehan Le), graveur	154
BOCCACE	41
BOCHART DE SARON	105
BOCHET	249
BOISSIÈRE (Mlle de la)	111
BOISSIÈRE (Jean Leroy de la)	149
BOISSY-D'ANGLAS	211

Table des noms propres. 475

Boissy (De). 44
Boizot. 411-413-416
Bonaparte (Consul) 230
Bonaparte (Jérôme) 233
Bonaparte (Prince Louis). 235
Bon-Boulogne. 64
Bonchamp (Marquis de). 220-221
Boniface VIII. 293
Bonnassieux, sculpteur xxv
Bonnat, peintre 427-435-438
Bonnetot (Jehan). 327
Bonneville (Étienne de), architecte 377
Bontemps, chimiste 79
Bornier (Mme). 219
Bosio, historien 19
Bosio, sculpteur. 409-412
Bosse (Abraham), graveur. 152
Bossuet. 161-181-183-188-197-201-401
Bossuet. 183-201
Boterie (Pierre de), sculpteur 327
Bottari, historien. 19
Boucaut. 400
Boucher (Mme). 111
Boucher-Desnoyers 164
Boucher (François). 122-162-206-207-454
Boucher (Alexandre). 220
Boucherot (Le chevalier).. 401
Bougainville. 409
Bouguereau, peintre 455
Bougron. 411-412
Bouhier (Marie). 400
Bouillon (Gérard de). 98
Bouillon (Duc de). 104
Bouillon (Cardinal de).. 180-401

BOUILLON (Jeune, duc de).	105
BOULANGER, graveur.	154
BOULAY DE LA MEURTHE (Jean).	425
BOULAY DE LA MEURTHE	425
BOURBON (Reine-Jeanne de).	98
BOURBON (Henri-Jules de).	183
BOURBON (Jeanne de)	325
BOURBON (Louis de), abbé de Saint-Denis	133
BOURBON (Henri, prince de Condé).	396
BOURDICHON (Jehan), peintre	43-171-172
BOURDON (Sébastien)	409
BOURQUELOT.	171
BOUVET (Jean).	409
BOVEN, graveur	XVIII
BOYVIN (René).	148
BOZE (Joseph).	137
BRA, sculpteur.	411-424
BRACH (Pierre de).	149
BRAGELONNE (Marie de).	105
BRANTÔME.	175
BRÉAL D'ÉVREUX, verrier	77
BREBIETTE (Pierre).	152
BREHANT (Mme de).	210
BRENET, graveur.	94-288
BREINVILLE (Isabeau de).	384
BRETAGNE (Anne de).	274-330-388-389
BRETAGNE (Jean).	389
BRÉTICH (de la).	123
BRETON (Jules), peintre	456-457
BREZÉ (Louis de).	385
BRIÇONNET (Robert).	281
BRIDAN.	416
BRIDON fils, sculpteur.	413-409
BRIDON père, sculpteur	413

BRINVILLIERS (Marquise de)... 107
BRION... 411-413
BRIONNE (Comte de)... 204
BRIONNE (Comtesse de)... 414-417
BRIOT, graveur... 150
BRIOT (François), orfèvre... 333
BRISACIER (Guillaume de)... 180
BRISETOUT, verrier... 76
BRISSAC... 181
BROGLIE (De)... 438
BRONGNIARD (Mlle)... 228
BROGNIART... 78
BROU... 173
BROUARD (Étienne), brodeur... 84
BRUCOURT (Jacqueline de)... 385
BRULARD, marquis de Silley... 100
BRUN (Le)... 192-369
BRUNETTO... 34
BRUNSWICK (Duc de)... xxi
BUADE-FRONTENAC (H. Marie de)... 153
BUON (Gabriel), éditeur... 148
BULLANT (Jean), architecte... 95
BUZENVAL (H^{ir} de)... 136

C

CABANEL, peintre... 455-457
CABOCHET... 219
CADILLAC... 92
CAFFIERI.... xxiii-410-413-415-416-418-419-422-435
CALCAS (Jean de), graveur... 144
CAILLOUETTE... 413
CALLAMART... 411

CALLOT (Jacques).	151-152-159
CALIGULA	247
CALVIN	281
CAMBRONNE	430
CAMBACÉRÈS	212
CANGE (Du).	365
CANOVA.	225
CANROBERT (Maréchal).	460
CAPET HUGUES.	357
CARDENS CHARLOTTE.	285
CARLOMAN	306
CARLOMAN.	272
CARL VANLOO.	207
CAROLUS DURAN	435-439-440-442-443-444-445-446-448
CARON (Antoine), graveur	102-149
CARPEAUX, sculpteur	XXIII-435-465
CARRACHE.	226
CARRÉ (Pierre).	183
CARREL (Armand)	245
CARRIER-BELLEUSE, sculpteur	465
CARS (L.), graveur	119-162
CARTELIER.	230-407
CASANOVA.	203
CASTAGNARY.	XXV
GASTELNAU (Marquis de).	155
CATHELINEAU.	220-221
CATHERINE DE RUSSIE.	204
CATHERINE DE COURTENAY.	303
CATINAT (Maréchal)	404
CAUMONT (de)	380-384
CAVAIGNAC	235
CAVALIER (J.), verrier	369
CAVELIER, statuaire.	XXIV
CAYLUS (Comte de).	417

Table des noms propres.

Cellini	315-335-340
César	xiv
César (Jules)	277
Chabannes (Maréchal de)	44
Chaber	286
Chabot (Amiral de)	390-391
Chabot (Henri de)	496
Chabouillet	274
Chalier	286
Challe	416-417
Chambes (Hélène de)	390
Chambord (Comte de)	462
Champagne (Henri de)	321-327
Champagne (Blanche de)	389
Champagne (Philippe de)	63-153-186-409
Champagne (Comte de)	382
Champdeuil	350
Champfleury	179-180
Chanteloup	182
Chapelain	105
Chapelle (Pierre)	182-202-326
Chapellu (Pierre), graveur	326
Chaplin, peintre	453-454
Chaponnière	425
Chaptal	230
Chapu, sculpteur	xxiv-452
Chardin, peintre	64-111-114-115-119-193
Chardin	193
Charibert ou Aribert (Roi de France)	354
Charlemagne	29-277-293-310-311-356
Charles	273-281-302
Charles II	292-356
Charles III	272
Charles IV	358

CHARLES V	98-293-294-324-325-358-366
CHARLES VI	41-294-325-358
CHARLES VII	142-172-358
CHARLES VIII	274-332-358-386
CHARLES IX	102-103-173-177-178-277-278-333-342-359
CHARLES X	129-225-230
CHARLES-QUINT	342-273-277-291
CHARLES LE CHAUVE	24-98-312
CHARLES LE GROS	356
CHARLES LE MAUVAIS DE NAVARRE	389
CHARLES LE TÉMÉRAIRE	329
CHARLES LE SIMPLE	315-356
CHARLEVAL	182
CHARLOTTE CORDAY	286
CHARTRES	373
CHARTRES (Duc de)	205-218
CHARLIER	287
CHATEAUBRIAND	220-231-425
CHATILLON (Jean de)	304
CHATRE (de la Gasparde)	396
CHAUDET, peintre	131
CHAUNE (Duc de)	401
CHAUSSARD	129
CHAUVET	131-409
CHELLES (Jean de), architecte	377
CHENESSON (Antoine), verrier	76
CHENIER (Marie-Joseph)	211-419
CHERBULIEZ (Victor)	442-459
CHEREBERT	271
CHILDEBERT	376
CHILDEBERT II	272
CHILDEBERT III	355
CHILDEBERT VI	354
CHILDÉRIC II	355

Table des noms propres. 481

Childéric III.	355
Chilpéric Ier.	271-354
Chilpéric II.	272-355
Choffard (Pierre-Ph.) graveur.	163
Chorolais (Mlle de).	199
Christian IV.	405
Christine de Bavière.	190
Cinq-Mars.	379-179
Cisternay du Fay (Charles-Jérôme de).	161
Clairon (Mlle).	414
Claretie (Jules).	443-444-450-451-456-457-458-460-461
Claude.	277
Claude Haligre.	278
Claude (Maître), verrier.	78
Claux (de Fribourg).	324
Claux Leloup, verrier.	75
Clémence (de Hongrie).	326
Clément de Chartres, verrier.	72
Clément V.	170
Clermont.	374
Clermont (Comte d'Amboise).	210
Clermont-Tonnerre (Comte de).	138
Clermont-Tonnerre (Maréchal de).	418
Clève (Van), sculpteur.	121
Clodion, sculpteur.	423
Clodomir.	376
Clotaire.	271-476
Clotaire Ier.	354
Clotaire II.	355
Clotaire III.	355
Clotilde, reine.	375
Clouet.	158-175-178
Clouet (François).	99-100-173-174-177
Clouet (Jean).	175-176-417

55

Clovis Ier	271
Clovis II	271-272-355
Clovis III	355
Clovis V	354
Cluny	350-366-368
Cisione	364
Cobden	464
Cochin fils, graveur	119-163-164-247
Cochin (Charles-Nicolas), graveur	163
Coeffeteau (Nicolas), évêque	101
Coitellier	413
Colard, enlumineur	41
Colbert (J.-B.)	396
Colbert	33-398-401-402-405-409
Colbert (Édouard), marquis de Seignelay	184
Colbert (Nicolas), évêque d'Auxerre	183
Colbert, marquis de Villacerf	184
Collet, peintre	95
Coldoré, graveur	295
Colin de Lafontaine, peintre	39
Coligny (Amiral de)	94-282-409
Collot d'Herbois	125
Colart de Laon, peintre	39-171
Colombe (Michel), sculpteur	173-329-385-389
Comtois (Pierre)	336
Commines (Philippe de)	388
Collange (Gabriel de)	148
Constantin (Porphyrogénète)	308
Constantin (Mme)	219-305
Constance	305-306
Condorcet	216-285
Condamine (De la)	111-419
Condé (Prince de)	394-398-399-401-403-410
Conti (Prince de)	103

Conti (Princesse de).	360
Copin de Gant, peintre	29
Copin, peintre.	171
Cormont (Thomas de), architecte.	376-417
Corbet.	409
Corbeil.	375
Corday (Charlotte).	285
Corneille (Thomas).	410-425
Corneille (Pierre).	154
Corneille (Michel)	202
Cornu (Jean), sculpteur.	360
Coste (Jean), peintre	171
Cot, peintre.	462
Cotte (Robert de), architecte.	121
Courbe.	125
Courbet, peintre	241-265-266-440
Court (Jean de), émailleur.	59
Couthon	125
Courtois (Pierre).	336
Coursube (Le roi)	41
Cousin (Jean), peintre et sculpteur	146-390-391-392
Cousinet (René).	337
Coustou, sculpteur	96-403-405-416
Coustou (Nicolas), sculpteur.	403-404
Coustou (Guillaume), sculpteur.	405
Couture, peintre	241
Corte (Jean).	171
Coypel (Antoine), peintre.	106-162
Coysevox, sculpteur.	96-309-369-400-401-402-403-412
Cranack.	144
Crauk, sculpteur	xxv-465
Crébillon.	112-407-414
Créquy (Maréchal de).	405
Créquy (François-Emmanuel de Bonne de)	185

CROISETTE (Jean de), tapissier. 88
CROIZETTE (Mlle). 443-446
CROZATIER 162
CREVEL (Jacques). 202
CURMER 25
CUVIER (Georges). 425-427
CYRAN (Abbé de Saint-). 101
CZARTORISKI. 348

D

DAGOBERT Ier. 38-272-355-375
DAGOBERT III. 355
DAMBAIL (Marquis d'). 116
DAMET (Renaut). 53
DAMET (Guillaume). 277-278
DAMPIERRE (A.-C.-H. Picot de) 285
DAMPIERRE (Guy de). 314
DANGEAU. 337
DANTAN, sculpteur. 426
DANTON. 211
DARBOY (Mgr) 450-464
DARCEL. 52-53
DARCET. 225
DARDEL. 411
DARET (Pierre), graveur. 252
DARRU 233
DARUE. 320
DAUMAS. 413
DAULLE, graveur. 185
DAUPHIN (Le). 184-189-418-424
DAVID (Emeric). 70
DAVID. 124-139-210-211-212-226-230-243-245

Table des noms propres. 485

David (De Paris), verrier 75
David d'Angers, sculpteur XXIII-411-425-427
David Le Marchand. 369
Debaq. 411
Débonnaire (Louis le). 312
Decaze (Duc de) 136
Delorme (A.). 125
Decotte. 121
Delaborde (Vicomte H.). 156-168-196-199-209-210-212-
    224-226-228-233-234-244-245-246-257-313-329-334
Delacroix (Eugène) 232-258-259
Delafosse. 162
Delaistre. 411-413
Delaudin d'Aigaliers. 149
Delaunay (Élie), peintre 461
Delaunay (Jean), imagier 337
Delaune (Étienne), graveur. 148
Delescluze. 241-254-260
Delessert (Gabriel). 236-238-448
Delaroche. 247
Default. 331
Dejout. 416-499
Delorme (Philibert). 91-148
Delorme (A.). 125
Deguerry (Abbé). 461
Demétrius 292
Demidoff (Prince de). 136
Desmaisons. 210
Denizot (De Troyes). 378
Denner, peintre 462
Denon. 132-230
Denisot 400
Denys (Saint) 318-319
Descartes (René). 400-429

DESCHAUFFOUR, sculpteur 351
DESMAISONS 210
DESMARETS (Nicolas) 185
DESPORTES (Philippe), poète 393
DESPRÉAUX (Boileau) 182-398
DIANE (De Poitiers) 56
DIDEROT . . 109-117-119-128-207-208-407-414-415-416-417-
418-419-420-421-422-443-458
DIDOT (F.) 143-145-146-150-157-158-163-167-168
DIDIER 310
DIDRON 79
DIEUDONNÉ 243
DIHL 79
DIOM (Chrysostome) XIV
DOMINIQUIN (Le) 395
DOMITIEN 59-297
DORMANE (Jean de), évêque 384
DOUBLET (Jacques), historien 82
DREUX (Yolande de) 304
DREUX (Alfred de) 304
DREVET (Pierre-Imbert) 161
DREVET (Claude) 161
DREVET (Pierre), graveur 161-201
DREVET (Les) 163
DREVET 185
DYCK (Van) . . XV-150-151-166-189-193-194-195-200-202-
225-253
DROUAIS, peintre 116-207
DROUIN (De Nantes) 378
DROUOT 237
DROZ, graveur 288
DUBOIS (Paul), sculpteur et peintre . . . XXIV-435-436-437
DU BOURG, tapissier 92
DUBUFE, peintre 203-415-444

Duchange (Gaspard), graveur. 162
Duchatel (Cte). 453
Duclos (La). 192
Dufaure 460
Duflos (Claude) 185
Dufresnoy 182
Dufresne (Mme) 219
Dumarest 284
Dumarest 284-288
Duguesclin 94
Dumas (fils, Alexandre) 405
Dumon 416
Dumont (Le Romain) 121-412-409-411
Dumonstier (Daniel) 153-175
Dumesnil (Debruge) 297
Dumourier 284
Dumourier (G.-F.) 284
Duperac (Étienne) 95
Dupaty 412
Dupin 236-238
Duponchel, sculpteur 362
Dupont (Henriquel) 165-248
Dupont de l'Eure 244-245
Dupré, graveur 280-287-289
Dupuy (Jacques) 104
Dupuy (Pierre) 104
Dupuy (Général) 411
Duplessis (Georges) 143-167
Durer (Albert) 144-166-463
Duroc 233
Duruy 459-460
Duval 125
Duval (Amaury) 125-260
Duvet (Jean), graveur 148

DUVIVIER (Benjamin) 283
DUVIVIER (Denis) 420
DUQUESNE. 411
DUVIVIER, graveur 288

E

ÉBERARD (De Fouilloy). 376
EDELINCK (G.), graveur 157-159-185-184-201
EGMONT (Juste d'). 64
ÉLISABETH DE FRANCE 207
ÉLISABETH D'AUTRICHE 99-177-178
ÉLISABETH D'ANGLETERRE 296
ELLIOT (Le général) 411
ÉNAULT (Louis). 431
ENGUERRAND, architecte 376
ÉRASME 144
ERRARD 101
ERMOLD LE NOIR 22
ESPAGNE (J.-L. d') 411
ESTE (Anne d') 57
ESTE (Cardinal d') 182
ESTERHASY (Princesse d'). 206-214
ESTOUVILLE (Guillaume d'). 281
ESTRÉE (Gabrielle d'). 102-149-335
ÉTIENNE IV 310-411
ÉTIOLES (Jeanne-Antoine-Poissons d'), (la Pompadour) 207
EUDES (Roi de France). 356
EUDES DE MONTREUIL, architecte 377
EUDOXIE 306-365
EUGÈNE IV. 318
EUSÈBE. 305
ÉVREUX (Pierre d') 389

Éverard (Cte). 362

F

Fabre d'Églantine 210
Falconet 415-416
Falguière, sculpteur. XXV
Farlure. 125
Fauveau (Mlle de). 244
Favart (Pierre), graveur 163
Favre (Jules). 465
Félibien. 325
Félix d'Anceurre, orfèvre 326
Ferdinand. 277
Fernel (Jean). 287
Ferronnière (La belle). 223
Fessaro. 413
Feuillet de Couches . . . . XIV-XX-XXV
Feydeau (Mme) 441-446
Ficquet (Étienne), graveur. 163
Finiguerra, graveur 141
Fiocre (Mlle) 465
Fitz-James 135
Flandrin (Hippolyte) 260-261-262-263-264-265
Fleuranges (maréchal de). 44
Fleury (Jehan). 326
Florentin (de Saint-). 205
Foix (Général) 411
Fontami. 219
Fontanges 181
Fontenay (Julien de). 295
Fontaine (La). 201
Foresti (Jacques), graveur 144

FORNAZEZIS (Jacques de), graveur. 150
FORTIN 409
FOUCQUET (Jean), miniaturiste 43-98-171-175
FOULD. 236
FOULQUES (V.) 71
FOULQUES. 315
FOUILLY (De) 377
FOUILLOY (Évrard de) 384
FOYATIER, sculpteur 412
FRANCESCHI, sculpteur. xxv-465
FRANÇOIS. 416
FRANÇOIS Ier . 99-145-149-173-174-175-177-270-274-276-
                    294-299-330-331-342-388-391
FRANCONI. 239
FRANÇOIS II 177-386-388
FRANÇOIS D'ORLÉANS 171
FRANÇOIS DE TROYES 189
FRAGONARD, peintre 123
FRANKLIN. 419
FRÉDEGONDE 379
FRÉDÉRIC V. 206
FREMIN RENÉ. 111
FREMINET MARTIN 393
FRETEAU 138
FROISSART. 325
FULCHIN (Cyprien), brodeur. 84
FURETIÈRE (De). 105
FURSTEMBERG (Prince de) 402

G

GALBA. 297
GALANT (Jehan) 332

Table des noms propres.

GAILLARD 462-463
GALBOUT 239-245-425
GAILHABAUD. 365
GAINSBOROUGH 444
GALIMARD 240-246
GALITZIN (Princesse) 214
GALL (Abbaye de Saint-) 31
GALLES (Prince de) 205
GALLOCHE. 205
GANIÈRE, graveur. 154
GARGOULLE (Guillaume) 327
GARNIER, architecte 454
GASTON DE FRANCE 396
GATTEAUX, graveur 288-412-413
GAUCHER (Étienne), graveur. 163
GAULTIER LÉONARD, graveur 148
GAUSMAR (Abbé de Savigny) 316
GAUTHIER (Théophile). 252-261
GAUTHIER DE COINSY 34
GAUTHIER LA CHAPELLE. 219
GAUTHIER D'AVESNES. 304
GAUTHIER LÉONARD. 150
GAYRARD, graveur 287
GAZEAU (J.) 145
GELLONE. 25
GENDRE JACQUES 386
GENIEZ (De Saint-). 202
GENEVIÈVE (Sainte) 98
GENSONNÉ. 208
GEOFFROY, évêque d'Auxerre 317
GEOFFROY D'EU. 377-384
GÉRARDE GASSINEL 41
GÉRARD 216-223-224-225-226-227-228-229-
230-234-257-258

GERBIN	415
GÉRENTE (Henri), verrier.	97
GERET, sculpteur	369
GERICAULT	165-218-242-243
GERMAIN (Pierre).	337
GERVAIS (Abbé)	319
GERMAIN THOMAS.	338
GÉROME, peintre	465
GESVRES (Marquis de).	397
GEYRARD, graveur	288
GHIBERTHI, sculpteur.	339
GIACOMOTTI	462-436
GIEFFROY DE MANTES, orfèvre	326
GILLAIN, peintre.	116
GILLES, abbé de Saint-Denis	323
GIOTTO, sculpteur	170
GIRAIT D'ORLÉANS.	171
GIRARD DÉBONNAIRE.	337
GIRARD DE LA CHAPELLE, verrier	75
GIRARDIN (Émile de).	446-448
GIRARDON (François), sculpteur. .	95-112-162-369398-399
GIRARD LE NOGAT, verrier.	76
GIRARDON, sculpteur.	121-398-399-490
GIRODET.	220-221-222-223-230-231-232
GIROUST MARIE-SUZANNE (Roslin)	121
GOBELINS	85-92
GODEFROY DE BOUILLON	171
GODEFROY.	125
GODEFROY (Th.).	330
GOIRE (Amaury de), tapissier.	87
GOIS.	145-418
GOLTZIUS, graveur	145
GONCOURT (De)	110-123
GONDESCALC.	26

Gonzague (Louis-Marie de).	64
Gori	365
Gounod	465
Goujon (Jean).	98-368-390-409-425
Gouvion Saint-Cyr	219-411-425
Gouy (Élisabeth de).	195
Graffigny (Mme de).	205
Granthomme (Jacques), graveur	150
Grateloup (J.-B.), graveur	163
Grault.	249
Gravet (Jean), orfèvre	336
Gravelot.	112
Grégoire.	210
Grégoire III, pape	20
Grégoire de Tours.	20
Grégoire XVI	248
Grenoble (Jacquet de).	393
Gresset.	205
Gretry.	421
Greuze.	123-200-207-209-213-218
Greuze (Mme)	208
Grévy.	483
Gros (Baron).	94-125-229-230-231-232-233-411
Guay (Le), graveur.	296
Guerchin.	411
Guérin (Jean), miniaturiste	138-139-230-234-235-399-400-411
Guérin (Pierre).	258-400
Guersault.	105-411
Guiard (Mme), miniaturiste	139-140
Guiche (Duchesse de).	215
Guillain (Simon).	394-395
Guillaume, statuaire.	xxiv-450-451
Guillaume, orfèvre.	170-281-323

GUILLAUME, fils de Hugues 383
GUILLAUME, évêque de Nîmes. 170
GUILLAUME CANONCE, verrier 75
GUILLAUME DAMET. 277
GUILLAUME DE BAILLY, peintre en miniature. 39
GUILLAUME DELANOE, verrier 76
GUILLAUME DE BRISACIER. 184
GUILLAUME DE FRANCHEVILLE, verrier 75
GUILLAUME DE GRADVILLE, verrier. 76
GUILLAUME GARGOULLE 327
GUILLAUME ET JEAN BARBE, verriers. 76
GUILLAUME LE TACITURNE 430
GUILLAUME LE CONQUÉRANT 82-317
GUILLERMIN (J.-B.), sculpteur 369
GUILLON PHILIPPE 400
GUISE (Duchesse de). 57
GUISE (Duc de) 281-342
GUIZOT. XXVI-218-222-224-231-248
GUIZOT (Mme). 244
GUTENBERG 141
GUY DE DAMPMARTIN 377
GUYETI LUAZAR, brodeur 84
GUYETI BARTHÉLEMY, brodeur. 84
GUY LE MAÇON. 377

H

HALIGRE (Claude). 218-331
HAMILTON (Lady). 213
HANCY (Du), sculpteur 351
HANNEQUIN DU VIVIER, orfèvre 327
HARCOURT (Armande de Lorraine d'). 183
HARCOURT (Comte d') 180-407

Table des noms propres. 495

Harlay (Président de)	402
Harmon (Les), seigneurs de Champigny	385
Haussonville (d')	249
Haye (René de la)	336
Hayem	457
Haynion	32
Hébert Roland, archevêque	154
Hébert, peintre	265
Heldric (Abbé)	32
Hélène (Sainte)	362
Héloise	42
Helst (Van der)	193
Héman (Pierre), orfèvre	336
Henner, peintre	435-451-452
Hennequin Moulone, verrier	75
Henri	138
Henri I	312
Henri II	102-103-177-178-270-277-278-279-332-333-381-382-392
Henri III	103-177-278-334-342-392
Henri IV	102-106-143-144-150-179-169-279-275-334-335-393
Henri de Lorraine	180-387-402
Henri II de Joinville	287
Henri de Malines, verrier	75
Henriquel Dupont, graveur	164
Henry	327
Herbault (Marquis d')	161
Herbert, moine	170
Herculanum	67
Héribrand (Abbé de Tury)	170
Herivée, archevêque de Reims	315
Herouard	152
Herol (Legendre)	412

Hervé (Mme) 244
Herzog (Mme) 452
Hesselin 397
Hildegarde (La reine) 26
Hincmar (L'archevêque) 312
Hiolle, sculpteur 465
Hippocrate XIII
Hoche (Général) 411
Hocquart (Mme) 210
Hodin, miniaturiste 39
Hoisson (Guillaume), lapidaire 295
Holbein (Hans) . . XV-144-166-175-182-249-253-450-463
Hollande (Roi de) 132
Homère XIII
Honorius 309
Honragin (Alexis) 214
Hortense (Reine) 132
Hospital (Chancelier de l') 147-400
Houcel 417
Houdon 419-420-423-435
Hubert, miniaturiste 39
Huberti (Mme de Saint-) 344
Huet (Guillaume) 327
Huez (d') 415-419-418
Hugo (Victor) 426-438
Hugues de Sienne 181
Hugues de Lusignan 303
Humbaud, évêque 169
Hurault, vicomte de Chiverny 282
Huret (Grégoire), graveur 154
Husse (Jehan) 327

I

Ingobert, miniaturiste. 30
Ingres (Mme) 249
Ingres. 245-249-250-251-252-253-254-255-256-257-262-263
Innocent X. 182
Isaac (Jaspar), graveur 154
Isabeau de Bavière 42
Isabey. 123-128-133-223-228
Iselin, sculpteur xxv-465

J

Jabach. 397
Jacob. 426
Jacquemart (Nélie). 459-460-461
Jacquemin dit Gringonneur, miniaturiste. 38
Jacques 462
Jacques II. 192
Jacques V 443
Jacques Cœur 41
Jacques Gendre 386
Jacques des Stalles 378
Jacquet, peintre. 462
Jacquet (Les frères), sculpteurs. 351
Jacquevrart, miniaturiste. 39
Jafferson. 425
Jaillot (Simon), sculpteur 369
Jal. 130-234-137-232-245-134-424-129
Jalabert 462
Jaley. 429-427

Janet.	176
Jayet.	389
Janson.	405
Jean d'Alger.	145
Jean d'Amboise, miniaturiste.	42
Jean Coste, miniaturiste.	38
Jean de Beaume, verrier.	75
Jean de Berry.	172-366
Jean de Blois, peintre.	171
Jean de Bruges, miniaturiste.	39
Jean de Chartres.	377
Jean de Chelles.	377
Jean Delaunay.	377
Jean de France.	303
Jean Gossard, miniaturiste.	43
Jean de Liège.	377
Jean de Montmartre, miniaturiste.	39
Jean le Normand, verrier.	76
Jean de Pozay, miniaturiste.	43
Jean Riveron, miniaturiste.	43
Jean de Roubaix.	304
Jean de Saint-Romain.	377
Jean de Vitry.	386
Jean sans Peur.	389
Jean, fils de saint Louis.	377
Jeanne d'Albret.	279
Jeanne d'Arc.	59
Jeanne de Navarre.	302
Jeanne de Bourgogne.	302
Jeanne d'Auvergne.	366
Jean.	302
Jeanrot (Étienne).	208
Jehan Alaman.	378
Jehan Juste.	386

Jehan de Montreux.	326
Jehan Picquigny, orfèvre.	327
Jehan de Saint-Éloy, peintre	171
Jehan Simon, verrier.	77
Jehan de Toul, orfèvre.	326
Jehan de Vertas.	77
Jeuffroy, graveur.	288
Jey.	236
Jolain, graveur.	154
Josbert, moine.	316
Josèphe.	172
Joséphine (Impératrice).	218-225-232-423
Joubert (Général).	411
Jouffroy.	287-288-296
Jourdan.	264
Jouvenet.	93-411
Jouy (De).	236-424
Jubinal (Achille).	90
Judith.	315
Julien.	416
Just (Saint-).	125-211
Justinien.	307

K

Kellermann (Duc de Valmy).	411
Kensington.	57
Klebert.	138-411
Kourakin (Le prince).	129

L

LABADYE.	125
LABARTE (Jules).	xxv-49-278-306-336
LABBÉ, historien.	86
LABORDE (Léon de).	174-366-368
LACAZE.	123
LACORDAIRE, historien.	85
LACROIX, ivoirier.	370
LACROIX (Paul).	xxv
LAFAYETTE.	138-283
LAFONTAINE, peintre.	171-201
LAGNEAU ou LANNEAU.	xvii-106
LAHARPE.	411
LAIDEGUIVE.	112
LALANDE.	419
LALÈVRE (Thibault), verrier.	77
LAMARTINE.	431-432
LAMBALLE (Princesse de).	284
LAMBERT.	204
LAMBERT, sculpteur.	349
LAMBERT (Hélène).	192
LAMBESC (Princesse de).	204
LAMBINET.	313
LAMENNAIS (De).	235-244
LAMETH (Les frères).	138
LAMOTHE-LEVAYER (De).	105-155
LANGE (Mlle).	221
LANGLOIS, historien.	67
LAON.	374
LARCHER (Michel).	152
LARGILLIÈRE.	161-190-191-192-193-200-235-435

Table des noms propres.

LARREY	221
LASNE (Michel), graveur	153
LASSALLE	229-230-233-412
LASTEYRIE (De)	25-80
LATOUCHE-TRÉVILLE (Vice-amiral)	412
LATOUR	105-108-116-118-120-139-207-417
LAUDIN (Jacques)	59-60
LAUDIN (Nicolas)	57
LAUDIN (Noël), émailleur	59
LAURE	171
LAURENS (J.-Paul)	462
LAURISTON (Maréchal de)	412
LAUTREC (De)	44
LAVIRON	239-245-425
LAVALLIÈRE (Mlle de)	64
LAVOISIER (M. et Mme)	210
LEBEC (Simonnet)	327
LEBLANC (L'abbé)	116
LE BLOND (Jean), graveur	154
LEBLONT (Pierre), orfèvre	326
LE BOURG, sculpteur	xxv-465
LE BOUTHILLIER (V.)	105
LEBRAELLIER (Jehan), orfèvre	326
LEBRET DE LA BRIFFE (Mme)	195
LEBRETON	225
LE BRUN	98-107-120-398-401-412
LECLERC (Maréchal)	412
LE COMTE	416
LE CORRÈGE	393
LECOUVREUR (Adrienne)	161
LECOUETEUX (Mme)	210
LECZINSKA (Marie)	101-111-405
LEFEBVRE (Claude), peintre	157-186-187-189-400
LEFEBVRE (Jules), peintre	455

LEFLAMENG (Gui-), miniaturiste	44
LEFUEL, architecte	464
LEGANGNEUR (Guillaume), graveur	150
LEGARÉ (Gédéon), orfèvre	336
LEGARÉ (Gilles), orfèvre	337
LEGARÉ (Laurent), orfèvre	336
LEGENDRE (Roberte)	390
LEGOUVÉ	461
LEGRAND (Comte)	230-231
LEHONGRE (Étienne)	397
LE LONG (Le père)	167
LEMAIRE	400
LEMERCIER (Jacques), architecte	98
LEMOITURIER (Antoine)	386
LEMOQUE	162
LEMOT (Baron)	409
LEMOYNE (J.-Louis), sculp.	112-140-162-205-407-408-414-415
LENAIN, peintre	179
LE NÔTRE (André), architecte	95
LÉONARD	450
LENFANT (Jean), graveur	XVIII-160-183
LENOIR (Alexandre)	287-369
LENÔTRE	402
LÉON III, pape	20-309
LÉON X	173
LEPELLETIER DE SAINT-FARGEAU	285
LEPELLETIER (Claude), président à mortier	185
LEPÈRE (Jean), fondeur	275
LERAMBERT (Louis), sculpteur	91-397
LEROY (De la Boissière Jehan)	149
LESCOT, orfèvre	337
LESCOT (Pierre), sculpteur	95-351-426
LESDIGUIÈRES (Le duc de)	185-201
LESSEPS (F. de)	438

Table des noms propres. 503

LESUEUR (Eustache)	95-412
LETELLIER (Maurice), archevêque	184
LETHIERE	165
LEU (Thomas de), graveur	148-150
LEVAILLANT, dessinateur	XVII
LEVASSEUR (Jacques), graveur	148-149-331
LEVIEIL, historien	67
LEVIEUX	400
LEVY, historien	68
LEYDE (Oscar de)	145
LIANCOURT	285
LIBERGIERS (Hues), architecte	376-379
LICHTEMON, peintre	171
LIÉNARD	287
LIGDAMIS (Le roi)	102
LIGNY (Dominique de)	105
LILLE (Simon de), orfèvre	326
LILLE (Jehan)	326
LIMBOURG (Paul de), peintre miniaturiste	39-172
LIMOGES	374
LIMOSIN (Léonard Ier)	55
LIMOSIN (François II)	55
LITHUARD, miniaturiste	31
LITZ (Frantz)	244
LIUTHARD, miniaturiste	30
LIVE (De la)	417
LOBAU (Maréchal)	412
LOIR (Alexis), orfèvre	337
LOISONNIER, sculpteur	351
LONGUEVILLE (Duc de)	100
LORET (Jean)	105
LORIN DE CHARTRES, verrier	79
LORME (Philibert de)	393
LOROUX	71

Lorrain (Claude)	409
Lothaire	272
Loudun (Eugène)	240
Louis-Charles (Duc de Normandie)	283
Louis d'Orléans	41
Louis le Débonnaire	272-310-356
Louis de France (Louis XVI)	111
Louis le Hutin	326
Louis le Jeune	320
Louis de Flandre	304
Louis d'Outre-mer	356
Louise de Savoie	82-274
Louise de Lorraine	103
Louis-Philippe	127-130-235-288
Louis Ier	272-312
Louis II	356
Louis ou Loys III	356
Louis IV	272
Louis V	357
Louis VI	357
Louis VII	357
Louis VIII	357-377
Louis IX	179-302-303-322-323-357
Louis X	358
Louis XI	358
Louis XII	173-274-329-331-342-358-386-388
Louis XIII	132-150-152-179-185-280-282-292-295-358-394-395-396-397-400-405.
Louis XIV	107-156-157-160-174-183-192-196-296-282-336-394-395-398-399-400-401-402.
Louis XV	101-111-161-197-282-405-407
Louis XVI	203-282-283-285
Louis XVII	287-398
Louis XVIII	225-230

Louvois	399-401
Lozé	422
Loyse (Reine de France)	341
Loyola (Ignace de)	59
Loyseau (Guillaume), peintre	171
Loyset (Gérard), orfèvre	328
Luitprandi	308
Lulli	418
Lussier (Jean)	327
Lusson de Mans, verrier	79
Luther	54
Luynes (Duc de)	362
Luzarches (Robert de), architecte	376

M

Mac-Mahon (Maréchal de)	465
Madrin, verrier	76
Magdeburger (Jérôme)	273
Mahart de Chatillon	303
Maintenon	181-190
Maitte	412
Mallery (Charles), graveur	150
Maillard (Estienne), orfèvre	326
Maillard	94
Mainard (Le président)	392
Maintenon (Mme de)	64
Malherbe (Marquis de Sillery)	100
Maloet	138-407
Malakoff (Maréchal de)	465
Mansard	96
Mansion	413
Mansoit	402

Mantes (Geoffroy de) 326
Mantz (Paul). 439-454-462
Manuel (Les frères), miniaturistes 38
Marat. 211-287
Marc Duval. xvii
Marceau 412
Marchand (David le), sculpteur 370
Marcillat (Guillaume de), verrier 78
Maret (Antoine). 149
Maréchal de Metz, verrier. 79
Marie-Antoinette 213-215-286
Marie-Adélaïde de Savoie 192
Marie-Louise 173
Marie de Lorraine 184
Marie-Leczinska. 205
Marie-Louise 127-129-214-225
Marie-Stuart. 107-175
Marie-Thérèse 108-214
Marguerite d'Autriche. 385
Marguerite d'Anjou 303
Marguerite de France. 174
Marguerite de Provence. 74
Mariette. 109-112-173-189
Maridat 155
Marillac (Michel de). 154
Marigny (Marquis de). 65-205
Marmion, miniaturiste. 43
Marolles. 105
Marot (Clément) 173-342
Marseille 374
Martel. 55
Martène 365
Martenne, historien. 86
Martial Beyraud 409

Table des noms propres.

Martin (Jean) 145
Martin (Henri) 243
Martin de Tours (Saint). 20
Masséna. 230
Masson (Antoine), graveur. 122-160-183-185
Masson 180-411-409
Massard (J.-B.) 125
Materon. 193-194
Mathilde (La reine). 82-90
Mathilde (Princesse) 465
Matignon (Mme la Maréchale de) 138
Matteo del Nassaro 294
Mausole 102
Maudelot (François de). 282
Maugot (Pierre). 331
Maupertuis (De). 202
Maury 423
Maussion 409
Maximilien d'Autriche. 100
Maximilien Ier. 144-145
Mazarin 156-160-180-181-183-397-402
Médicis (Marie de) 103-149-280-295
Médicis (Cardinal de) 182
Médicis (Catherine de) 99-102-277
Meilleraye (Duc de la). 64
Meilleraye (Maréchal de la). 397
Mellan (Claude), graveur. xviii-152
Mellein (Henri), peintre 76
Mélun 374
Ménard (René). 441
Menageot, peintre. 93
Merass 411
Merlen. 288
Merlin (Mme) 220-298

MERLIN (Thomas).	336-427
MÉROVÉE	271
MESMAY (De)	219
MESMER	422
MESMES (Henri de).	154
METASTASE	164
METZ (Barbier de)	399
MEULEN (Van der), peintre	108-192
MEUNIN (Simone), peintre.	171
MEYER (Mlle)	219
MICHAUT, le meunier	93
MICHEL-ANGE	387-395-412
MICHELET, verrier	76
MICHELOZZO.	339
MIEL, critique d'art.	225-232
MIGNARD, peintre	182-396-401-408-416-412
MIGNARD (Nicolas), peintre	96-180-182
MIGNARD (Pierre), peintre.	181-185
MILAN (Dominique de).	294
MILAN (Jean de)	294
MILET ou MILÉ, sculpteur	369
MILLET (Aimé), sculpteur	465
MILNECH (Bernard), graveur	142
MIRABEAU	125-138-283-419-427-428-429
MIRBEL (Mme de), miniaturiste	137
MOITESSIER (de).	249
MOLE (Mathieu)	240-248-251
MOLIÈRE (J.-B. Poquelin).	182-185-422
MOLINET (Claude du).	161
MOLITOR	239
MONCEY (Maréchal de)	219
MONOT	416
MONSTIER (Antoine du)	101
MONSTIER (C. du)	101

Table des noms propres.

Monstier (Daniel du). 101-102
Monstier (Étienne du) 201
Monstier (Nicolas du) (ou Du Moustier). 101
Monstier (Pierre du). 101
Montaigne (De) 221
Montalembert (Marquis de) 111
Montalembert (De) 453
Montausier (De) 401
Montbrun (Comte de). 230
Montereau (Pierre de), architecte. 380
Montespan (Mme de). 64-190
Montesquieu. 370
Montesquiou (Fesenzac de). 138
Montglarive d'Orléans, verrier 77
Montjau (Madier de) 236
Montmorency (Henry de). 396
Montmorency (Anne de). 44-393
Monvaerni, émailleur. 53
Morangis 105
Moreau (Le général). 125-225
Moreau (Le jeune) 165
Moreau (J.-Michel), graveur. 164
Morin (Jean), graveur. 154
Mornay 260
Morny (Duc de). 465
Morus (Thomas). 144
Moskova (Prince de la). 412
Mosnier 202
Mouchy. 416
Mouchy (Duchesse de). 465
Moulin, sculpteur xxv-125
Mulard. 125
Murat (Caroline) 214
Murronis. 412

MUSEIGNOLS, miniaturiste 38

N

NANTEUIL . . . 64-104-120-154-155-157-159-165-177-412
NANTEUIL (Robert), graveur. 183
NANTHILDE (La reine). 375
NAPIER 214
NAPOLÉON 126-132-230-288-423
NASSARO (Matteo del). 294
NATTIER (Jean Marc), peintre 203-204-205-207
NAVARRE (La reine de). 342
NAVARRE (Blanche de). 320
NAVARRE (Marguerite de). 175
NECKER (Jacques) 283
NEMOURS (Duc de). 425
NEMOURS (Duchesse de) 155-197-342
NÉRON XIV-297
NEY (Maréchal). 236-244
NIEL (Maréchal) 465
NIEWERKERKE, sculpteur. 429
NIGRAND (Catherine-Marguerite) 185
NIGRA (Chevalier) 447
NINON DE LENCLOS. 181
NOLIN (J.-B.), graveur. 185
NOUAILHER (J.-B.), émailleur 58
NOUAILLES (Cardinal de). 192
NUMATIUS, évêque. 20

O

ODORANNE, sculpteur-orfèvre 316
ODULFUS, moine 313

OLIVA, sculpteur. xxv-464
OLYMPIA (Signora) 182
ORLÉANS (Duc d'). 132-171-226-238-249-283
ORLÉANS (Duchesse d') 122-127
ORMESSON (Olivier d'). 122
ORRY (Philippe) 162
ORSAY (Comte d'). 138-432-431
ORSINO 340
ORVILLIERS (Mme d'). 210
OTHON. 297-317
OUDINÉ, graveur. 288
OUDINÉ (Mme). 260
OUDRY, peintre. 93-112

P

PACCIODI, historien. 364
PACHA (Ibrahim) 136
PAGANINI. 425-427
PAJOL (Comte). 136-137
PAJOU, sculpteur . . . 139-140-404-413-415-417-418-421
PALIKAO (Général Montauban, comte de) 459
PALISSY (Bernard), verrier et potier. 79
PALLOY (Le patriote). 284
PAMPHILE (Prince) 182
PANCKOUCKE (Mme) 249
PARÉ (Ambroise). 145-148-287
PARIS 373
PARTHÉNON 362
PASCA (Mme) 438
PASCAL Ier. 311
PASCON (Jehan), orfèvre. 326
PASQUIER (Duc). 236

Passerat (De)	398
Passerat (Jean)	174
Passy (Antoine)	219
Pastoret (Comte de)	211-249-251
Patenier	144
Patin (Guy)	122
Paule (Saint François de)	173
Pauline	59
Pecoul (Mme)	210
Peiresc (Nicolas)	100-153
Pélissier (Mlle)	465
Pelletier (Claude le)	185
Pénicaud (Jean II), émailleur	54
Pépin (Le roi)	272-293-355
Perathon, historien	85
Percier	96
Percy (Comte de Northumberland)	64
Perdigon (Mlle)	203
Pereire (Émile)	248
Périgueux	374
Périer (Casimir)	427
Pérignon, peintre	445
Pérignon (Maréchal de)	412
Périn (Louis), peintre	122
Perin fils	122
Perin	125
Périn (de Dijon), peintre	171
Pérouse (La)	411
Perpétuus d'Angers	313
Perrault (Claude)	95
Perréal (Jehan), miniaturiste	144-171-172-173
Perreis, peintre	39
Perrier (Ch.), critique d'art	262
Perrin-Girole, verrier	75

Table des noms propres. 513

Perrier (François), graveur. 152
Perroneau (J.-B.). . . 115-116-117-118-119-120-207-407
Pérugin. 412
Peruzzi Benedetto, graveur sur pierres fines 294
Pesne (Jehan), graveur. 159
Petion (J.) 138
Petit (Vincent), orfèvre. 337
Petitot (Jean), émailleur. 60-61-62-63
Pétrarque. 42-171
Pharamond. 271
Phidias. 362-432
Philibert de Savoie. 173
Philippe (Le frère). 236-240-241-262-357
Philippe I 357
Philippe II. 302-357
Philippe III. 303-357
Philippe IV (Le Bel) 273-302-357
Philippe V. 197-358
Philippe VI. 358
Philippe le Hardi. 323-385
Philippe-Auguste. 377
Philippe le Bel. 323
Philippe de Champagne. 186
Picart (Jehan), graveur. 154
Picquigny (Jehan de), orfèvre. 327
Pie VII. 211-212
Pie IX. 462
Pierre de Landes, orfèvre. 326
Pierre et Thibaut d'Arras, verriers. 75
Pierre Jehan du Pins, verrier. 77
Pierre André, miniaturiste. 38
Pierre, abbé de Grammont. 170-303
Pierre (Saint). 309
Pierre de Soliers, miniaturiste. 38

Pietre.. 400
Pigalle, sculpteur 121-400-404-413
Piles, historien. xviii
Pilon (Germain), sculpteur. 334-391-392-411
Pinaigrier (Robert), verrier. 78
Pinchon (Jean), miniaturiste. 41
Pinel, docteur. 424
Piron, poète 417
Pisan (Christine de). 38-325
Pisanello Vittore, graveur 273
Pisano de Vérone, graveur. 273
Pitt (Miss). 214
Planche (Gustave). xxvi-136-245-250-260-427-430
Plantagenet (Geoffroy) 50
Plastel (Jacques), miniaturiste. 44
Plattemontagne (Nicolas de), graveur. 154
Pline xii-142
Poilly (François de), graveur. 160-183
Poisson. 225
Poitiers (Guillaume marquis de). 281
Polignac (Cardinal de). 401
Polignac (De) 214
Pommier (Abbé) 163
Pompadour (Mme de). 111-112-163-164-206-406
Pompée. 298
Pompéï. 67
Pomponne. 155
Poncet (H.), émailleur. 59
Poniatowski (Stanislas), roi de Pologne 296
Ponté Corvo (princesse de) 225
Porbus, peintre 179
Pot (Jean et Nicolas le), verrier. 78
Pouchet (Louis de). 390
Pouget (Marguerite). 114

Pourtalès. 248
Pourtalès (Mme de). 444-446
Poussin (Nicolas). 96-160-182-186-396-402
Potocka (Princesse de). 214
Pozzini (Jean-Baptiste). 34
Pradier, sculpteur. 430-431
Prat (Cardinal du). 388
Préault, sculpteur. 426-465
Prévost (Jacques), graveur. 148
Prieur (Barthélemy) 210-393
Prim (maréchal). 459
Primatice (Le). 412
Provence (M. J. de). 138
Provence (Comte de). 418
Provence (Marguerite de). 302
Prud'hon, peintre. 217-218-219-412
Pucelle (René). 161
Puget, sculpteur. 404-412
Pujol (Abel de), peintre. 957
Pulchérie. 307

Q

Quesnel (François), dessinateur. 102
Quesnel (Pierre), dessinateur. 103
Quesnel (Nicolas). 103
Quinault. 413-418

R

Rabel, graveur. 148-149
Rabelais. 281

RACINE	202
RAEDERER (L.-L.)	138
RAGOT, graveur	154
RAIMONDI (Marc), graveur	144
RAMBALDIS, miniaturiste	39
RAMEAU	416-418
RAMEL BÉNÉDICT	332
RAMENAUT (Boniface de), miniaturiste	43
RAOUL, orfèvre	322-356
RAPHAEL	249-253-256
RASUMOFSKI (Comte Cyrille)	206
RATTAZZI (Princesse)	446
RAUDON, graveur	185
RAUGE	412
RAYMOND (Pierre), émailleur	58
RAYMOND DE SAINT-GILLES	71
RAYNAL (L'abbé)	407
RÉCAMIER (Mme)	131-211-225
RECHAMBAULT, verrier	77
REDOUTÉ, peintre	225
REGNAUD (de Saint-Jean d'Angely)	225
REGNAULT, peintre	129
REGNAULT (Henri), peintre	458-459
REGNESSON (Nicolas), graveur	154
REIMS	374
REITZ (Henri)	273
REIZET (Mme de)	220
REMBRANDT	151-166-259
REMIO (Pierre), peintre	39
RÉMUSAT (De)	248
RENARD, peintre	462
RENAUD	409-412
RENÉ D'ANJOU, roi de Naples	42
RESTOUT, peintre	109-111

Table des noms propres.

Retour (Robert), orfèvre 327
Retz (Cardinal de). 181
Rewbel. 138
Reynie (Gabriel Nicolas de la). 184
Reynolds, peintre. 448-449
Ribera, peintre. 259
Riboissière (Mme de la). 219-230
Ricard, peintre 447
Richard (Cœur de Lion). 382
Richard (Abbé de Verdun) 169-315
Richelieu (Cardinal). 187-398-401
Richelieu (Duc de) 401
Richemont (Connétable de). 94
Richier (Ligier), sculpteur 387
Richier Simon, sculpteur. 387
Rigaud. . 161-162-190-192-193-194-195-196-197-198-199-
200-201-401-413-435.
Riquier (Saint) 348
Rivière (Mme). 250
Robert III. 303
Robert (Hubert), peintre. 214
Robert (Le roi). 316-317
Robert de Luzarches, architecte 377
Robespierre 138-211-286
Robia (Luca della), émailleur. 339
Robin Damaigne, verrier. 76
Robinet Testard, miniaturiste. 43
Rochefoucauld (Alexandre, duc de la). 284
Rochefoucauld (Duchesse de la). 122
Rochefoucauld (Duc de la). 138
Rochefoucauld (François de la). 139
Rochefoucauld (Liancourt). 138
Rochejaquelin (Henri de la) 234
Rochejaquelin (Louis de la) 234

ROGER, moine 170
ROGGI 411
ROLAND (Mme). 214-219
ROLAND 410-411-412
ROMANELLI (Francesco). 95
RONSARD. 153-173
ROSALBA XVII
ROSSET (Joseph), sculpteur 370
ROSSINI 244
ROSSO (Le) 340
ROTHSCHILD (Mme de) 244-249-257-262
ROTHSCHILD (Gustave).. 58
ROUGET, peintre 95
ROUILLARD (Sébastien). 149
ROULLET (Jean-Louis), graveur 183-184
ROUQUET (André), émailleur. 65
ROUSSEAU (J.-J.) 111
ROUSSEL (Jacques), orfèvre 336
ROUSSEL (Paul), graveur. 154
ROUSSELET (Gilles), graveur. 154
ROUSSELIN (Saint-Albin). 211
ROYER (J. le) 145
RUBEIS (Laurent de) 144
RUBENS 259
RUDE 411
RUE (Mlle Leczinska), miniaturiste. 133
RUISDAEL. 413

S

SABY (Jacques). 405
SALMON, peintre 39
SALOMON (L'abbé) 31

Table des noms propres.

Saint-André (Jean-Bon de)	211
Saint-Aubin, graveur	163
Saint (Daniel)	129-130
Saint-Fargeau (Lepelletier de)	285
Saint-Florentin (Comte de)	205
Saint-Geniez (De)	202
Saint-Hilaire (Général de)	413
Saint-Priest (Jean de)	275
Saint-Priest (Nicolas de)	275
Saint Savinien	317
Saint-Simon	193
Salvandy (De)	248
Sanche le Fort, roi de Navarre	321
Sansom, archevêque de Reims	319
Sansovino, sculpteur	339
Sarlovèse (Fournier)	283
Sarrazin (Jacques), sculpteur	95-336-337-369-395
Savé	413
Savoie (Le duc de)	342
Savoie (La duchesse de)	342
Savoie (Marguerite de)	173
Savoie (Magdeleine de)	393
Savoisy (Pierre de)	384
Sauval	179
Sauvageot	51-275
Sauzay	275
Saxe (Maréchal de)	111-204-407-413
Saxe (Marie-Josèphe de)	111
Scapin	420
Scarron (Mme)	182
Scheffer (Ary)	243-244-245-246
Schenaux	207
Schmidt (Georges-Frédéric), graveur	162
Schomberg (Maréchal)	64

SCHOLASTIQUE.	321
SCHNEIDER	453
SCHUPPEN (Pierre van), graveur	162-183-184
SCHWARZEMBERG (Princesse de).	132
SCHWITER.	259
SÉBASTIEN DEL PIOMBO.	413
SEGUIER, chancelier	153
SEIGNEUR (Du).	373-426
SÉMIRAMIS.	59
SERENT (Marquis de).	125
SERGE (Saint).	292
SERLIO.	91
SERRE (Marie).	400
SERRE (Saint).	138
SÉVIGNÉ (Mme de).	182
SÈZE (De).	220
SHAKESPEARE	162
SIDOINE (Apollinaire), historien.	68
SIEYÈS.	138-427
SIGEBERT.	34-273
SIGUERRE (Jehan), orfèvre	331
SIMART.	430
SIMON (Pierre), sculpteur	369
SINTRAM, miniaturiste.	31
SOISSONS.	379
SOMMARIVA (De)	217
SOMMERARD (Du).	367-369
SOPHIE (Sainte).	306
SORCY (Thelasson de).	210
SOREL (Agnès)	41-172
SOUFFLOT.	66
SOULTRAIT.	275
SOUVRÉ (Jacques), grand prieur.	396
SOYET (Gérard).	32

Table des noms propres.

STALLES (Jacques des)	378
STEENBERGHEN (J.-B. de Van)	155
STELLA (Jacques)	159
STODTZ	416
STUART (Marie)	175
SUARD	225
SUFFREN (Amiral de)	413
SUGER	71-317-318-319-376-413
SULLY (Maurice de), archevêque de Paris	319
SUSSIER (Jehan)	327
SYLVESTRE	259

T

TALLEYRAND (De)	212-219-244-245
TALMONT	234
TALON (Denis)	160
TANCRÈDE	71
TANNAY	412
TARDIEU	165
TARDIEU (Nicolas-Henri), graveur	103
TAURIN (Richard), sculpteur	351
TELLIER, chancelier	401
TELLIER (Louis-François le)	184
TENIERS (David)	193
TEXIER (Laurent)	337
THELASSON DE SORCY	210
THENDON, architecte et orfèvre	316
THÉODEBERT Ier	272
THÉODELINDE (La reine)	20
THÉODORIC (Le roi)	20
THÉODOSE	305-306-307
THÉOPHILE (Le moine)	70-311-314

Thérèse (La reine Marie-)	398-401
Thibault III	320
Thibaut	320-327
Thierri, roi de France	355
Thierry	376
Thiers	xxvi-219-248-258-438-442-459
Thomas (De Langres), orfèvre	326
Thomas (Jules), sculpteur	xxv
Thomas (De Cormont)	376
Thomassin (Simon), graveur	184
Thoré	xxvi-240
Thou (De)	149-282-393-396
Thouret	138
Thouron (Jacques), émailleur	65
Tibère	297
Tintoret	230
Titien (Le)	xvi-44-189-230-253-256-413
Titus	297
Toqué, peintre	204-205-206
Tory (Godefroid), imprimeur dessinateur	44
Toulouse	374
Tournières (Robert), peintre	201-202-203
Tournemine (Le père)	398
Tournehem (De)	205
Tournon (De)	44-249
Tourville (Amiral de)	413
Tourville (Maréchal de)	420
Tracy (Victor de)	244
Trassy (Bormeau de)	399
Tremblet (Barthélemy)	154
Trémoille (Charlotte de la)	394
Trévoux (Henri de), miniaturiste	39
Tribolo (Le), sculpteur	339
Trouvain (Antoine), graveur	161-183

Table des noms propres. 523

Troy (François de), peintre 93-189
Troyes 374
Trullier (Joseph) 153
Trudaine 211
Tubeuf 183
Turcaret 120
Turenne 104-122-155-401-413
Turlery (Georges), miniaturiste 42
Tutilon, miniaturiste 31

U

Ulrich de Hutten 144
Unoch 365
Urbain IV 398
Urbain VIII 153-182
Utrogathe 376

V

Valencey (Le Bailly de) 182
Valentin, peintre 413
Valentinois (Duchesse de) 147
Valette (Prince d'Épernon de la) 183
Vallière (Mlle de la) 181
Valois 409
Vandal (Comtesse) 446-448
Vanloo (Carl), peintre 207
Varin (Jean), graveur 280
Varnbuhler 144
Varron 141
Vasari 340-341

Vassal (Mme).	210
Vassé.	416-417
Vauban (Maréchal de)	403-413
Vayde, dessinateur	xvii
Végèce, historien	42
Vélasquez	xv, 253-445
Vendôme (Duc de)	183
Vermeulen (Corneille).	184-185
Vernet (Carl).	230-285
Vernet (Joseph)	214-413
Vernet (Horace)	95-114-164-165-235-236-237-238-239-240-241-242
Verninac (Mme).	211
Véron.	253
Véronèse.	259-413
Verrocchio (Andréa).	340
Vesale.	144
Vespasien.	xiv, 59-297
Viala.	287
Viardot (Mme).	219
Viardot.	219
Victor (De Saint-, le père)	220
Victor (De Saint-).	448
Victoire (Mme)	139-214
Vienne, en Dauphiné.	373
Vieuville (Ch. de la).	400
Vigée (Mme Le Brun)	212-213-214-215-216
Vignon (Claude).	59
Villacerf.	398
Villars (Maréchal duc de)	111-201-401
Villerme (Joseph), sculpteur	369
Villeroy.	201
Villers, orfèvre.	337
Villefort, historien	42

Vincent, peintre. 139
Vinci (Léonard de). 223-249-253
Viollet-le-Duc 323-373
Visconti. 96
Vitalis (B.). 144
Vitellius 297
Vitet. 246-453
Vitruve 145
Vitry (Jehan), sculpteur. 386
Vivien (de Saint-Martin, comte). 29-120-121
Vivier, orfèvre. 327
Voltaire. 112-344-370-406-420
Vouet (Simon) 152-153-185-413

W

Walewski (Comte) 262
Walferdin 420
Washington 419
Watelet 111
Watteau. 162-454
Wendel (Baron de) 459
Westphalie (Le roi de) 129
Westphalie (La reine de). 129
Weyler (J.-B.), émailleur. 65
Wierix (Pierre), graveur. 145
Wille (J.-G.), graveur 162
Winterhalter. 263-445
Wœriot (Pierre), graveur. 145-148
Woronzoff (Le comte) 206
Wurtemberg (Princesse de). 214
Wyatt (Th.). 144

X

Xavier (Saint François de) 59

Y

Yorck (Duc d') 111
Yriarte 447

Z

Zénobie 59
Zimmermann 230

www.ingramcontent.com/pod-product-compliance
Lightning Source LLC
Chambersburg PA
CBHW070825230426
43667CB00011B/1701